ロンドン

電子書籍が無料ダウンロードできます♪

電子書籍のいいところ

購入した「ことりっぷ」が
いつでも
スマホやタブレットで
持ち運べますよ♪

まずは
ことりっぷアプリを
ダウンロード

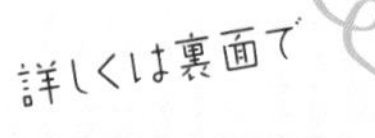

詳しくは裏面で

 電子書籍をダウンロードするには…

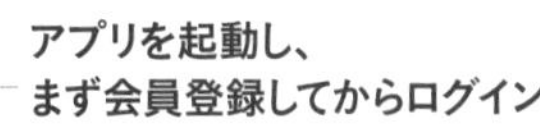

Step 1 「AppStore」または「GooglePlay」から〈ことりっぷ〉で検索してアプリをダウンロード

Step 2 アプリを起動し、まず会員登録してからログイン

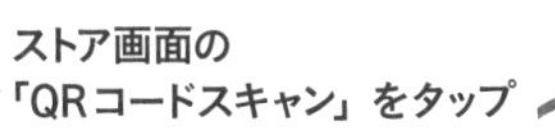

Step 3 トップ画面にある電子書籍ボタンをタップ

Step 4 ストア画面の「QRコードスキャン」をタップ

Step 5 右のQRコードを読み取ります

Step 6 ことりっぷが本棚に追加されます

●ことりっぷアプリはスマートフォンを対象にしております。**推奨機種は、iPhone 版は AppStore にて、Android 版は GooglePlay にて必ず事前にご確認ください**。なお、推奨環境で必ずしも動作を保証するものではありません。●電子書籍のダウンロードには、会員登録（無料）が必要です。●GPS 機能が非搭載の機種では一部機能がご利用になれません。●QR コードは株式会社デンソーウェーブの登録商標です。●ことりっぷアプリの利用（ダウンロード等）には、別途各通信会社の通信料がかかります。●オフラインで電子書籍を利用する場合には、事前にダウンロードしてご利用ください。●電子書籍のダウンロード容量は、約 200MB 程度となります。書籍により異なるためダウンロード前にご確認ください。●電子書籍のダウンロード時は Wi-Fi 環境を推奨します。●電子書籍のダウンロード期限は出版日より約 3 年間です。●電子書籍の使用可能期間は、QR コード読み込み後 1 年間となります。期限が過ぎてしまった場合は、再度 QR コードの読み取りが必要となります。●権利の関係上、本誌で紹介している物件でも電子書籍に表示されない場合があります。●本誌地図上に掲載される物件位置と、ことりっぷアプリで表示される物件位置は必ずしも一致しません。あくまで目安としてご使用下さい。●本誌及びことりっぷアプリに掲載の物件情報（商品内容や料金ほか各種情報）は変更される場合がありますので、ご利用の際には改めて事前にご確認下さい。●本誌及びことりっぷアプリに掲載の内容により生じたトラブルや損害に関しては、弊社では補償いたしかねます。あらかじめご了承の上、ご利用下さい。●歩きスマホは危険です。ご注意ください。●ことりっぷアプリは、予告なくサービス内容を変更することや終了することがあります。●画面はすべてイメージです。●本誌に掲載の内容および QR コードの無断転載を禁じます。

がんばる自分に
ごほうび旅

ロンドンへ

ようこそ。

今日も１日お疲れ様でした。
何だか最近、疲れることが増えてきたりしていませんか？
そんなときはちょこっと旅に出かけてみるのもいいものです。
少しの間、面倒なことは全部忘れて、リフレッシュ。
立ち止まった旅の街角で、心にひびく何かに出会えたら、
明日もまたがんばれます。

いってきます。

ロンドンへ行ったら……

さて、なにをしましょうか？

定番の観光名所から最新スポットまで、ロンドンではいろいろなテーマで自分だけの欲張り旅が実現できちゃいます。

まずは2階建てバスに乗って、ぐるりと中心部を一周してみましょう。博物館や珍しい建物を眺めつつ、ぶらぶら歩きをするのも楽しいです。春や夏なら昼間は公園でピクニック。夜のミュージカル鑑賞もはずせません。

ケーブルカーやバスに乗ってロンドンの街を見てみましょう ➡P.42

check list

- □ 広い公園でリラックスタイム ➡P.32
- □ 衛兵交代を見学 ➡P.34
- □ 赤い2階建てバスで観光 ➡P.38
- □ ロンドンの外せない見どころ ➡P.40
- □ ケーブルカーからロンドンを眺める ➡P.42
- □ 魅力的なミュージアムめぐり ➡P.46
- □ トラファルガー広場周辺さんぽ ➡P.56
- □ ウェストミンスター周辺さんぽ ➡P.58
- □ のんびりサウスバンクさんぽ ➡P.60
- □ 本場のミュージカル鑑賞 ➡P.62
- □ オペラ&バレエ鑑賞 ➡P.66
- □ ライブハウスで音楽を楽しむ ➡P.69

夜の街をきれいに彩るライトアップ見物もはずせません ➡P.44

英語が苦手な人でも楽しめる本場ロンドンのミュージカル ➡P.62

ライブハウスでエキサイティングな夜を過ごしましょう！ ➡P.69

大英博物館をはじめ必見の博物館・美術館がずらり ➡P.50

街の中心、トラファルガー広場は街歩きの出発点です ➡P.38・56

ロンドンへ行ったら……

なにを食べましょうか？

世界中の料理が味わえるロンドンでは 毎日違った味が楽しめます。 ロンドンの料理がこんなにおいしいなんて！

今どきアフタヌーンティーでおしゃれな演出に感動したら、オーガニック意識の高いロンドンならではの自然派レストランで舌鼓を打ちましょう。スイーツがおいしい注目のカフェや、ガストロパブではビールとともに本格的な料理も楽しめます。

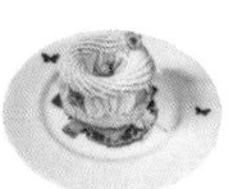

伝統？ 今どき？ アフタヌーンティーははずせません →P.24

ちょっとおしゃれして出かけたい高級レストラン →P.108

check list

- □ 正統派アフタヌーンティー →P.24
- □ 今どきアフタヌーンティー →P.26
- □ 評判のドーナッツ →P.100
- □ おしゃれカフェ →P.102
- □ 絶景レストラン →P.104
- □ 自然派レストラン →P.106
- □ ごほうびレストラン →P.108
- □ パブでごはん →P.110
- □ 定番イギリス料理 →P.112
- □ エスニック料理 →P.114
- □ 西洋料理 →P.116
- □ お手軽庶民派グルメ →P.118
- □ フードホール →P.120
- □ お持ち帰りグルメ →P.122

なにを買いましょうか？

歴史ある老舗ブランドからお手軽コスメまで ロンドンでのショッピングはバラエティ豊か。 マーケットでの宝探しも忘れずに。

伝統と最新が交差する街ロンドン。おなじみ王室御用達の店をチェックしたら、マーケットで掘り出し物を探しましょう。再開発の進むバタシーは、ショッピングモールを中心に話題のショップが次々とオープンする今注目のエリアです。

ロンドンならではのかわいい素材でハンドメイドしましょ →P.74

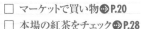

ロイヤルファミリーが愛する味は、おみやげにぴったり →P.36

check list

- □ マーケットで買い物 →P.20
- □ 本場の紅茶をチェック →P.28
- □ 王室御用達ショップ →P.36
- □ 新エリア、バタシー →P.72
- □ ハンドメイド →P.74
- □ ガーデニンググッズ →P.76
- □ アンティーク・ショップ →P.78
- □ ショーディッチ周辺 →P.80
- □ コヴェント・ガーデン周辺 →P.82
- □ デザイン文具 →P.84
- □ キッチングッズ →P.86
- □ ロンドンみやげ →P.96

ことりっぷ co-Trip 海外版

ロンドン

Contents

●見どころ＆街歩き
●買う
●食べる
●エンターテインメント
●ホテル
●郊外

London

まずはロンドンの概要について知りましょう

最先端のトレンドと古きよきイギリスの伝統が共存する、古くて新しい街ロンドン。
私たちが気を付けるべき、欧州圏ならではのマナーや決まりごともたくさんあります。
快適に過ごすために、まず街の基本情報を知っておきましょう。

LONDON キホン情報 Q&A

Q 日本からロンドンまでどのくらい?

A 直行便で約14時間30分です。

成田と羽田からロンドンのヒースロー国際空港へ直行便が運航しています。日本を昼前後に出発し、ロンドンに夕方に着く便が多いです。

Q 日本との時差はどれくらい?

A 日本時間より9時間遅れています。日本の正午は、ロンドンの午前3時。夏時間（サマータイム）があるので、3月の最終日曜日から10月の最終日曜日までは1時間早まり、日本との時差はマイナス8時間になります。

Q 通貨やレートについて教えて?

A £1（ポンド）＝約190円（2024年3月現在）

通貨は£(ポンド)とp(ペンス)で£1=100p。よく使われる紙幣は、イングランド銀行発行の£5、£10、£20、£50。コインは8種類。

£10　£5　50p　£1　£2

※2024年6月からチャールズ3世の肖像が描かれた新紙幣が発行予定。当面は故エリザベス女王2世の旧紙幣も使用できる。

Q キャッシュレスの普及率は?

A 9割近くでかなり普及しています。もっともポピュラーなのはデビッドカード（国際ブランド付きのもの）で、このほかモバイル決済、クレジットカードなども使用可能です。

Q ロンドンの気候を教えて?

A 北海道より北に位置していますが、気候は比較的穏やかで、極端な暑さ、寒さはありません。ただ年間を通じてシトシト降る小雨の日が多めで、特に秋から春は晴天が少なく、日照時間も短いために寒いイメージがあるようです。

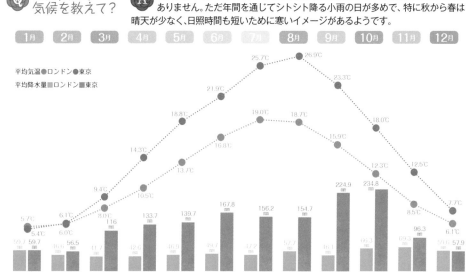

平均気温●ロンドン●東京
平均降水量■ロンドン■東京

	1月	2月	3月	4月	5月	6月	7月	8月	9月	10月	11月	12月
平均気温 ロンドン	5.7℃	6.0℃	8.0℃	10.5℃	13.7℃	16.8℃	19.0℃	18.7℃	15.9℃	12.3℃	8.5℃	6.1℃
平均気温 東京	5.4℃	6.1℃	9.4℃	14.3℃	18.8℃	21.9℃	25.7℃	26.9℃	23.3℃	18.0℃	12.5℃	7.7℃
平均降水量 ロンドン	59.7mm	46.6mm	41.7mm	42.6mm	46.9mm	49.7mm	47.2mm	57.7mm	46.1mm	66.3mm	69.3mm	59.6mm
平均降水量 東京	59.7mm	56.5mm	116mm	133.7mm	139.7mm	167.8mm	156.2mm	154.7mm	224.9mm	234.8mm	96.3mm	57.9mm

※平均気温と平均降水量は2020年までの30年間の平年値（気象庁）。

免税手続き制度廃止

イギリスの免税手続き制度は、EUからの離脱に合わせ廃止されました（2024年3月現在）。免税は空港内の免税店のみ対応しています。

A チップを渡す際は以下を参考にしましょう。
〈タクシー〉 料金の10～15%。大きな荷物などを運んでもらう場合、プラス£1～2。
〈レストラン、カフェ&バー〉 よほどサービスに不満がなければ10～15%。バーで飲む場合は、カウンターなら基本的に不要。レストランでのチップは、料金にサービス料が含まれていることも多いので、その場合は不要。カウンターで注文するファストフード店でも不要です。
〈ホテル〉 荷物を運んでもらったら1個につき£1～2。ベッドメイクには基本的に不要だが1泊につき50p～£1を置くと気持ちよく滞在できる。

Q 治安は?

A 市内でも場所によって異なるので、一概に治安の良し悪しは言えませんが、スリや置き引きなどの犯罪は、どこでも起こりうること。常に注意をする必要があります。また見知らぬ人から話しかけられたら用心する、深夜の移動はタクシーを使うなど、海外旅行の際の常識に従うようにしましょう。

Q 飲料水はどうすればいい?

A 衛生面は問題ないですが、ロンドンの水道水は硬水で、飲み慣れていない人はお腹の調子を崩すかも。ボトル入りのミネラルウォーターはボルヴィックなら軟水です。

旅の計画前に必ず確認しておきましょう

海外旅行に必要な手続きは、世界情勢や自然災害、感染症などの影響で、随時変更されます。旅の計画をたてる際には、外務省や旅行先の観光庁、また利用する航空会社のホームページなどをチェックし、最新情報を調べておくと安心です。

●外務省海外安全ホームページ
URL www.anzen.mofa.go.jp

Q お酒とタバコのルールは?

A 飲酒は原則として18歳から。若く見える日本人はID（身分証明書）の提示が求められることもあります。タバコは1箱2000円前後と高額。18歳から購入可能。ただしパブやバーも含め、イギリスでは室内は全面禁煙です。

Q イギリス英語って?

A ふだん親しんでいるアメリカ英語（米語）とは発音や単語が異なる点があります。たとえば米語で会計の際に言う「Check, please」は英語では「Bill, please」、地下鉄「subway」は「underground」、1階「first floor」は「ground floor」、エレベーター「elevator」は「lift」と言います。

おもな祝祭日（2024年6月～2025年5月）

祝祭日は、博物館・美術館、お店などが休みになることもあるので、注意が必要です。

8月26日 … サマー・バンクホリデイ※
12月25日 … クリスマス
12月26日 … ボクシング・デイ
1月1日 …… ニュー・イヤーズ・デイ
4月18日 … グッド・フライデイ※
4月20日 … イースター※
4月21日 … イースター・マンデイ※
5月5日 …… アーリーメイ・バンクホリデイ※
5月26日 … スプリング・バンクホリデイ※

※は移動祝祭日

その他のロンドンの基本情報は P.146をチェック

ロンドンの街はこんな感じです

33の行政区からなるロンドン。その中心部は意外にコンパクトで、
西のケンジントン宮殿から東のロンドン塔までは直線距離でわずか8km弱。
まさに地下鉄やバス、徒歩で回るのにぴったりサイズの街なんです。

ロンドン
プロフィール
言語：英語
人口：約890万人
面積：約1572km^2

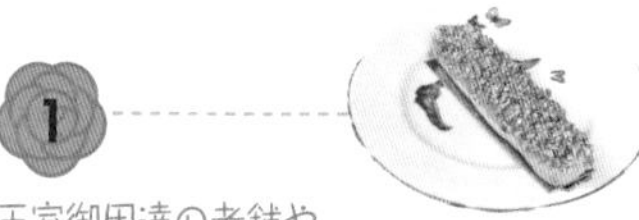

1

王室御用達の老舗や
世界の一流ブランドのショップが集まり、
ウィンドーショッピングが楽しいエリア

メイフェア／マリルボーン
Mayfair & Marylebone

リージェンツ・パーク ⇒ P.32
ハイド・パーク ⇒ P.33・38

2

最新トレンドの発信地として
ロンドンっ子に人気。
アンティーク市で有名な
ポートベロー・マーケットが
あるのもここ

ノッティング・ヒル
Notting Hill

ポートベロー・マーケット ⇒ P.20

3

閑静な住宅地でありながら、
個性的な店が並ぶおしゃれなエリア

ケンジントン／チェルシー／ナイツブリッジ
Kengington, Chelsea & Knightsbridge

ヴィクトリア・アンド・アルバート博物館 ⇒ P.46
ロイヤル・アルバート・ホール ⇒ P.38・68

4

観光客が訪れるロンドンの「顔」。
テムズ川対岸は新観光スポットとして人気

ウェストミンスター
Westminster

バッキンガム宮殿 ⇒ P.34・58
国会議事堂
（ウェストミンスター宮殿）⇒ P.41・59
ウェストミンスター寺院 ⇒ P.58
ロンドン・アイ ⇒ P.60

8

ブルームズベリはロンドンきっての文教地区。
カムデンとイズリントンでは
有名なマーケット（のみの市）が開かれる

ブルームズベリ／カムデン／イズリントン
Bloomsbury, Camden & Islington

大英博物館 ➡P.50
カムデン・パッセージ ➡P.21

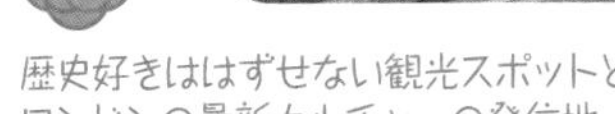

7

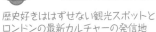

歴史好きははずせない観光スポットと
ロンドンの最新カルチャーの発信地

ショーディッチ／イーストエンド
Tower of London, Shoreditch & East End

ショーディッチのお店めぐり ➡P.80
ロンドン塔 ➡P.39・41・61
タワー・ブリッジ ➡P.39・61

Islington イズリントン
Camden カムデン
キングス・クロス駅
セント・パンクラス駅
ユーストン駅
Bloomsbury ブルームズベリ
大英博物館
East End イーストエンド
Shoreditch ショーディッチ
リヴァプール・ストリート駅
City シティ
Covent Garden コヴェント・ガーデン
Soho ソーホー
セントポール大聖堂
ロンドン塔
トラファルガー広場
Southwark サザーク
タワーブリッジ
チャリング・クロス駅
ロンドン・アイ
ロンドン・ブリッジ駅
River Thames
ウォータールー駅
Bermondsey バーモンジー
国会議事堂（ウェストミンスター宮殿）
テムズ川南岸の川辺は通称「サウス・バンク」と呼ばれている
Lambeth ランベス
テムズ川

6

シティはロンドン発祥の地で金融街、
サザークとバーモンジーは近年再開発が
進み新ランドマークが次々と誕生

シティ／サザーク／バーモンジー
City & Southwark & Barmondsey

セントポール大聖堂 ➡P.40
テート・モダン ➡P.52
シェイクスピア・グローブ座 ➡P.64
ザ・シャード ➡P.60

ロンドンの中心部！

5

多くの観光名所、劇場街、チャイナタウンがあり、
夜遅くまでたくさんの人で賑わう

ソーホー／コヴェント・ガーデン
Soho & Covent Garden

トラファルガー広場 ➡P.56
コヴェント・ガーデンめぐり ➡P.82
ナショナル・ギャラリー ➡P.53・56
ロイヤル・オペラ・ハウス ➡P.66

※エリア区分は本書の便宜的な分類に基づくもので、行政区分や郵便番号区分などの公的分類によるものではありません。

ロンドンの住所表示

住所の最後にあるアルファベットと数字の組み合わせが郵便番号。東西南北EWSNとセントラルCと、数字の組み合わせで、シティからの位置を示します。タクシーで通り名を告げても、これがないと行き着けないことも。

旅のしおり

有名観光地からローカルスポットまで ロンドンを知るためのとっておき3コース

**歴史的建造物やカルチャーに満ちたロンドン。
定番の観光名所めぐりはもちろん、アートやエンターテインメント、
ナチュラルライフを楽しむ1日まで、特色豊かな過ごし方ができます。**

ロンドンを満喫できる3コース

1 ロンドンの定番を楽しむ1日 ⇒P.12
2 ミュージアムをめぐるアートな1日 ⇒P.14
3 ロンドナーのように過ごす日曜日 ⇒P.16

ロンドンの定番を楽しむ1日

ここは行っておきたい!
という場所をめぐります

8:00　ホテルで朝食のあと、出発

⊖ウェストミンスター駅

8:30　国会議事堂を外から見学。ぶらぶら歩いてウェストミンスター寺院へ向かいます

9:30　ウェストミンスター寺院に到着。礼拝堂を見学したら、歩いてバッキンガム宮殿へ

10:30　バッキンガム宮殿に到着。衛兵交代を見学します

13:00　お散歩がてらグリーン・パークを横切って、フォートナム&メイソンに到着。
紅茶ショッピングを楽しみます

⊖グリーン・パーク駅
↓
⊖ハイド・パーク・コーナー駅

14:00　ゴーリング・ホテル内のお店で、予約しておいたアフタヌーンティーを堪能

行ってらっしゃ〜い

国会議事堂(ウェストミンスター宮殿)⇒P.41の時計塔は、中にある大きな鐘の呼び名から「ビッグ・ベン」と呼ばれるようになったとか

イギリスっぽいな〜

ウェストミンスター寺院からバッキンガム宮殿へ行く途中にある赤い電話ボックス

礼拝堂内は華やか!

ウェストミンスター寺院⇒P.58は人でいっぱい

宮殿の安全は僕が守るよ

パレードと交代式

パレードは11:00頃に始まり、前半が終わるのが11:30頃、交代式を終えて出てくるのが12:10頃からで、完全に終了するのは12:30頃

紅茶で有名なフォートナム&メイソン⇒P.28へ。魅力的な商品が並んでいて、あれもこれも欲しい〜

バッキンガム宮殿⇒P.34・58で憧れの衛兵交代式を見学。衛兵さんは夏は赤い制服を着ています

グリーン・パーク⇒P.38のベンチでほっとひと息

老舗ホテル内のヴェランダ⇒P.25で本場のアフタヌーンティーに感激

パカラッ
パカラッ

⊖ハイド・パーク・コーナー駅
↓
⊖ピカデリー・サーカス駅

15:20　ピカデリー・サーカスでエロスの像を眺めます

15:45　徒歩でトラファルガー広場へ。お決まりの記念撮影

15:55　徒歩でエンバンクメント・ピアへ。水上バスに乗って、東へ向かいます

16:45　船からロンドン塔が見えました。対岸のロンドン・ブリッジ・シティ・ピアで下船します

17:15　歩いてタワー・ブリッジへ

⊖コヴェント・ガーデン駅
↓
⊖エンバンクメント駅

18:00　温室を改装したおしゃれなイタリアンで夕食

⊖コヴェント・ガーデン駅
↓
⊖ヴィクトリア駅

19:30
ミュージカルを鑑賞

思ったより小さいのね

ピカデリー・サーカス➡P.57のエロス像周辺は観光客や待ち合わせの人でいっぱい

一緒に写真を撮って♪

広々としたトラファルガー広場➡P.56には、ネルソン提督の記念碑が立っています

エンバンクメント・ピアはこっちだね

水上バスでテムズ川を進み、ロンドンを代表するさまざまな建築を見学。ピラミッドを引き延ばしたような建物は超高層ビル「ザ・シャード」➡P.60

ロンドン塔➡P.41・61の向こう側には高層ビル群が見えます

あ、HMSベルファスト号！

橋の上から見るタワー・ブリッジ➡P.61は、水上から見るのとはまた違った感じです

©Rebecca Dickson-46

ピーターシャム➡P.27で、スタイリッシュな料理をいただきます

『マチルダ』➡P.62は大人も子どもも楽しめるミュージカル。壮大な舞台を存分に堪能して

この日の収穫

ベストショットはコレ

整然と並んだ衛兵さんをパチリ

ロンドンを代表する見どころをまわって、充実した1日になりました

ウェストミンスター寺院のおみやげショップで売られていたクマのぬいぐるみ

バッキンガム宮殿に現れた何やら着飾った人たち。何かのパーティ？

バッキンガム宮殿のおみやげショップにあった、王室マークの入ったシュガーポット

ゴージャス〜

今日いちばんのお気に入り

フォートナム＆メイソンでは、好みの紅茶をじっくり選びました

ピカデリー・サーカスそばのブーツ➡P.93で、きれいなブルーのマニキュアを購入

友だちにはコレ

ミュージアムをめぐるアートな1日

見逃せないあの博物館、
この美術館を欲張り見学

8:00　ホテルを出発

⊖ウォータールー／エンバンクメント駅

8:30　ロイヤル・フェスティバル・ホールにあるレストランで朝食

10:00　川沿いをぶらぶら歩いてテート・モダンに到着
前衛的なアートに触れます

12:00　テート・モダン前のバンクサイド・ピアから水上バスでエンバンクメント・ピアへ。徒歩でナショナル・ポートレイト・ギャラリーへ向かい、ここでランチ

13:00　ナショナル・ギャラリーでオールド・マスターの絵画を鑑賞します

15:00　コヴェント・ガーデン・マーケットに立ち寄りましょう。アンティークなどのストール(屋台)が集まるアップル・マーケットでショッピング

ホテルでしっかり朝食を取ったあとは、ロンドン中心部の川沿いをそぞろ歩き

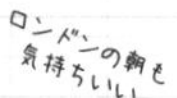

テート・モダン⇒P.52で、風変わりなアートを鑑賞します

火力発電所を改築し建てられた、斬新な建物

ミレニアム・ブリッジMAP付録P.9 C-2の先に見えるのはセント・ポール大聖堂⇒P.40

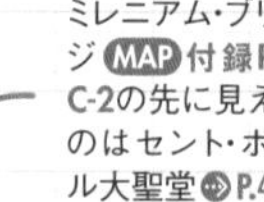

時間があったらナショナル・ポートレイトギャラリー⇒P.53もちょっと見学

洗練された料理が味わえます

最上階にある眺めのいいレストラン、ポートレイト⇒P.105へ

ナショナル・ギャラリー⇒P.53には、ゴッホやセザンヌなど有名画家の絵がいっぱい

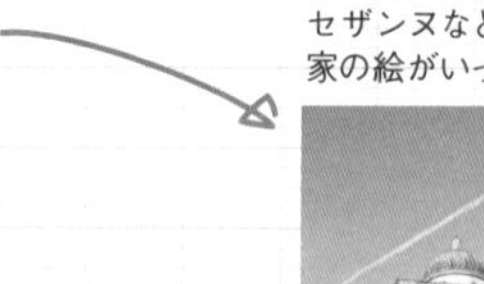

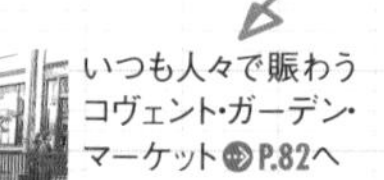

作品数が多いので見たいものを絞って行くのがおすすめ。疲れたらミュージアムカフェでひと休み

いつも人々で賑わうコヴェント・ガーデン・マーケット⇒P.82へ

コヴェント・ガーデン・マーケット周辺にもいろいろなストールが出ています

15:30　ショッピングしつつ、コヴェント・ガーデン・マーケットから大英博物館へ向かいます

16:30　大英博物館を見学。金曜は、20:30までオープンしているのでゆっくりできます。少し足をのばして、ゲイルズ・アルティザン・ベーカリーでお茶をしましょう

トッテナム・コート・ロード駅
↓
バンク駅で乗りかえ
↓
ロンドン・ブリッジ駅

19:30　シェイクスピア・グローブ座でシェイクスピア劇を見ましょう

21:30　スワンで夕食

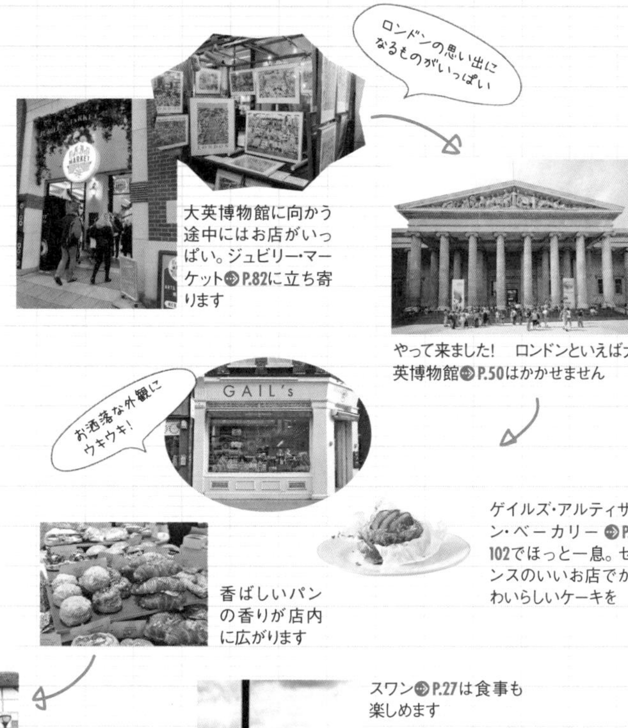

ロンドンの思い出になるものがいっぱい
お洒落な外観にウキウキ!
GAIL's

大英博物館に向かう途中にはお店がいっぱい。ジュビリー・マーケット➡P.82に立ち寄ります

やって来ました!　ロンドンといえば大英博物館➡P.50はかかせません

ゲイルズ・アルティザン・ベーカリー➡P.102でほっと一息。センスのいいお店でかわいらしいケーキを

香ばしいパンの香りが店内に広がります

シェイクスピア・グローブ座➡P.64で念願のシェイクスピア劇を鑑賞

おいしいワインと一緒に

スワン➡P.27は食事も楽しめます

この日の収穫

美しい芸術作品や貴重な文化財に触れて、心豊かな気分になれました

観光で三輪タクシーに乗る人を、街で何度も見かけました

いろいろなミュージアムでもらったパンフレットも大切な記念です

ナショナル・ポートレイト・ギャラリーのミュージアム・ショップで、著名人のポストカードがセットになったブックを購入

自分へのロンドンみやげに

思い出のある住所標識を選んでインテリアのアクセントに

コヴェント・ガーデン・マーケットで見つけたソープの詰め合わせは、友だちへ

大英博物館へ向かう途中で見かけたウインドウに、キュートなシャーロック・ホームズが

ロンドナーのように過ごす日曜日

ショップが休みになる日曜日を存分に楽しみます

⊖ホクストン駅
8:00　コロンビア・ロード・マーケットを眺めながらお散歩

9:30　ベーグル・ベイクで朝食をとります

10:00　一点ものを探して、アップマーケットでショッピング

⊖リヴァプール・ストリート駅
↓
⊖ボンド・ストリート駅
(エリザベス線1本で8分)

11:30　ウィグモア・ホール MAP 付録P.13 C-3で、サンデー・モーニング・コーヒー・コンサートを鑑賞

マーケット⇒P.81内にはたくさんのお花が

ボリュームのあるブーケもこのお値段

ベーグル・ベイク⇒P.81はロンドナー御用達

アップマーケット⇒P.22は、多国籍のフードストールにも注目

ぷっくりしたベーグルがキュートです

ウィグモア・ホールのコーヒー・コンサートは日曜日の11:30から開催

商品は一点もの。まるでお宝さがし

教会を改装したおしゃれなフードコート

メニューがいっぱい♪　お昼からワインもすすみます

13:15　ゆっくりメルカート・メイフェア⇒P.121までお散歩しましょう。そろそろお腹もぺこぺこ。お気に入りのフードをいただきます

14:00　イースト・インディア・
カンパニーで紅茶を買いましょう

ボンド・ストリート駅
↓
ノース・グリニッジ駅

15:00　エミレーツ・グリニッジ・ペニンシュラ乗り場から、ケーブルカーに乗って、ゆらゆら空中散歩

ロイヤル・ビクトリア駅
↓ カニング・タウン駅で乗り換え
ロンドン・ブリッジ駅

16:30　タワー・ブリッジの
展望通路や尖塔内を散策

18:00　テムズ川沿いから
タワー・ブリッジと
ロンドン塔を眺める

18:30　シャード内のレストラン、アクア・シャードで夜景を楽しみながらディナー

必ず買って帰りたい
英国紅茶

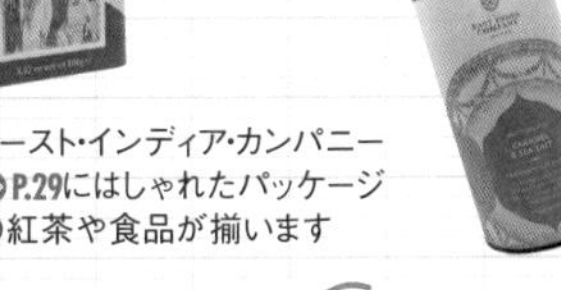

イースト・インディア・カンパニー P.29にはしゃれたパッケージの紅茶や食品が揃います

オリジナルの塩やドライジンも試してみたい

ケーブルカー P.42から見下ろすロンドンの全景は圧巻

オイスターカードやクレカ P.144があればお得な価格に

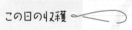

美しい跳ね橋、タワー・ブリッジ P.61の内部を見学

世界遺産のロンドン塔 P.41・61はさすがの迫力

ロンドン塔にはしゃれたショップも

贅沢な気分で、いただきます

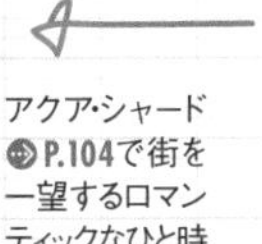

アクア・シャード P.104で街を一望するロマンティックなひと時

この日の収穫

旅の思い出に小さなおみやげをゲットしました

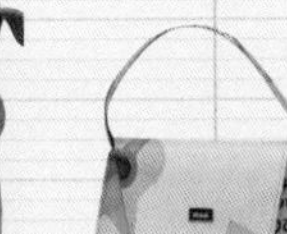

アップマーケットで手作りベアやキッチュなバッグと出合いました

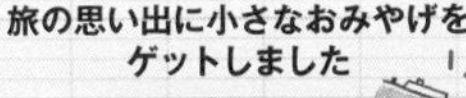

思い出の一枚に

タワー・ブリッジを通る赤いロンドン・バスをパチリ

タワー・ブリッジのオーナメントやロンドン塔の日本語解説書は自分へのおみやげ

大人の遊園地、ロンドンの名デパートを散策しましょう

短期間でぱっと買い物するならやっぱりデパート。
立地的にも特に利用しやすい3デパートをご紹介します。

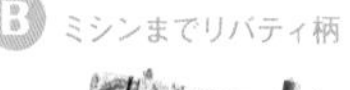

B ミシンまでリバティ柄

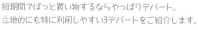

英国ならではの商品もそろいます

おみやげも買える♪

A 英国といえばやっぱりクマのぬいぐるみ

A 果実たっぷりのはちみつ

食品も充実

B かわいいリバティ柄のパッケージのチョコレート

C 身長22センチの小さなピーターラビット。由緒正しい正規品

B 小銭入れは種類も豊富

C 白を基調とした英国発のブランド「ホワイト・カンパニー」のキャンドル

ロンドナー御用達のデパート

A 各国の大富豪たちが顧客

ハロッズ
Harrods

日本人にも人気の老舗デパート。ハロッズオリジナルグッズや食品は地下（LG）のギフト売り場に。グランドフロアの食料品売り場も要チェック。

MAP 付録P.15 A-2　ナイツブリッジ

所 87-135 Brompton Rd., SW1X 7XL 交 ⊖Knightsbridge駅から徒歩1分 ☎ (020) 7730-1234 営 10:00～21:00（日曜11:30～18:00） 休 無休

Floor plan

6 パフュームサロン
5 ヘア&ビューティーサロン、靴他
4 子供服、おもちゃ、婦人服他
3 ホーム&家具
2 紳士服
1 ジュエリー、婦人服
G 高級ジュエリー&時計、フードホール他
LG 高級ワイン&酒類、花、カード&ギフト他

B 独自プリントが人気を集める

リバティ
Liberty

アーツ＆クラフツ調のリバティ・プリントでおなじみ。オリジナルの菓子類もあり、グランドフロアのカーナビー・ストリート側に並んでいる。

MAP 付録P.22 D-1　ソーホー

所 Regent St., W1B 5AH 交 ⊖Oxford Circus駅から徒歩3分 ☎ (020)7734-1234 営 10:00～20:00(日曜11:30～18:00) 休 無休

Floor plan

4 ホーム 寝具他
3 ホームアクセサリー、フレグランス、文房具&本他ンス、文房具&本他
2 婦人服、子供服、カフェ他
1 婦人服、ビューティートリートメントルーム、婦人靴他
G バッグ&アクセサリー、コスメ、食品、ジュエリー、花屋他
LG 紳士服、紳士靴、ペットグルーミングスパ、他

C 欲しいもの、買いたいものがずらり

セルフリッジズ
Selfridges

1909年にオープンした歴史あるデパート。オリジナルのフード類はグランドフロアのベーカー・ストリート側のフードコートで探せる。

MAP 付録P.23 A-1　マリルボーン

所 400 Oxford St., W1A 1AB 交 ⊖Bond Street駅から徒歩5分 ☎ 0800-123-400／(0113) 369-8040(イギリス国外から) 営 9:30～21:00(日曜11:30～18:00) 休 無休

Floor plan

4 キッズ、おもちゃ他
3 婦人服、ランジェリー、ヘア&ビューティーサロン他
2 婦人服、婦人靴他
1 紳士服、紳士靴、紳士下着他
G ビューティー&フレグランス、フードホール、コンシェルジュ他
LG 本&雑誌、ギフトサービス、ホーム&文具、スーツケース他

※G：グランドフロア（日本式1階）　LG：ローワー・グランドフロア（日本式地下1階）

ロンドンでガールズパワーをアップさせましょう

バッキンガム宮殿で衛兵交代を見たら、
ホテルのラウンジで素敵なアフタヌーンティー。
今注目のエリアでショッピングするのもいいけれど、
緑いっぱいの公園でのんびりまったりも捨てがたい。
なんでも揃っているロンドンの街には、
あなたを元気にしてくれる魅力がつまっています。

自分だけの宝物を探しに マーケットへ出かけましょう

アンティークにフード、デザイナーの一点ものと、何でも揃う
ロンドンのマーケットはお買い物大好き女子の必須スポットです。
地元っ子にも人気のマーケットでいざ、宝探しスタート！

金・土曜開催

高級住宅街、ノッティング・ヒルのマーケット。常設店は土曜以外もオープンしている

3

通りに長～く続きます

4

5

6

7

1アクセサリーのストール（屋台）で掘り出し物を見つけよう
2イギリスアンティークの王道、銀食器を売る店も多い

2

3ミッドウィンターの皿
4味わいあるヴィンテージ缶
5ホーローの石けん置き
6ヴィンテージブレスレット
7フランス製シート付きボタン

ロンドン名物のアンティーク市

ポートベロー・マーケット

Portobello Market

アンティークではヨーロッパ最大規模といわれるマーケット。土曜日にはかなり賑わいを見せる。いいものがほしければプロが買い付けに来る早朝がおすすめ。

MAP 付録P.24 B-2　ノッティング・ヒル

所Portobello Rd., W10 5TA 交⊖Notting Hill Gate駅から徒歩5分 営夏季9:00～17:00／冬季10:00～16:00（木曜～13:00、金・土曜～19:00） 休アンティーク市は日～木曜、野菜のストールと一部店舗は日曜

いろんなサインをチェックすると よりお得なショッピングが楽しめます

マーケットでの買い物では、いかにお得にお目当てのものをゲットするかが楽しみのひとつ。"Buy one get one free"は「1つ買うともう1つは無料」、"3 for 2"は「3つで2つ分の値段」。こんなサインに注目！

This trolley Everything £1 each 6 for £5

END OF THE DAY!! EVERYTHING NOW £2.00

1つ£1のものを6つまとめて買うと£5に（右）。閉店間際につき全品£2（左）

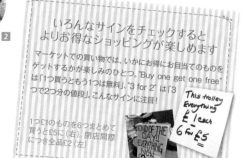

1週5回開催がうれしいマーケット 2さり気ないけど絵になる! 3ビフィーター・テディベア 4食器類が豊富 51950年代のロイヤルメールの貯金箱

11960年代のフラワーモチーフのポーチ 2ヴィンテージのポストカード 31950年代のコンパクトミラー 4ヴィンテージ缶

質のいいアンティークを探すなら

カムデン・パッセージ
Camden Passage

エンジェル駅近くの路地裏に、アンティークの食器や古着などの3つの市が立つ。なかでもヴィンテージやバッグやアクセサリーは、おしゃれ度が高いと評判。

MAP 付録P.7 B-1　イズリントン

所 Camden Passage, N1 8EA 交 ⊖Angel駅から徒歩5分
営 メインマーケット:水・土曜、ピアポイント・アーケード:水〜日曜(木・金曜は本市)、チャールトン・プレース:水・土曜。どのマーケットも朝から夕方まで。詳細はウェブサイトにて確認
休 月・火曜

「イースト」といえばやはりココ

オールド・スピタルフィールズ・マーケット
Old Spitalfields Market

イーストエリアのパイオニア的存在のマーケット。特に毎週木曜日のアンティーク市と、金曜日のファッション&アートマーケットは注目。おもしろいものがたくさん並ぶ。

MAP 付録P.6 E-4　ショーディッチ

所 16 Horner Square,EC1 6EW
交 ⊖Liverpool Street駅から徒歩6分
営 10:00〜20:00(木曜8:00〜18:00、土曜〜18:00、日曜〜17:00)
休 無休

このほか、ファッションやアンティーク家具など1000以上の出店が集まるカムデン・マーケット MAP付録P.11 C-1もおすすめです。

自分だけの宝物を探しに
マーケットへ出かけましょう

土・日
開催
買い物に疲れたら、
スパニッシュ
フードはいかが？

ボブ・マーリーやビートルズのレコードも

アップマーケットの入口

トップがかわいいネックレス£15

リサイクル素材から作られた財布£33

Purete Natureのオーガニック・ソープ£4.50(2個で£8)

CDや雑貨などさまざまなアイテムがある

Purete Natureのバスソルト各£4.50

植物由来のフェイスクリーム

外壁のペイントがキュート

平日オープンのマーケット
徒歩5分の場所に**オールド・スピタルフィールズ・マーケット**がある。詳細は→P.21

新鋭アーティストの一点ものを発掘

アップマーケット
Upmarket

まだ駆けだしのアーティストが集結しているため、クリエイティブなロンドンっ子に人気のマーケット。洋服や雑貨などに加え、多国籍なフード屋台も見逃せない。

MAP 付録P.6 F-4 ショーディッチ

所 The Old Truman Brewery, 91 Brick Lane, E1 6QL
交 ⊖Liverpool Street／≈Shoreditch High Street駅から徒歩5分
☎ (020) 7770-6028（オフィス）
営 土曜11:00～18:00、日曜10:00～18:00
休 月～金曜

ヴィンテージ・アイテムが目白押し

ティー・ルームズ
The Tea Rooms

アップマーケットから徒歩3分のところにある、同系列のストール&ショップ群。さらに、すぐ隣のバックヤード・マーケットには、若手アーティストが多数出店している。

MAP 付録P.6 F-4 ショーディッチ

所 Ely's Yard, 146 Brick Lane, E1 6QL
交 ⊖Liverpool Street/ ≈Shoreditch High Street 駅から徒歩5分
☎ (020) 7770-6028（オフィス）
営 土曜11:00 ～ 18:00、日曜10:00 ～ 18:00
休 月～金曜

スリに注意！

マーケットは基本的に現金のみなので、行く前に現金を用意しておくこと。ただ、人の集まる場所にはスリも多いので、貴重品の管理にはくれぐれも注意を。

土・日開催

デザイン雑貨やハンドメイドの一点ものも見つかる

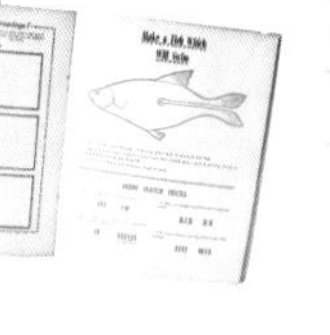

子ども用お遊びブック

鳩のキャンドルスタンド

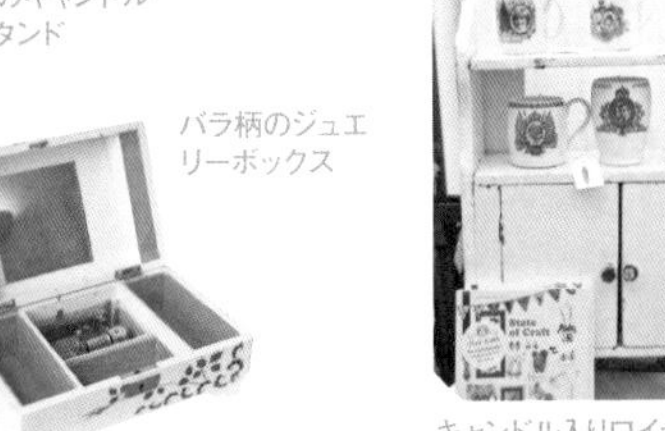

バラ柄のジュエリーボックス

キャンドル入りロイヤルマグ

食べ物メインのマーケットもあります

おいしそうな食べ物のオンパレード！

火～日開催

たいてい試食ができるので、トライしてみて

カニやコダラなど、新鮮な魚介たち

いつでも大賑わい。特に土曜のお昼頃がピーク

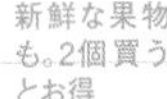

新鮮な果物も。2個買うとお得

のんびりピクニック気分で出かけたい

ブロードウェイ・マーケット
Broadway Market

ロンドン・フィールズ公園の南。約150m続くブロードウェイ・マーケット通り沿いに、デリや野菜のストール、ヴィンテージ雑貨、古着屋デザインクラフトの店が並ぶ。

MAP 付録P.4 F-1　イーストエンド

所 Broadway Market, E8 4PH
交 London Fields駅から徒歩5分
営 土曜9:00～17:00、日曜10:00～16:00
休 月～金曜

つまみ食いも、おみやげ買いも

バラ・マーケット
Borough Market

ロンドンっ子に大人気のフード・マーケット。ホームメイドのチーズやパン、スパイスなどに加えて、カレーやスイーツなどのテイクアウト・フードもたくさん。

MAP 付録P.8 D-3　サザーク

所 8 Southwark St, SE1 1TL
交 London Bridge駅から徒歩1分
☎ (020) 7407-1002 営 10:00～17:00（土曜9:00～）
休 月曜

デザイナーの店などでは作品を置いていることもあり、写真を撮られるのを嫌がることも。撮りたいときはひと言声をかけましょう。

やっぱり本場でお茶したい！憧れの正統派アフタヌーンティー

ロンドンに来たら、一度は高級ホテルで優華なアフタヌーンティーを楽しみたいもの。いつもよりちょっとだけおしゃれをして、ゴージャスな空間と一流のサービスを堪能しましょう。予約は必須ですよ。

アフタヌーンティーの楽しみ方

アフタヌーンティーのスタンドは通常3段ですが、スタンドを使用せず、普通のお皿でサーブするティールームもあります。サンドイッチ、スコーン、ケーキという順番で食べていくのが王道。とはいえ、思い思いのスタイルで自由に味わうのがイギリス流。リラックスして楽しみましょう。

上段
色とりどりのケーキやスイーツ

下段
最初は、下段のサンドイッチから。具材にも英国らしい工夫が凝らされています

スコーン
スコーンは、中段に配されることも。サンドイッチの次にどうぞ

2022年の大型改装で、スペーシャスに生まれ変わった

ここがステキ
現代アートの名作に囲まれた広々とした空間でのんびりできます

クラシックホテルで優雅なひと時を

プロムナード The Promenade

五つ星ホテルのラウンジにふさわしい、精巧に作られた美しいスイーツの数々はまさに芸術品。クリスマスなど、季節のテーマに沿ったアフタヌーンティー（シャンパン付き£125～）も選べる。

MAP 付録P.15 B-1 メイフェア

所 The Dorchester, 53 Park Ln, W1K 1QA
交 ⊖Hyde Park Corner駅から徒歩9分
☎ (020) 7629 8888 営 12:00～16:30
休 無休 料 £95、シャンパン付き£105

スコーンの正しい食べ方

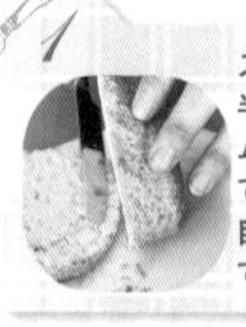

1 スコーンをナイフで横半分に割ります。クリームとジャムをテーブルでシェアする場合は、自分のお皿に適量とっておきます。

2 ナイフでひと口分のクリームをつけます。高脂肪でコクのあるクロテッドクリーム以外に生クリームやバターが供されることも。

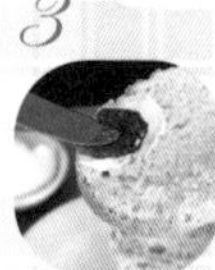

3 クリームの上に同量のジャムをのせ、一口ごとに2と3を繰り返します。ジャムは数種類出されることが多いです。

アフタヌーンティーの始まり

17世紀後半、アフタヌーンティーを最初に始めたのは、第7代ベッドフォード公爵夫人アンナ・マリア。当時の食事は1日2回で、夕食前の空腹を紛らわすために、紅茶とバター付きのパンを食べたのがきっかけでした。

ここがステキ
ロンドンを代表するアフタヌーンティースポット

1テーブルウェアや調度品も豪華 2バッキンガム宮殿など観光名所にも近いロケーションがうれしい 3ホテル内のラウンジ

最高級ホテル・リッツで優雅なひととき

パーム・コート The Palm Court

映画『ノッティングヒルの恋人』の舞台にもなったイギリス王室御用達のホテル、リッツ・ロンドン。たいへん人気が高いため1～2週間前の予約がおすすめ。

MAP 付録P.22 D-4　ウェストミンスター

所 The Ritz London, 150 Piccadilly, W1J 9BR 交 ⊖Green Park駅から徒歩2分 ☎ (020) 7300-2345 営 11:30～19:30（2時間おきに提供）休 無休 料 £75、シャンパン付き£98～
※男性はジャケット、ネクタイ着用。デニム、スニーカー不可

ここがステキ
歴史を感じながら正統派のティーを楽しめる

1ブラウンズ・ホテル内にある 2どれをとっても繊細で美味なプレート

アガサ・クリスティも訪れた歴史あるティールーム

ドローイング・ルーム The Drawing Room
(ブラウンズ・ホテル)

ヴィクトリア女王、アガサ・クリスティなど、歴史的な著名人が愛した伝統的なティールーム。17種以上の紅茶から好みのものを選んで、パティシエ自慢のスイーツを堪能して。

MAP 付録P.23 C-3　メイフェア

所 Browns Hotel, Albemarle St, W1S 4BP 交 ⊖Green Park駅から徒歩4分 ☎ (020) 7518-4006 営 12:00～18:30 休 無休
料 トラディショナル・アフタヌーンティー£75、シャンパン付き£85～

©Ben Carpenter

ここがステキ
明るいテラス席で庭園を眺めながらの優雅な時間

1ガラス張りの天井から光が差し込む明るい空間 2伝統の味をたのしめる

ステーション・ホテルで優雅な時間を

ヴェランダ The Veranda

英国紅茶協会によるトップ・アフタヌーンティー（2013年）に選ばれたアフタヌーンティー。結婚式前日にキャサリン妃が宿泊したホテルのラウンジで、ロイヤルな午後のひとときを。

MAP 付録P.15 C-3　ウェストミンスター

所 The Goring, 15 Beeston Pl, SW1W 0JW
交 ⊖Victoria駅から徒歩4分 ☎ (020) 7769-4485
営 12:00～18:00 休 無休 料 £70、シャンパン付き£80～

ドレスコードがない場合でも、ホテルでのアフタヌーンティーのときは、スニーカーは避けましょう。

ロンドンっ子にも話題の今どきアフタヌーンティーもおすすめです

新しいものと古いものが融合するロンドンでは、
アフタヌーンティーにも、新しいアイデアがたくさん。
守られ続けた伝統と斬新さを同時に楽しめます。

ファッショナブルなふたつのアフタヌーンティー

バークレー The Berkeley

服飾をモチーフにした人気のプレタポルティーは、2024年後半まで一時休止。パリの人気パティシエ、セドリック・グロレによる英仏融合のゴウティーがその留守を守る。ウェブサイトで確認のうえ予約を。

MAP 付録P.15 B-2　ナイツブリッジ

所 Wilton Pl., SW1X 7RL 交 ⊖Knightsbridge／Hyde Park Corner駅から徒歩5分 ☎ (020) 7235-6000 営 ゴウティー 12:00～17:30、プレタポルティー 13:00～17:30 休 無休
料 プレタポルティー£80、シャンパン付き£92～

2024年後半に再開予定のプレタポルティー

フランス菓子の魅力を生かしたゴウティー

ここが今どき
ティーポットから内装まで、徹底的に芸術性を追求

細やかなお菓子のつくりとお洒落なお皿が特徴的

ここが今どき
多くの人に応える充実したメニュー展開

スタイリッシュな空間で、上質な午後のお茶をどうぞ

18世紀の雰囲気漂う空間で優雅な時間を

ドローイング・ルーム (フレミングス・メイフェア) The Drawing Room

ブティックホテル内でカジュアルに楽しめるアフタヌーンティー。東インド会社との提携による、定番からエキゾチックなブレンドまで、豊富なお茶のセレクションが魅力。

MAP 付録P.15 C-1　メイフェア

所 Flemings Mayfair, 7-12 Half Moon St, W1J 7BH
交 ⊖Green Park駅から徒歩4分
☎ (020) 7499-0000
営 14:00～16:30
休 月・日曜 料 トラディショナル・アフタヌーンティー£54、シャンパン付き£65

アフタヌーンティーのカトラリー

アフタヌーンティーのケーキやサンドイッチは、本来指でつまんで食べるフィンガーフードで、カトラリーはスコーンにクリームをつけるナイフだけが出されていました。最近はほとんどの場所でフォークも出されます。

ここに注目
アフタヌーンティースタンドにまで趣向が凝らされている

360°かわいいスタンド

店内は英国生まれのアーティスト、デイヴィッド・シュリグリーが担当

徹底的にアートにこだわる話題のデザインレストラン

ギャラリー・バイ・スケッチ The Gallery by Sketch

斬新なインテリアで注目を集める総合食スポット「スケッチ」の一部。美食の巨匠と呼ばれるピエール・ガニェール氏プロデュースとあって、味も本格的。

MAP 付録P.22 D-2　メイフェア

所 9 Conduit St., W1S 2XG 交 ⊖Oxford Circus駅から徒歩4分 ☎ (020) 7659-4500 営 11:00～16:30 休 無休 料 アフタヌーンティー£59

ここに注目
ガーデンショップが運営するボタニカルな空間がステキ

© Petersham Nurseries

花瓶と一体になったスタンドがおしゃれ

©Paul Craig

入口からたくさんの植物が出迎えてくれる

ボタニカルなインテリアに癒やされる

ピーターシャム The Petersham

ガーデニングショップが運営するイタリアレストラン。季節の素材と、自然のフレーバーを大切にしたお料理には、定評あり。フラワーアレンジメントがみごと。

MAP 付録P.20 D-3　コヴェント・ガーデン

所 2 Floral St, WC2E 9FB 交 ⊖Covent Garden駅から徒歩4分 ☎ (020) 7305-7676 営 12:00～16:30 休 無休 料 クラシック・アフタヌーンティー£49、ビーガン・アフタヌーンティー£49など

ほかにもこんな場所でアフタヌーンティーを楽しめます

テムズ川沿いで至福のひとときを

スワン
Swan

グローブ座に隣接し、テムズ川を望む。

MAP 付録P.9 C-3　サザーク

所 21 New Globe Walk, SE1 9DT 交 ⊖London Bridge/Mansion House駅から徒歩10分 ☎ (020) 7928-9444 営 アフタヌーンティー 12:00～17:00 休 無休 料 ジェントルマンズ・アフタヌーンティー£39.50

紳士向けメニューの草分け

リフォーム・ソーシャル&グリル
Reform Social & Grill

お肉たっぷりで甘くないジェントルマンズ・アフタヌーンティーがユニーク。

MAP 付録P.13 B-3　マリルボーン

所 The Mandeville Hotel, Mandeville Pl., W1U 2BE 交 ⊖Bond Street駅から徒歩5分 ☎ 020-7224-1624 営 15:00～17:30（土曜12:00～17:00、日曜12:00～） 休 無休 料 ジェントルマンズ・アフタヌーンティー£32、シャンパン付き£43.50～

伝統とモダンを融合

ブレッド・アヘッド
Bread Ahead

パンとドーナツの有名店による、インスタ映え100%のアフタヌーンティー。

MAP 付録P.15 B-4　ナイツブリッジ

所 249 Pavilion Rd., SW1X 0BP 交 ⊖Sloane Square駅から徒歩5分 営 アフタヌーンティー金～日曜13:00～15:00 料 アフタヌーンティー£50

ホテルでのアフタヌーンティーは、おかわり自由な場合も。もう少し食べたいな、というときには気軽に聞いてみましょう。

紅茶の王国へようこそ 種類豊富な茶葉がずらりと揃っています

日頃はコーヒー派の人も、ロンドンっ子を気取って紅茶を楽しみましょう。
ロンドンなら、日本ではなかなか見かけない珍しいフレーバーティーや、
高品質の紅茶が手頃な価格で手に入ります。

バラの花びらが入ったジャム200g £9.95

ティーストレーナーとキャディスプーンのセット£100

ローズとフェネルのスパイシーなお茶£9.95

3つのフルーツ・ティーが楽しめる25g缶のセット£16.95

アールグレー・クラシックの50ティーバック入り缶£13.95

ロイヤルブルーに彩られた、古きよきイギリスの味

フォートナム＆メイソン

Fortnum & Mason

1707年創業の王室御用達デパート。赤絨毯の敷かれた豪華な店内には、上質のクラシックティーがずらり。ロイヤルブルーの美しいパッケージは、おみやげにも最適。

MAP 付録P.22 E-4　ウェストミンスター

所 181 Piccadilly, W1A 1ER
交 ⊖Green Park駅から徒歩5分
☎ (020) 7734-8040 営 10:00〜20:00 (日曜11:30〜18:00)
休 無休

ラグジュアリーボックス£65
4つのキャディ缶を詰め合わせたギフトセット

階下のカフェではコーヒーも楽しめる

歴史を感じさせるレトロなインテリア

ブルー・レディ 125g £11
マリーゴールドとグレープフルーツの香りの紅茶

量り売りで購入できる老舗ショップ

H.R.ヒギンス

H. R. Higgins

1942年創業、イギリスのコーヒー通に愛される紅茶とコーヒーの専門店。瑞々しい味わいの1番摘み（ファーストフラッシュ）のダージリンは紅茶好きに人気。

MAP 付録P.23 A-2　メイフェア

所 79 Duke St., W1K 5AS 交 ⊖Bond Street駅から徒歩5分
☎ (020) 7629-3913
営 8:00〜17:30 (土曜10:00〜17:30)
休 日曜、祝日

知っておきたい紅茶の等級

リーフティーは、一般的にゴールデン・チップ（薄い色の芯芽）が多く入っているほど高品質。紅茶の等級、OP（オレンジ・ペコ）にはほとんど芯芽が含まれず、FOP、GFOP、TGFOP、FTGFOPと等級が上がるごとに芯芽の量も増えていきます。

フルーツたっぷりの軽やかな紅茶100g £30

贅沢な香りのダージリン・ファーストフラッシュ 40g £25

バランスのよいブレンドティー 100g £22

リッチなキャラメルとソルトが絶妙なビスケット£8

紅茶のおともにぴったりなショートブレッド£8

東西の文化を融合した食品とお茶

イースト・インディア・カンパニー

The East India Company

歴史的な東インド会社が活動した時代の雰囲気を再現した、ラグジュアリーな紅茶と食品を扱うショップ。伝統のレシピにもとづいた紅茶やビスケットなど豊富な商品が揃う。

MAP 付録P.23 B-1 メイフェア

所 97 New Bond St., W1S 1SJ
交 ⊖Bond Street駅から徒歩1分 ☎ (020) 3205-3395
営 10:00～19:00（日曜、祝日11:00～17:00）
休 無休 ※店舗内・外の写真は移転前のもの

ポストカードのように送れる茶葉各50g£4～（日本への発送は追跡番号付き別途£10）

保存に便利なキャディ缶各50g£6～（オンラインオーダーのみ。店舗で受け取り可能）

京都開花堂の120g用定番茶筒。銅製、真鍮製各£165

メッセージを書いて郵送できるリーフティー

ポストカード・ティーズ

Postcard Teas

世界中の生産者による約60種以上の茶葉が揃うティーショップ。パッケージに宛先とメッセージを書いて、ポストカードのように送れるサービスもある。

MAP 付録P.23 B-1 メイフェア

所 9 Dering St., W1S 1AG
交 ⊖Oxford Circus駅から徒歩4分
☎ (020) 7629-3654 営 12:00～18:30
休 日曜

紅茶の量り売りに挑戦するときは、100 ～ 125gが無難な量です。50gで20杯分を目安にして。

『ハリー・ポッター』でおなじみのキングス・クロス周辺は人気の注目エリアです

『ハリー・ポッター』がホグワーツ・エクスプレスに乗り込んだことでも有名なキングズ・クロス駅周辺は、比較的新しいショッピング・スポット。小さなエリアに、ショップやレストランなどがぎゅっと集まっています。

リージェンツ運河もすぐそばです

自社ブランドのフレグランスが人気

1 アール・オブ・イースト
Earl of East

東ロンドン発祥のフレグランス・ブランド。自社製品のキャンドルなどをはじめ、雑貨や本なども。日本にインスパイアされた香り「森林浴」が一番人気。

MAP 本誌P.30

所 87 Coal Drops Yard, N1C 4DQ
交 ⊖Kings Cross駅から徒歩7分
営 10:00〜19:00(日曜〜18:00) 休 無休

燃焼時間が90〜100時間の森林浴キャンドル 500m £50

お香やミストなどルーム用の商品もバラエティ豊か

お家時間を彩るインテリア雑貨や、厳選された書籍が並ぶ

日本を感じさせる雑貨

2 ハト・ストア
Hato Store

日本人の血を引く創設者が「鳩」を店名に。日本関連の雑貨や自社で制作した本や雑貨、セレクトした他ブランドのインテリア小物などを販売している。

MAP 本誌P.30

所 Coal Drop Yard, Unit 117, Lower, Stable St., N1C 4DR 交 ⊖Kings Cross駅から徒歩7分
☎ (07708) 371-551
営 11:00〜19:00(日曜12:00〜17:00) 休 無休

アニメや映画に出てくる料理を再現したレシピ本£45

自然素材で作られるサステナブルな商品、Haeckelsのハンドバーム£25

キスする屋根が素敵なショッピングモール

駅の北側にあるショッピング・モール、コール・ドロップス・ヤードは、ヴィクトリア時代には、石炭置き場として使われていた場所。当時主要燃料だった石炭を、鉄道の荷台から文字通り、ここに落としていたのだそうです。MAP付録P.10 E-2

揚げパン風のドーナツが美味

3 ロングボーイズ・ドーナツ
Longboys Doughnuts

ドーナツ・ブームが続くロンドンのなかでも、細長い揚げパンのようなスタイルはここだけ。フルーツを使ったものや、チョコレートやナッツ系など、フィリングはバラエティ豊か。

MAP本誌P.30

所Arches Coal Drops Yard, Unit 16 Bagley Walk, N1C 4DH
交⊖Kings Cross駅から徒歩6分 ☎(020)3497-188 営9:00〜19:00(日曜10:00〜18:00) 休無休

外にはテーブル席もあるので休憩にも便利

ラズベリーローズとライチの酸味とカスタードの甘みが絶妙のバランス £4.50

季節限定の変わり種ドーナツもお楽しみ

1ライブ演奏のほか、詩や本の朗読イベントが開催されることもある
2英国の子どもに人気の絵本や児童書もずらり。カラフルでかわいい

おみやげにもぴったりな同店をモチーフにしたトートバッグ £10

ユニークな水上書店

4 ワード・オン・ザ・ウォーター
Word on the Water

リージェンツ運河に浮かぶ築100年のボートで、ペーパーバックや絵本、一部古書も扱っている書店。狭いながらも座って本を選べるソファもあり。屋根でライブ演奏も。

MAP本誌P.30

所Regent's Canal Towpath, N1C 4LW
交⊖Kings Cross駅から徒歩5分 ☎(07976)886982
営12:00〜19:00 休無休

クラフトビールの種類が豊富

5 バベル・ビアハウス
Babel Beerhouse

ロンドン市内にある自社の醸造所で製造した20種類以上のクラフトビールが楽しめる。季節限定のビールもあり。好みを伝えて、スタッフにおすすめを選んでもらおう。

MAP本誌P.30

所1 Lewis Cubitt Walk, N1C 4DL 交⊖Kings Cross駅から徒歩8分 ☎(020)8161-4446 営16:00〜22:00(金曜〜24:00、土曜12:00〜24:00、日曜12:00〜) 休無休

ラガーやエール、黒ビールなど、さまざまなビールが揃っている。6種類のビールを飲み比べできるセットも

ビールの製造工程を図解したボードの奥には、蒸留器が置かれている

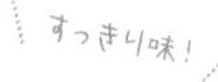

喉越しのいいラガービール(4.2%) £6.75

キングス・クロスには、美術大学セントラル・セント・マーチンズがあるため、エッジーなファッションを身にまとった学生さんも多く見かけます。

お気に入りの公園でリラックスタイムを過ごしましょう

ロンドンには自然に囲まれ広々とした公園がたくさんあります。
季節の花々やかわいい野鳥の姿など癒しに溢れる公園で、
時間を忘れてのんびり過ごしてみませんか。

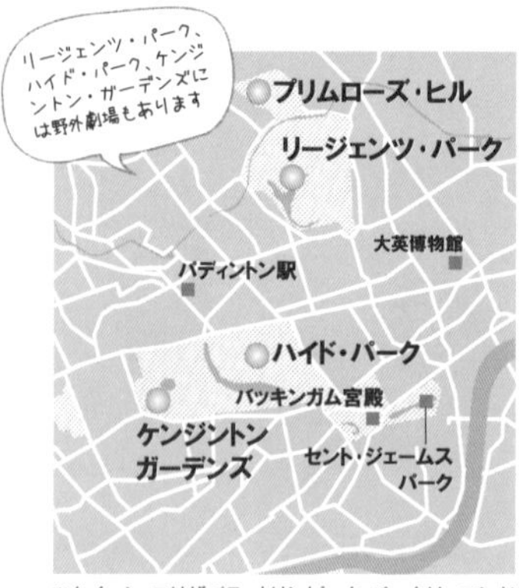

※クイーン・エリザベス・オリンピック・パークは、ロンドン東部にあります

A

四季を通じて楽しめる

リージェンツ・パーク

The Regent's Park

ロンドン最大の公園。季節ごとの植物が楽しめるが、春夏に咲き誇るバラはとりわけ有名。夏はコンサートなども開催され一段と賑わう。

MAP 付録P.11 B-3　マリルボーン

所 Regent's Park, NW1 4NR（オフィス）
交 ⊖Regent's Park／Baker Street駅から徒歩1分 ☎0300-061-2300
開 5:00～18:00、季節により異なる
休 無休 料 無料

B

小高い丘からロンドンを一望できる

プリムローズ・ヒル

Primrose Hill

高級住宅街、プリムローズ・ヒルにある公園。丘の上でのんびりくつろぐ人々の姿が見られる。周辺にはおしゃれなカフェやパブもある。

MAP 付録P.11 A-2　カムデン

所 Primrose Hill Rd., NW3 3NA
交 ⊖Chalk Farm駅から徒歩10分
開 24時間開園
休 無休
料 無料

ほかにもたくさんの公園があります

バッキンガム宮殿近くにある一面芝生のグリーン・パーク ➡ P.38やペリカンがいるセント・ジェームス・パーク➡ P.58、眺めのいいハムステッド・ヒースMAP 付録P.2 D-1などロンドンならではの魅力的な公園めぐりを楽しみましょう。

©Industoto Ltd.

C

ロンドンっ子の憩いの場

ハイド・パーク
Hyde Park

ロンドン中心部にある。広々とした芝生と水辺の風景が魅力。ダイアナ元妃ゆかりの場所を歩く「メモリアル・ウォーク」が整備されている。

MAP 付録P.15 A-1　メイフェア

所 Hyde Park, W2 2UH 交 ⊖Hyde Park Corner／Marble Arch／Lancaster Gate／Knightsbridge駅からすぐ ☎0300-061-2000 開 5:00～24:00 休 無休 料 無料

D

ダイアナ元妃の思い出多い公園

ケンジントン・ガーデンズ
Kensington Gardens

緑豊かでたくさんの野鳥が見られる公園。ダイアナ妃記念広場など元妃ゆかりの場所としても知られている。

MAP 付録P.18 D-2　ケンジントン

所 Kensington Gardens, W2 2UH 交 ⊖Queensway駅からすぐ ☎0300-061-2000 開 6:00～17:30、閉園時間は週により異なる 休 無休 料 無料

E

美しい緑にほっと一息

クイーン・エリザベス・オリンピック・パーク
Queen Elizabeth Olympic Park

2012年のオリンピック会場となった場所。公園は24時間無料で入場できるが、各施設の入場料と開館時間は異なるので、ウェブサイトでチェックを。

MAP 付録P.2 F-2　ウェスト・ハム

所 London E20 2ST 交 ≠Stratford International駅から徒歩5分 ☎0800-072-2110 開 24時間開園 休 無休 料 無料

ロンドンの公園はどれもが大きくてのんびりとした雰囲気。ぜひピクニックグッズを持って行きましょう。

季節ごとに見たい！ 王道だけど、ロンドンに来たら衛兵交代を見ましょう

長い帽子を頭にのせた兵隊さんは、ロンドンの象徴でもあります。チャールズ国王のお住まいであるバッキンガム宮殿前の衛兵交代式の流れを詳しくご紹介しましょう。

衛兵交代って何？

国王を守るイギリス陸軍の近衛兵が、パレードをしながら勤務交代するのが衛兵交代。赤い上着が正装で、連隊によって帽子の飾りや上着のボタンの配列が異なる。

夏

おなじみ
赤い制服は夏服

おもちゃの兵隊みたいな赤！ これぞまさにイメージどおりの兵隊

冬のコートはグレー

冬服はグレーのロングコートを着用。ちょっと地味だけど防寒が大事

国王陛下の本宅

バッキンガム宮殿

Buckingham Palace

MAP 付録P.14 D-2 ウェストミンスター

所 Buckingham Palace Rd., SW1A 1AA
交 ⊖Green Park駅から徒歩10分
☎ (020)7766-7300 開 衛兵交代式(隔日) 11:00～(4～7月は毎日)
※悪天候の場合は中止

夏は宮殿内部も見学できます

国王や王室のメンバーが、公式訪問中の賓客をもてなすための豪華なステートルームのうちの19室を、国王がスコットランドで過ごす夏の間のみ一般公開している。

開 2024年は7/11～8/31の9:30～19:30、9/1～9/29の9:30～18:30(最終入場2時間15分前) 休 火・水曜 料 £35(日本語オーディオガイドを含む)

Photographer: Derry Moore

フェルメールの絵画も飾られている

Photographer: Peter Smith

写真を撮るなら早く行きましょう

衛兵の行進をひと目見ようと、宮殿前には大勢の観光客がやってきます。場所取りのために、少なくとも30分前には到着するようにしましょう。正面ゲート寄りの柵がベスト・ポジション！　できれば望遠レンズを準備。

衛兵行進のルート

勤めを終えた衛兵は、セント・ジェームス宮殿 MAP 付録P.14 D-1を出てバッキンガム宮殿へ向かい、そこで新しい衛兵がやってくるのを待つ。新しい衛兵はウェリントン・バラック MAP 付録P.14 D-2から行進し、宮殿前庭にて交代の儀式が行なわれる。勤めを終えた衛兵は、最後にウェリントン・バラックに戻る。

point 1
見学は正面左側の鉄門脇、またはクイーン・ヴィクトリア・メモリアル周辺から

1 宮殿の前庭は人でいっぱい

クイーン・ヴィクトリア・メモリアルも黒山の人だかり。高さがあるので見晴らしがよい

私の帽子はクマの毛皮でできてるんです

2 ついに登場！

まずは鼓笛隊の登場。宮殿側の外周レールぎりぎりに立つと行進する姿が間近で見られる

3 宮殿の前庭へ入場

ゲートに近い場所なら、そのまま場所をキープ。振り返って衛兵の後ろ姿をぱちり

4 トランペット部隊接近中

2隊目は場所を少し変えて。スパー・ロードなら全景をワイドに撮影可

point 2
行進してくる衛兵がよく見え、比較的人の少ないスパー・ロードもおすすめ

5 騎馬隊は一瞬が勝負

動きの速い騎馬隊は難易度高め。クイーン・ヴィクトリア・メモリアルから狙って

6 交代式が見たいなら

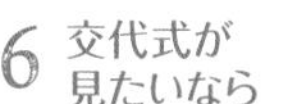

確実にセレモニーをとらえたいなら、移動はせずゲートに張りつき作戦が有効

7 いよいよフィナーレ

クイーン・ヴィクトリア・メモリアル側からなら、正門が開いて出てくる衛兵を正面からキャッチできる

即位の年やウェディングの年など、王室記念の年に発売される食器類やティータオルはコレクターズ・アイテムになっています。

王室御用達のお店の スイーツ＆グルメをチェックしましょう

イギリスのロイヤル・ファミリーが愛するチョコレートやコーヒー、チーズなどの食品は、大切な人へのおみやげにもぴったりです。お持ち帰りする前に、もちろん、自分自身でも味わうことも忘れずに。

トリュフ各種
ウィンドウには、ミルクやホワイト、シャンパンなど、さまざまなトリュフが並ぶ

カラフルで遊び心のある店内は絵本の世界のよう

ジュエルボックス
9個入り
£24
種類の異なる9個の人気チョコがセットに

カラフルな夢の
チョコレート・ワールド

プレスタ
Prestat

1902年創業の老舗。スタイリッシュなパッケージに入った職人技の光るフレーバード・チョコレートが魅力。少量から試せる量り売りもあり。

チョコレート・シン
アールグレー＆
ベルガモット・ブラッサム
£24
日本人客に人気の紅茶フレーバーのチョコ

MAP 付録P.22 E-4 ウェストミンスター

所 14 Princes Arcade, SW1Y 6DS
交 ⊖Piccadilly Circus駅から徒歩5分
営 10:00〜17:00（日曜11:00〜16:30）
休 無休

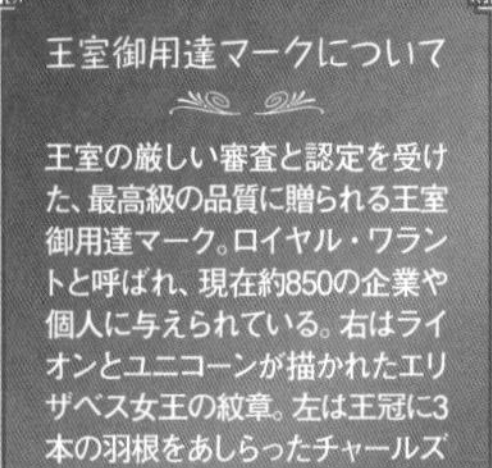

王室御用達マークについて

王室の厳しい審査と認定を受けた、最高級の品質に贈られる王室御用達マーク。ロイヤル・ワラントと呼ばれ、現在約850の企業や個人に与えられている。右はライオンとユニコーンが描かれたエリザベス女王の紋章。左は王冠に3本の羽根をあしらったチャールズ3世王の紋章。このほかにエディンバラ公（フィリップ殿下）の紋章を掲げた御用達店もある。

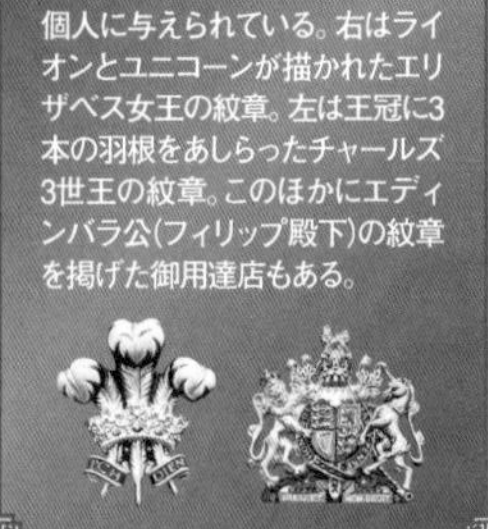

ハンドレッドドラムチェダー£6.50（左）、スモークチェダー£7.25（右）
英国産チーズの代表、チェダーにも種類はたくさん。食べ比べがおすすめ

チーズ好きにはたまらない品揃え

店内には、日本ではあまり見かけないような、さまざまなチーズがある

イングリッシュ・スティルトン・チーズ
250g £22.95
濃厚なスティルトンはスープやオムレツにも合う

良質なヨーロッパのチーズを揃える専門店

パクストン＆ウィットフィールド
Paxton & Whitfield

イギリスとフランス産の上質なチーズを豊富に扱う。イギリス名産の青カビのスティルトンやチェダーは、ぜひワインと一緒に試したい。

MAP 付録P.22 E-4 ウェストミンスター

所 93 Jermyn St., SW1Y 6JE
交 ⊖Piccadilly Circus駅から徒歩5分
☎ (020) 7930-0259 営 10:00〜18:30（日曜11:00〜17:00）
休 無休

本店ではオリジナルの香水がオーダーできる

280年の歴史をもつイギリス最高の香水店

フロリス
Floris

1730年の創業以来、一族により引き継がれている歴史あるブランド。王室の人々をはじめとする著名人らを魅了し続ける香りの名店を訪ねてみよう。

MAP 付録P.22 E-4　ウェストミンスター

所 89 Jermyn St., SW1Y 6JH
☎ 0330-134-0180
営 営業時間:9:30～18:30、日曜、祝日11:00～17:00 休 無休
交 ⊖Piccadilly Circus駅から徒歩5分

王室御用達といえば、トワイニング本店
トーマス・トワイニングが1717年にコーヒーハウスをオープンしたストランド216番地に、今でもトワイニングの本店があります。ここでしか買えない紅茶もあるので、立ち寄ってみては？
MAP 付録P.9 A-2

オード・パルファム
£160～(100ml)
上質な香料を使ったさまざまな香りが用意されている

キャンドル
£60(175g)
ルームフレグランスにもなる蓋付きキャンドル

ギフトボックス £280
フレグランス(10ml)が10種類入ったスペシャルなボックス

いろいろな香りを試して選べる

歴史あるロイヤルアーケード内の店舗

ピンクマルクド シャンパントリュフ
135g £18
口の中でとろけるイチゴとシャンパンのトリュフ

量り売りのチョコレートは、ボックスに入れておみやげにするのもおすすめ

オリジナル・チョコレートドリンク
300g £12.50
寒い夜にぴったりの、滑らかな口当たり

ダーク・キャラメル・シーソルト(3個入り)
£8.50
ハート形のボックスに入った塩キャラメルのチョコ

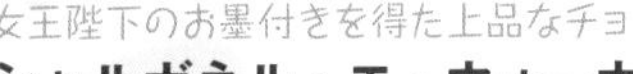

女王陛下のお墨付きを得た上品なチョコレート

シャルボネル・エ・ウォーカー
Charbonnel et Walker

創業以来変わらない伝統の味が、世代を超えて大人気。エリザベス女王お気に入りだったローズとスミレのチョコレートをお試しあれ。

MAP 付録P.22 D-3　メイフェア

所 One The Royal Arcade, 28 Old Bond St., W1S 4BT
交 ⊖Green Park駅から徒歩6分
☎ (020) 7491-0939 営 10:00～18:30(日曜12:00～17:30)
休 無休

シャルボネル・エ・ウォーカーは、パリから招かれたマダム・シャルボネルとイギリス人女性ウォーカー夫人が創業した英仏コラボのチョコレート屋です。

赤くてかわいい2階建てバスでロンドンの街を眺めましょう

ロンドン名物の赤いバス、ダブルデッカーは頼りになる乗り物。
次の停留所名も車内に掲示されるので、乗り過ごしの心配もなし。
現金での支払いはできず、カードなどでの支払いとなるので注意しましょう。

ショッピング街をひた走る9番

大きな公園沿いの名所とショッピング街の両方を楽しめるのが、このルートの魅力。途中下車で、公園散歩もできますよ。

Start!

トラファルガー広場
Trafalgar Square P.56

9番と15番、両方がここを通ります。ネルソン記念柱と噴水が目印

グリーン・パーク（ウェリントン・アーチ）
Green Park (Wellington Arch)

グリーン・パークの西端に現れる荘厳なアーチ。右側に注目して

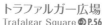

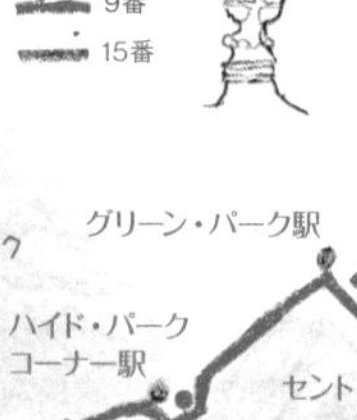

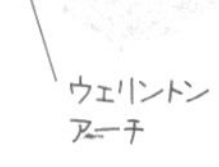

ハイド・パーク
Hyde Park P.33

次に右手に見える大きな公園がハイド・パーク。右側の席に移動するとより見やすいかも

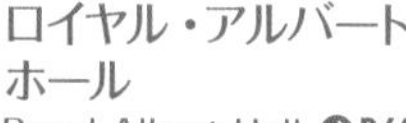

ロイヤル・アルバート・ホール
Royal Albert Hall P.68

左手に登場。豪華な建物はバスの中から見ても圧巻！

ケンジントン・ガーデンズ（アルバート・メモリアル）
Kensington Gardens (Albert Memorial) P.33

アルバート公はヴィクトリア女王の夫。金色に輝くモニュメントが右手に

観光名所をひとめぐり

ロンドン観光にぴったりな便利なルートを走る。窓から名所を眺めるもよし、下車してじっくり観光するもよし。

バス路線図は ➡付録P.25

王立裁判所
Royal Courts of Justice

19世紀末に建てられた王立裁判所が左手に。トラファルガー広場から5分以内で到着します

セント・ポール大聖堂
St. Paul's Cathedral ➡P.40

ロンドンを代表する建築物も、バスからばっちり見えます。写真は左側の席から撮るのが◯

タワー・ブリッジ
Tower Bridge ➡P.61

右手に見えるタワー・ブリッジ。距離があるのでズームを使って

ロンドン塔
Tower of London ➡P.41・61

15番のフィナーレはロンドン塔。すぐに右手に現れます

市バスの乗り方

ロンドンのバスは現金が使用できないので、事前にコンタクトレスカードやオイスターカード➡P.144の用意が必要。ここではオイスターカードを使ってのバスの乗り方を紹介します。

1 バスの番号をチェック

バス停に乗りたいバスの番号が表示されているかどうか（黄色部分）、路線図の矢印で正しい方向かどうかを確認。

2 オイスターカードを用意

オイスターカードは、地下鉄の駅、またはニュースエージェントなどで購入。ほかにはApplePayやGooglePayなども使える。

3 バスに乗りましょう

乗車は前のドアから。乗り込んでから車内の黄色いパッドにタッチします。オイスターカードやコンタクトレスカードは家族や友人同士で一括して払うことはできず、それぞれのカードで支払わなければならない。なお、運賃を払う大人同伴の11歳未満の子供は4人まで無料となる。

4 降りるバス停で席を立ちます

降車の際は赤いブザーを押す。再度黄色のパッドにタッチする必要はない。下車は中央または後部ドアから。

「ルートマスター」と呼ばれる旧型の2階建てバスは、現在は廃止されていますが、ツアーに参加すれば乗車可能です。

ロンドンで絶対はずせない おすすめの見どころはこちらです

ロンドンのスカイラインを縁取るビッグ・ベンやセント・ポール大聖堂。
これら多くの美しい歴史的建造物は内部も見学できます。
タイムトラベル気分で、何百年もの歴史を感じてみましょう。

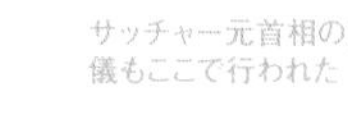
サッチャー元首相の葬儀もここで行われた

壮麗なドームからロンドン市内を一望

セント・ポール大聖堂
St. Paul's Cathedral

607年に木造として建造されたが、度重なる攻撃や火災を経て、18世紀に歴史的建築家クリストファー・レンによって現在の姿に。チャーチル元首相の国葬やチャールズ国王とダイアナ元妃の結婚式などの舞台となった。

MAP 付録P.9 C-2　シティ

所 St. Paul's Churchyard, EC4M 8AD
交 ⊖St. Paul's駅からすぐ ☎ (020) 7246-8350
開 8:30〜16:00 (閉館16:30)、ギャラリー 9:30〜16:15
料 £25 休 無休 URL stpauls.co.uk/book-tickets

1 金の回廊
Golden Gallery

シティのビル群はもちろん、グローブ座やテート・モダン、シャード、ロンドン・アイまで360° 見渡せる。

2 石の回廊
Stone Gallery

大聖堂フロアからは376段。高い位置から見下ろす聖堂内の美しさは格別。

丸天井の下に一周できる廊下がある

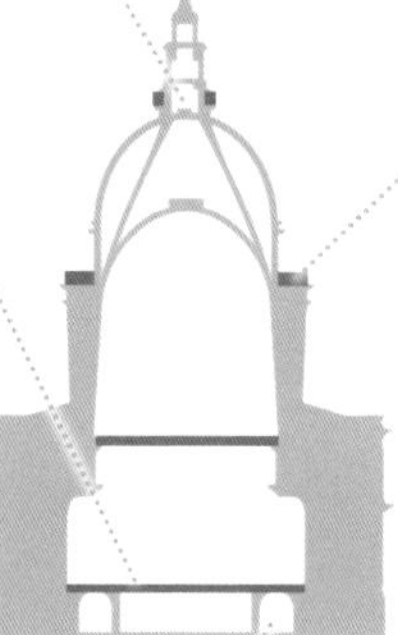

3 大聖堂
Cathedral Floor

祭壇と身廊のあいだのクワイア（現在の聖歌隊席）の天井にはヴィクトリア時代に施された美しいモザイクが。中央ドームには聖パウロの生涯を描いたフレスコ画。

『ハリポタ』のロケ地として使われた階段。普段は鍵がかかっているが、無料のガイドツアー参加で見学可能。

4 地下聖堂
Crypt

地下には19世紀の二大武将ネルソン提督とウェリントン侯爵が眠る。ドームの真下にはネルソン提督の墓。

オンラインで朝いちばんを予約

ここにご紹介した3つのスポットはいずれもオンラインでチケット購入できます。朝早い時間帯が、いちばん人が少なくおすすめ。フリーツアーが始まる10時〜10時半よりも前に、写真を撮ってまわりましょう。

時計塔の正式名称「エリザベス・タワー」はあまり知られていない

©Roger Harris

ロンドンといえばこの建物

国会議事堂(ウェストミンスター宮殿)

The Houses of Parliament (The Palace of Westminster)

かつて王の住居として使われていた宮殿で、現在は国会議事堂として機能している。1834年の火災により大半が消失し、現在のゴシック・リバイバル様式に再建された。ビッグ・ベンの愛称で知られる時計塔は、ロンドンのアイコン的存在。

MAP 付録P.14 F-2　ウェストミンスター

所 Palace of Westminster, St. Margaret' s St., SW1A 0PW
交 ⊖Westminster駅からすぐ ☎ (020)721-3000 開 見学自由(外観のみ)、議会が休みの日に見学ツアーあり 料 ガイド付き£35、ネット予約£33
休 不定休(見学ツアー) URL parliament.uk/visiting/visiting-and-tours/

チケットは、ガイド付きツアーと、マルチメディア・デバイスによるセルフガイドツアーなどがある

世界遺産の城壁

ロンドン塔

Tower of London

16世紀後半以降、王族を含む何百人もの反逆者が幽閉・投獄され、処刑の舞台にも。血塗られた歴史をもつ一方、屈強な要塞・ロンドン塔には貴重な王家の財宝が保管されている。

MAP 付録P.8 E-3　イーストエンド

所 Tower Hill, EC3N 4AB 交 ⊖Tower Hill駅からすぐ ☎ 0844-482-7777/(020)3166-6000 開 9:00〜17:30(日・月曜10:00〜、最終入場17:00)、11〜2月9:00〜16:30(日・月曜10:00〜、最終入場16:00) 料 £34.80
休 無休 URL www.hrp.org.uk/tower-of-london/

時間があればぜひ立ち寄りたい

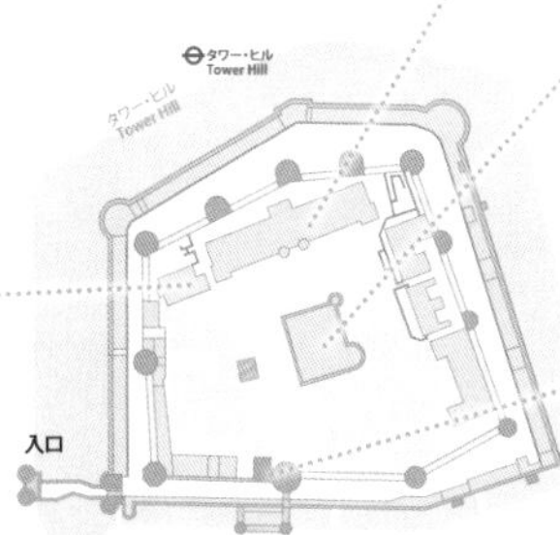

ジュエル・ハウス
Crown Jewel

王室の宝の山を見ることができる。金の文字盤が光る時計台が目印。

ホワイト・タワー
White Tower

王が居住していたメインタワー。2階にある王のための美しいセント・ジョン礼拝堂が見どころ。

セント・ピーター・アド・ヴェンキュラ礼拝堂
Chapel Royal of St Peter ad Vincula

ヘンリー8世の2番目の妻、アン・ブーリンほか、ロンドン塔で亡くなった人々の魂を慰める礼拝堂。

ブラディ・タワー
Bloody Tower

15世紀にふたりの王子が殺されたとされるタワー。拷問具などの展示が生々しい。

ウェストミンスター宮殿は大型改修を控えており、2025年以降に国会は別の場所に移される可能性もあります。

テムズ川を渡る空中散歩 違った角度で街を眺めてみましょう

橋や地下道よりも、楽しくテムズ河を越える方法がケーブルカー。
眼下に広がる、いつもとひと味違ったロンドンの景色を
ゆらりゆらりと堪能できる5分間の旅です。

サイコー！

個室で川を渡るアトラクション

IFS クラウド・ケーブル・カー

IFS Cloud Cable Car

ロンドン・オリンピックが開催された2012年にオープンしたケーブルカー。約5分間の空中散歩では、遙か遠くのビル群やオリンピック・パークまで見渡せる。

MAP 付録P.2 F-2 ウェスト・ハム

所 北側27 Western Gateway, London E16 1FA、南側Edmund Halley Way, London SE10 0FR 交 北側⊖North Greenwich駅から徒歩4分、南側DLR Royal Victoria駅から徒歩3分 ☎0343-222-1234
営 7:00～21:00(金曜～23:00、土曜8:00～23:00、日曜、祝日9:00～) 休 無休
料 片道£6、往復£12(コンタクトレスカード、オイスターカード利用者は片道£5、往復£10)

乗り場は
2カ所あります

北側のIFSクラウド・グリニッジ・ペニュニシュラと南側のIFSクラウド・ロイヤル・ドックスがあります。

乗り場には地下鉄だけでなく、バスや水上バスでもアクセスできる

ケーブルカーには最大10人乗車可能。30秒ごとに発車し、乗車時間は約5分

※IFS クラウド・ケーブル・カーは構造上はロープウェイですが現地ではケーブルカーと呼ばれています。

ヨーロッパ最大のアリーナでライブを

The O2の中心に位置するアリーナでは、毎日のように有名アーティストのライブや、スポーツの大会が行われています。滞在中に気になるイベントがあればチケットを取って参戦してみては？ URL www.theo2.co.uk

続々と建設される高層ビルを一望

人気のウォーターフロントのアパート

ドーム型のオーツーのすぐ脇を通る

オーツー
The O2

音楽やスポーツのイベントが行われるヨーロッパ最大のアリーナを擁する大規模娯楽施設。ショップや飲食店、映画館、アミューズメントパークなどが集まる。特徴的な白い屋根の上を歩ける「Up at the O2」や、屋内スカイダイビングを楽しめるアクティビティもある（予約制）。

MAP 付録P.2 F-2 ノース・グリニッジ

所 Peninsula Square, London SE10 0DX
交 ⊖North Greenwich駅から徒歩3分、Uber BoatでNorth Greenwich Pierすぐ ☎ (020) 8463-2000
営 10:00～20:00（ショップにより異なる）

1
©Golden Tours Ltd.

©The O2
アウトレットでお得に買い物できる

2

1「Up at the O2」は早朝、昼間、夕方のスロットがあり、時間帯によって見える景色が変わる 2地元っ子には「ドーム」と呼ばれている

The O2アリーナは「ノース・グリニッジ・アリーナ」として2012年のロンドンオリンピック・パラリンピックの会場のひとつになりました。

夜もこんなに美しい ライトアップされる建物たち

夜景の定番といえばここ!

テムズ川岸のロンドン水族館前からの眺め。手前に見えているのはウェストミンスター・ブリッジ

国会議事堂（ウェストミンスター宮殿）

The Houses of Parliament (The Palace of Westminster)

MAP 付録P.14 F-2　ウェストミンスター

P.41 ／ビューポイントへのアクセス：⊖Westminster駅から徒歩6分

必見！テムズ川の光の輪

正面の遊歩道から見るロンドン・アイ。観覧車に乗って、はるか高みからのロンドンの夜景もおすすめ

ロンドン・アイ

The lastminute.com London Eye

MAP 付録P.14 F-2　ウェストミンスター

P.60 ／ビューポイントへのアクセス：⊖Waterloo駅から徒歩5分

国会議事堂とセットでどうぞ

北門をくぐってすぐの所から。明るすぎない照明が、伝統建築の幻想的な雰囲気を一層強めている

ウェストミンスター寺院

Westminster Abbey

MAP 付録P.14 E-2　ウェストミンスター

P.58 ／ビューポイントまでのアクセス：⊖Westminster駅から徒歩5分

244mの高さから360度のパノラマでロンドンの街を見渡す。タワー・ブリッジやロンドン塔が足元に

眺めても上っても美しい

ザ・シャード

The Shard

MAP 付録P.8 D-3　サザーク

P.60 ／ビューポイントへのアクセス：⊖London Bridge駅直結

ロンドン有数の名所で夜景を

タワー・ブリッジ

Tower Bridge

MAP 付録P.8 E-3　バーモンジー

P.61 ／ビューポイントへのアクセス：⊖London Bridge駅から徒歩10分

旧シティ・ホールP.61の隣に位置する劇場、ザ・スクープの歩行者用デッキからの眺め

斜め向かいにあるセインズベリーズ前から見たハロッズ。無数の電球でライトアップされる

夜は一層ゴージャス感アップ！

ハロッズ

Harrods

MAP 付録P.15 A-2　ナイツブリッジ

P.18・123 ／ビューポイントへのアクセス：⊖Knightsbridge駅からすぐ

※ライトアップの時間は季節によって異なりますが、だいたい日没から深夜までです

芸術を肌で感じる
ロンドンさんぽ

世界に知られる大ミュージアムから、こぢんまりしたギャラリーまで、
ロンドンにはアートに触れられる場所がたくさんあります。
街を歩けば、人々で賑わう広場や公園が次々と現れ、
重厚なゴシック様式の建物や、インパクトのある現代建築が目を引きつけます。
夜はちょっとおしゃれして、ミュージカルやシェイクスピア劇を鑑賞。
ロマンチックなテムズ川の夜景を眺めて、1日の仕上げをしましょう。

ヴィクトリア・アンド・アルバート博物館の膨大なコレクションの一部をのぞいてみましょう

センスのいいテキスタイルや、きらびやかなジュエリーの数々、
繊細なガラス製品や、あたたかみのある陶器にも目がくぎ付け。
ヴィクトリア・アンド・アルバート博物館（V&A）は女性必見のミュージアムです。

エキシビション・ロード沿いの入り口

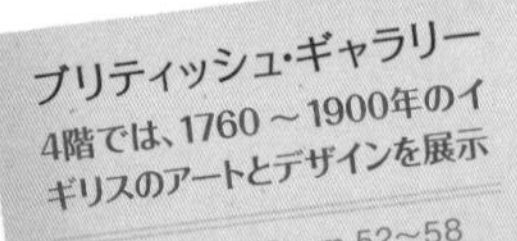

ブリティッシュ・ギャラリー
4階では、1760～1900年のイギリスのアートとデザインを展示
Level 1 ◆ Room 52～58
Level 3 ◆ Room 118～125c

1ポンドの寄付で館内地図を手に入れて歩き始めましょう。
Museum Map
Creativity.
It's what makes us.

ウィリアム・モリスのファブリックとタイル

産業革命後の大量生産の時代に反発し、あくまで手作業にこだわった、モリスの美しい作品の数々

1870年にモリスがデザインしたタイル。暖炉の周りなどに使われた（左）。家具の布ばり用に使われたモリスデザインの有名な壁紙「柳」（上、1887年）

ヴィクトリア・アンド・アルバート博物館
Victoria and Albert Museum

ヴィクトリア女王の夫アルバート公が尽力し、1851年のロンドン万博での収益をもとに開館した博物館。古美術、服飾、工芸品、ジュエリーなど幅広い所蔵品を誇る。

MAP 付録P.18 F-3　ナイツブリッジ

所 Cromwell Rd., SW7 2RL
交 ⊖South Kensington駅から徒歩6分
☎ (020)7942-2000
営 10:00～17:45(金曜～22:00)
休 無休 料 無料(企画展は有料)

モリスのデザインによる、イチゴと鳥をモチーフとしたファブリック「いちご泥棒」

モリスの壁紙はプリンツ&ドローイング・スタディルームで見られます

わたくしがウィリアム・モリスです

William Morris（1834-1896）
植物をモチーフにした壁紙や、カーテンなどの装飾芸術で知られるデザイナーで、「モダンデザインの父」とも呼ばれます。生活と芸術の一致を目指した「アーツ&クラフツ運動」が有名。詩人や思想家としても活躍しました。

Photographs: Victoria and Albert Museum, London

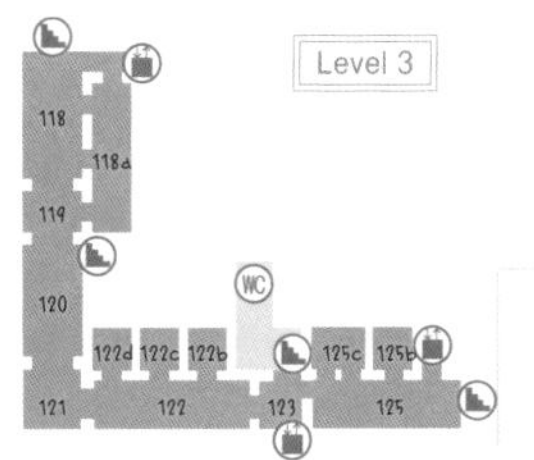

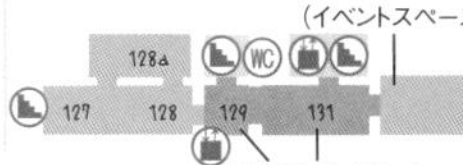

※階数＝Level、部屋＝Room。移動の際には、館内マップの階段や、エレベーターの表示を参照しましょう

階段
エレベーター
トイレ
CREATIVE STUDIO (イベントスペース)

博物館めぐりで知的な1日を

ヴィクトリア・アンド・アルバート博物館のある一帯は、自然史博物館、科学博物館も立ち並ぶ博物館エリア。カルチュアルな1日が過ごせます。

モリス関連のその他の作品

モリスが仲間と設立した"生活芸術品"のデザイン&制作をする「モリス・マーシャル・フォークナー商会」の作品も多数ある

「ロレーヌ公の結婚」をテーマにモリス、バーン＝ジョーンズをはじめとするアーティストのコラボレーションにより制作されたキャビネット。上に飾られているステンドグラスも同テーマで制作されたもの

バーン＝ジョーンズのデザイン、モリス・マーシャル・フォークナー商会の制作によるタイル・パネル

モリス・マーシャル・フォークナー商会によるステンドグラスのパネル。右のパネルのモデルは、ウィリアム・モリスなのだそう

Level 0 で見られるのは…

Level 0 には、アジアやヨーロッパに関する展示などがある。
なかでもRoom40のファッションギャラリーには、17世紀の服をはじめ、クリスチャン・ディオールやシャネル、バレンシアガなど、20世紀ヨーロッパを代表するデザイナーの作品まで、幅広い年代の服が展示されており、見ごたえがある。

リバティ風のプリントが美しい1920年代のドレス

◆ Level 0 ◆

モリスの部屋で気軽にひと休み

ゴージャスな内装にうっとり

V&Aカフェ

フロア奥のV&Aカフェでは、喫茶はもちろん、サラダやサンドイッチなどの軽食も楽しめる。一角はモリスの壁紙が配されたかつての休憩室「モリス・ルーム」。優雅なランチタイムを満喫できそう。

モリスがデザインしたモリス・ルーム(上)。お腹がしっかりふくれそうな料理がいっぱい(左)

女王陛下のトイレ

カフェのそばにある車椅子用のトイレには、博物館開館当時のままのタイルが。ヴィクトリア女王の「V」とアルバート公の「A」の文字が入っている。

ヴィクトリア時代の面影を残す洗面所

ウィリアム・モリスが青年期を過ごした家は、ウィリアム・モリス・ギャラリー MAP 付録P.2 F-1として一般に公開されています。

ヴィクトリア・アンド・アルバート博物館の膨大なコレクションの一部をのぞいてみましょう

ジュエリー・ギャラリー
古代エジプトから現在までのジュエリー約3500点を所蔵している

Level 2 ◆ Room 91〜93

ヴィクトリア女王&アルバート公ってどんな人？

ヴィクトリア女王は、19世紀イギリスの黄金時代を築いた大英帝国の女王。18歳のときに、ドイツ人のいとこアルバート公と結婚しました。アルバートが42歳で亡くなると深く悲しみ、生涯喪服を着続けたそうです。

フォトグラフィー・センター
写真の歴史が俯瞰できるスペーシャスなギャラリー

Level 2 ◆ Room 100〜101

世界最大規模の写真コレクション

展示されていない写真もプリンツ&ドローイング・スタディ・ルーム（別館Level3）にて閲覧可能に（要予約）。

ヴィクトリア時代の女流写真家、ジュリア・マーガレット・キャメロンの作品

エリザベス一世のカメオが埋め込まれた17世紀前半のペンダント

きらめくジュエリーの数々……

中央のガラスケース内のジュエリーは、いかにも身につけているように写真が撮れる高さに展示されています。

ロンドンのジュエラー、グレン・スピロの作品です

ビヨンセの個人コレクション、パピヨン・リング

◆ Level 2 ◆ Room 81

ここまで来たら、ちょっと足を延ばして……

イギリスの美術家バーン=ジョーンズがデザインしたピアノ

ジュエリー・ギャラリーと同じLevel3にある絵画ギャラリーの81番展示室には、バーン=ジョーンズのデザインした美しいピアノが。こちらも見ておきたい。

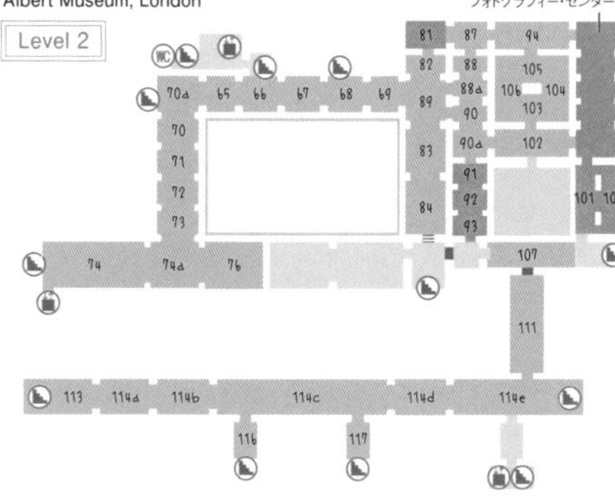

ファミリーにはヤングV&Aもおすすめ

ヴィクトリア・アンド・アルバート博物館の分館であるヤングV&Aが、ショーディッチの東、ベスナル・グリーンにあります。人形やおもちゃなど、子供に関するさまざま展示があり、子供が遊ぶための場所もあるので、家族みんなで楽しめます。MAP付録P.4 F-2

繊細な展示品にうっとり

ガラス・アーティスト、ラリックの作品も多数あるので、探してみて

1928年に制作されたルネ・ラリックの手によるパネル。ディテールが見事

ポール・スミスもここから発想を得たというムラーノ・グラスの花瓶

131番展示室は、階段とバルコニーの床や手すりもガラスで、光の透け感や反射効果が美しい

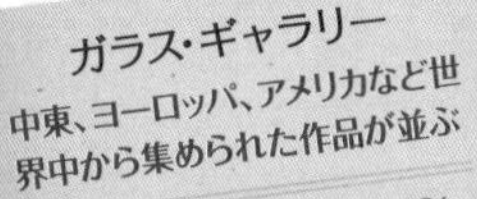

ガラス・ギャラリー

中東、ヨーロッパ、アメリカなど世界中から集められた作品が並ぶ

Level 3 ◆ Room 128〜131

セラミック・ギャラリー

2万6000点以上ものセラミック作品が展示されている

Level 4 ◆ Room 136〜146

古今東西の陶器が揃う

ウィンドーショッピング気分でいつまでも眺めていたい器がいっぱい

さまざまな形のティーポットがずらり

陶芸家ルーシー・リーの仕事部屋を再現

詳細情報満載のタッチパネルも

歴史的に重要なデザインの家具を多数展示

家に連れて帰りたい椅子もたくさん!

家具・ギャラリー

過去600年の椅子やテーブルなど、200点以上が並ぶ

Level 4 ◆ Room 133〜135

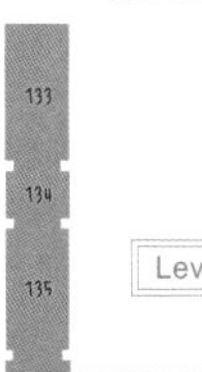
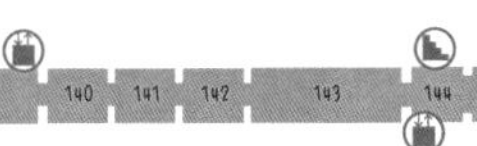

V&Aショップ P.85は、館内に3カ所。センスのいいアイテムが揃います。

広大な大英博物館をさくっと回れるおすすめルートはこちらです

世界最大の博物館のひとつとされる大英博物館には、約15万点もの常設展示があり、1日ではとても回りきれません。必見の展示品をピックアップして、3時間で効率よく回る方法をご紹介。

グレート・コート
Great Court

ガラスの天井からあふれる自然光が美しい壮大な空間は、著名な建築家ノーマン・フォスターが設計。

ロゼッタ・ストーン
Rosetta Stone

エジプトの象形文字の解読の手掛かりとなり、考古学史上最大の発見といわれたこの石。3種の文字が刻まれている。

必見

ラムセス2世の胸像
Colossal bust of Ramesses II

紀元前13世紀の古代エジプト第19王朝のファラオ（王）であったラムセス2世の像。

女神バステトの化身
The sacred representation of the goddess Bastet

さすが女神の化身とされる、高貴な姿のネコの像。貴人の墓には供物としてネコのミイラが埋葬されたとか。

アッシリアの人面有翼獣
Colossal statue of a winged human-headed bull

イラク北部で出土。スフィンクス同様、体が動物・顔が人で、宮殿など大事な場所を守る守護獣。

大理石のレリーフ
Marble relief

バッカスの神を崇めるパレードの様子を描いたレリーフ。紀元前4世紀頃の作品で、18世紀のローマで発掘されたもの。

Level 0 Room18

パルテノン神殿彫刻
The Parthenon Marbles

必見

ギリシア、アテネのパルテノン神殿にあった写実的で力強い彫刻。2000年以上も前に作られたと思えないほどすばらしい。

言わずと知れた世界最大級の博物館

大英博物館 The British Museum

1753年に創設された世界初の公共の博物館。古今東西より集められた収蔵品は約800万点にのぼり、そのうち15万点が常設展示されている。新旧の建築美を兼ね備えた建物自体も必見。

MAP 付録P.12 E-2 ブルームズベリ

所 Great Russell St., WC1B 3DG
交 ⊖Tottenham Court Road/Holborn駅から徒歩5分 ☎ (020) 7323-8299
開 10:00～17:00（金曜～20:30）、最終入場15分前 休 無休 料 無料（特別展は有料）

ギリシア神殿を思わせる石柱が特徴の建物

館内のLevelやRoom表示を参考に回ろう。6か所あるミュージアムショップもチェック！

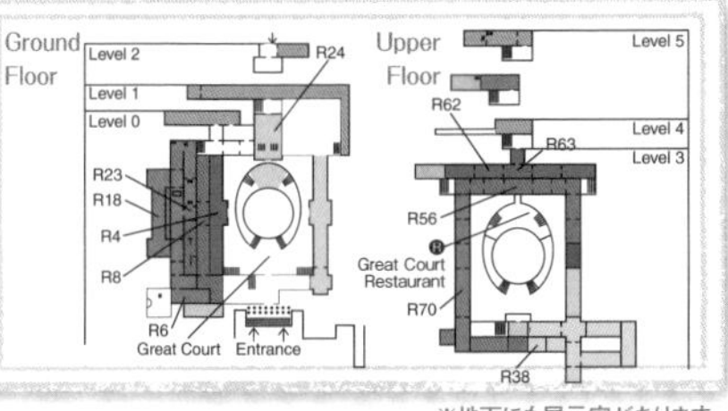

※地下にも展示室があります

ナイト・ミュージアム

毎週金曜は午後8時30分まで開館。夕方以降は人も減り、落ち着いて見学できます。ただし展示室によっては閉じていることもあるので注意。

Level 0 Room24

イースター島の巨石像
Hoa Hakananai'a

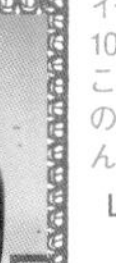

イースター島から、10トン以上もあるこの巨石像をどのように運び込んだのだろう。

Level 3へ

必見

女神官ヘヌトメヒトの金箔の棺
Gilded coffin of Henutmehyt

Level 3 Room63

ラムセス2世時代の女神官の棺とミイラ。美術品のように美しい棺が見られる。

Level 3 Room62

フネフェルの死者の書
Book of the Dead of Hunefer

死者が死後の世界に行くための呪文や儀式を描いたもの。このパピルスには死者の裁判の様子が描かれている。

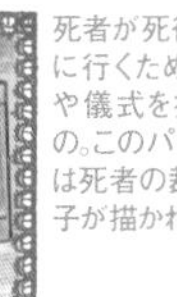

大英博物館所有の時計で最古のもの(1450年頃)。六角形の各コーナーには聖人をかたどったモチーフが。

Level 3 Room38

六角形の時計
Hexagonal Clock

Level 3 Room70

ローマン・ガラス
Roman Glasses

紀元前125 ～ 50年のものと思われる動物の角を模したガラスの杯。先端部分がシカの頭を表現している。

ローマ時代のカメオのガラス壺。浮き彫りが特長。一度壊されて修復されたもの。

Level 3 Room70

ポートランドの壺
The Portland Vase

Level 3 Room56

やぶの雄羊
The 'Ram in a Thicket'

イラク南部で出土したもので、今から4500年以上前に作られた。ペアで発掘され、もう1体はアメリカにある。

見学に役立つガイドや冊子

ウェブサイト、またはインフォメーションデスクのQRコードから、日本語のオーディオアプリをダウンロードできます。マップやギャラリー検索、一部の展示品解説は無料。アプリ内課金（£4.99）で250以上の展示品解説を含む8つのセルフガイドツアーが楽しめます。そのほかテーマ別ツアーも有料で追加可能です。
また、おもな見どころを解説した冊子「大英博物館　日本語版」(£6）もショップで販売されています。

博物館のレストランでひと休み

グレート・コート Great Court Restaurant

2階中央にある開放感溢れるレストラン。博物館のさまざまな企画に合わせた、特別メニューも用意している。

MAP 付録P.12 E-2　ブルームズベリ

☎(020)7323-8990
営ランチ11:30～15:00、アフタヌーンティー11:30～16:00 休無休 料ドリンク£2.60～、フード£18～、アフタヌーンティー £35

Level5の一番奥に日本の文化を紹介する展示エリアがあり、浮世絵などにまざってマンガも展示されています。

「ミュージアム・シティ」ロンドンでアートに触れてみませんか

**ロンドンにはたくさんの美術館・博物館があり、
無料で入れるところが多いのもうれしいポイント。
世界をリードする「ミュージアム・シティ」でアートを堪能しましょう。**

世界が注目するモダンアートの殿堂

テート・モダン Tate Modern

テート・ブリテンの分館。20世紀以降のモダンアートが揃い、世界でもっとも注目される美術館のひとつになっている。また、旧バンクサイド発電所を改築した建物も印象的で、重厚なレンガ造りの外観と内部の吹き抜けはまさにダイナミックのひと言。テート・モダン前からテムズ川にかかるミレニアム・ブリッジを含め、このエリアはロンドンの名所のひとつになっている。

MAP 付録P.9 C-3 サザーク

所 Bankside, SE1 9TG 交 ⊖Southwark駅から徒歩10分 ☎ (020) 7887-8888
開 10:00～18:00(最終入場17:30) 休 無休
料 無料(企画展は有料)

©visitlondonimages/britainon

1 20世紀の巨匠たちのコレクションが充実　2 アート関係の資料が豊富に揃うショップ　3 火力発電所を改築した建物

ココにも注目

本館の裏手にあるブラバトニク・ビルには、広々としたショップがあり。おみやげはここでゲット

ココにも注目

展示室は天井から自然光が差して明るく広々としたスペース。ソファもあるので、くつろぎながら名画を鑑賞できる

1 ハムレットの戯曲「ハムレット」に登場する女性を題材にした『オフィーリア』 2 正面玄関の美しいレリーフにも注目したい

すばらしいコレクションは必見

テート・ブリテン Tate Britain

イギリスアートの一大コレクションを有する美術館。特にターナーの作品やミレーの『オフィーリア』など7万点以上の作品群は秀逸。コレクションはすべて1階の展示室で観ることができる。地下の展示室では企画展が開催されている。

MAP 付録P.14 E-4 ウェストミンスター

所 Millbank, SW1P 4RG 交 ⊖Pimlico駅から徒歩8分 ☎ (020) 7887-8888 開 10:00～18:00(最終入場17:30) 休 無休 料 無料(企画展は有料)

鑑賞後にはぜひ寄付を

ロンドンには無料のミュージアムが多くあり、これらを支えているのは税金と寄付。ドネーション・ボックスに基本的に全員がお金を入れることを期待されています。

展示品総数2300点、世界最大級

ナショナル・ギャラリー

The National Gallery

トラファルガー広場に面して建つ1824年に誕生したイギリス初の国立美術館。レオナルド・ダ・ヴィンチやミケランジェロ、ラファエロなどのルネサンス期の作品や、ゴッホ、セザンヌ、モネなどのフランス後期印象派から現代にかけてのヨーロッパ絵画など、世界的名画を展示。

MAP 付録P.21 C-4　ソーホー

所 Trafalgar Square, WC2N 5DN
交 ⊖Charing Cross駅から徒歩2分
☎ (020)7747-2885 開 10:00〜18:00(金曜〜21:00) 休 無休
料 無料(企画展は有料)

1堂々とした外観が目を引く　2館内は年代別に分かれて展示されている　3広いので見たい作品を絞って回ろう　4作品だけでなく内装も美しい

歴史的人物が勢揃い

ナショナル・ポートレイト・ギャラリー

National Portrait Gallery

ナショナル・ギャラリーに隣接する肖像画ばかりを展示した美術館。1万2000点以上のコレクションがあり、エリザベス1世、シェイクスピアなど歴史上の人物から、ビートルズやミック・ジャガーのような現代スターなどの肖像画が並ぶ。

MAP 付録P.21 C-4　ソーホー

所 St. Martin's Place, WC2H 0HE
交 ⊖Charing Cross駅から徒歩5分
☎ (020)7306-0055
開 10:30〜18:00(金・土曜〜21:00、最終入場10分前) 休 無休 料 無料(企画展は有料)

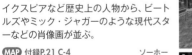

1イギリスの歴史も学べる　2絵画や彫刻だけでなく写真作品も豊富　3著名人約1000点以上の作品を展示

ココにも注目

イギリス王室メンバーがポップなポートレイトになっていてユニーク

ナショナル・ポートレイト・ギャラリーはのカフェやバー、最上階のレストラン⇒P.105も人気があります。

「ミュージアム・シティ」ロンドンでアートに触れてみませんか

ココにも注目
19世紀当時の鉄鋼フレーム技術を取り入れたネオ・ロマネスク様式の重厚な外観も見ごたえあり

1恐竜の頭部の骨は上階からじっくり鑑賞できる　2ヴィクトリア・アンド・アルバート博物館の隣にある　3中央ホールにもたくさんの展示がある

楽しい展示がいっぱい

自然史博物館 Natural History Museum

1880年に大英博物館から独立した博物館。世界中から集められた動植物の標本が展示されている。人気があるのは「恐竜ギャラリー」や「ザ・パワーウィズイン」、「アース・ギャラリー」など。たくさんの展示があるので1日中見学しても飽きることがない。

MAP 付録P.18 E-3　ケンジントン

所 Cromwell Rd., SW7 5BD
交 ⊖South Kensington駅から徒歩5分
☎ (020)7942-5000 開 10:00〜17:50(最終入場17:30) 休 無休 料 無料

イギリス最古の国立芸術組織

ロイヤル・アカデミー・オブ・アーツ
Royal Academy of Arts

1768年に設立された王立美術院で、常に最先端のアートを発信してきたイギリス美術界の中心的存在。常設展示室にはヴィクトリア時代の家具が公開されており、特別展は年間を通して3か月単位で開催されている。

MAP 付録P.22 D-3　メイフェア

所 Burlington House, Piccadilly, W1J 0BD 交 ⊖Green Park駅から徒歩5分 ☎ (020) 7300-8090 開 10:00〜18:00(金曜〜21:00) 休 月曜 料 無料(企画展は有料)

中庭でも展示が行われることがある

デザイナーズ・グッズも豊富なミュージアム

デザイン・ミュージアム
Design Museum

コンラン卿によって設立されたコンテンポラリー・デザインの博物館。デザインに関する常設展のほか特別展も開催されている。旧コモンウェルス協会の建物が改修されて、美しく生まれ変わった。

MAP 付録P.19 C-3　ケンジントン

所 224-238 Kensington High St., W8 6AG 交 ⊖High Street Kensington駅から徒歩8分 ☎ (020) 3862-5937 開 10:00〜17:00(月・金曜〜 18:00、土曜〜 21:00) 休 無休 料 展示により異なる

流線型の屋根が印象的

個性的なロンドングッズが並ぶショップ

変わり種ミュージアムもあります

現代アートを見たいならココ

ホワイトチャペル・ギャラリー

Whitechapel Gallery

ピカソの「ゲルニカ」やデヴィッド・ホックニーのデビュー展を開催したモダンアートの老舗ギャラリー。自由で伸びやかなコンテンポラリー・アートが目を引く。現在も新しいアーティスト発掘に積極的で、さまざまな展示やワークショップが開催されている。

MAP 付録P.8 F-1　イーストエンド

所 77-82 Whitechapel High St., E1 7QX
交 ⊖Aldgate East駅から徒歩1分 ☎ (020)7522-7888
開 11:00〜18:00(木曜〜21:00) 休 月曜
料 無料(企画展は有料)

1 メインホールの展示スペース
2 数多くの前衛作品を発信してきたスポット
3 グラフィック作品の展示もある

さまざまなイベントも催される美術館

サマセット・ハウス

Somerset House

もともとはサマセット侯爵が住んでいた館

写真やファッションなど、常にロンドナーの注目を集めるエキシビションを展開している美術館。印象派や後期印象派の質の高いコレクションを擁するコートールド美術館もサマセット・ハウス内に設けられている。冬には中庭にアイススケートリンクも設置される。

MAP 付録P.20 F-3　シティ

所 Strand, WC2R 1LA 交 ⊖Temple駅から徒歩6分
☎ (020) 7845-4600 開 ギャラリー 10:00〜18:00(木・金曜〜21:00、最終入場1時間前)、中庭8:00〜23:00、リバーテラス8:00〜23:00 休 無休 料 無料(企画展は有料)

名探偵気分に浸る

シャーロック・ホームズ博物館

The Sherlock Holmes Museum

変わり種指数 ちょっと変わり種

偉大なる名探偵シャーロック・ホームズが、ワトソン博士と住んでいたとされる下宿屋。書斎には愛用の帽子やメガネが展示され、小説の世界に浸れる。

MAP 付録P.13 A-2　マリルボーン

所 221b Baker St., NW1 6XE
交 ⊖Baker Street駅から徒歩1分
☎ (020) 7224-3688 開 9:30〜18:00(最終入館17:30) 休 無休 料 £13

世界の有名人に会えるチャンス!?

マダム・タッソーろう人形館

Madame Tussauds London

変わり種指数 けっこう変わり種

マダム・タッソー夫人が1835年にオープンした人形館。現在では300体以上の有名人のろう人形が展示され、人気スポットになっている。

MAP 付録P.13 B-2　マリルボーン

所 Marylebone Rd., NW1 5LR
交 ⊖Baker Street駅から徒歩2分
☎ (020) 7487-0351
開 9:00〜17:00、日により異なる
休 無休 料 £42

ロンドンでもっとも恐ろしい場所!?

ロンドン・ダンジョン

The London Dungeon

変わり種指数 かなり変わり種

中世の拷問や処刑法、連続殺人者「切り裂きジャック」など、血塗られたイギリス史に焦点を当てたホラー屋敷。土牢の中で見るろう人形はあまりにも恐ろしい。

MAP 付録P.14 F-2　ウェストミンスター

所 Westminster Bridge Rd., SE1 7PB
交 ⊖Waterloo駅から徒歩5分
☎ (020) 7967-8022
開 10:00〜17:00(木曜11:00〜)、時期により異なる
休 無休 料 £40

マダム・タッソーろう人形館はいつも混雑しているので、インターネットで前売り券を買っておくのがおすすめです。

トラファルガー広場を起点に中心部をぐるっとおさんぽ

ロンドンの中心といえば、トラファルガー広場。バッキンガム宮殿、セント・ポール大聖堂などに向かう道の出発点でもあり、おさんぽの起点としてもぴったりな場所です。

ぶらぶら歩いて 4時間

チャリング・クロス駅からのAccess

10
20
おすすめの時間帯

地下鉄で1〜2駅分の距離ですが見どころやショップが集中しているため、寄り道を計算に入れると時間が多めに必要なエリア。ショッピング好きには足りないかも。

ネルソン提督の像が目印の広場

トラファルガー広場
Trafalgar Square

1805年のトラファルガーの海戦を記念して造られた広場。さまざまな祭りやイベントや集会が行われたり、ナイトバスの始発場所だったりと、まさにロンドンの中心といえる場所。

MAP 付録P.21 C-4

所 Trafalgar Square, WC2

日本の三越のライオンのモデルです

散歩中の一杯はおいしいよ

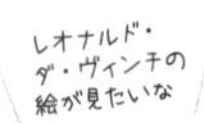

レオナルド・ダ・ヴィンチの絵が見たいな

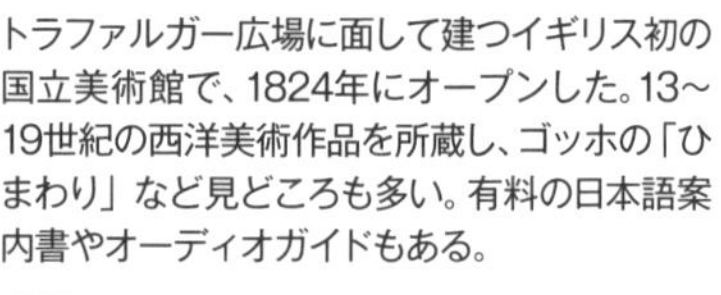

イギリス初の国立美術館

ナショナル・ギャラリー
The National Gallery

トラファルガー広場に面して建つイギリス初の国立美術館で、1824年にオープンした。13〜19世紀の西洋美術作品を所蔵し、ゴッホの「ひまわり」など見どころも多い。有料の日本語案内書やオーディオガイドもある。

MAP 付録P.21 C-4

→P.53

ゴッホの「ひまわり」はこちらです

スクランブル交差点

オックスフォード・サーカスのスクランブル交差点は、渋谷駅前のものから発想を得たもの。最初は歩行者がなかなか要領をつかめず、斜め横断する人が意外に少ないようです。

③ 待ち合わせにも便利な ピカデリー・サーカス

Piccadilly Circus

エロスの像と噴水が目印。待ち合わせをする人々や、記念写真を撮る観光客で、いつも賑わっている。周辺には劇場や映画館、ショップなどが密集している。

MAP 付録P.22 F-3

④ ショッピングが楽しい リージェント・ストリート

Regent Street

オックスフォード・サーカスとピカデリー・サーカスを結ぶ、世界的に有名なショッピング・ストリート。王室御用達のおもちゃのデパート、ハムレイズもこの通りにある。

MAP 付録P.22 D-2

⑤ ロンドン初のスクランブル交差点 オックスフォード・サーカス

Oxford Circus

リージェント・ストリートとオックスフォード・ストリートの交差点。オックスフォード・ストリートは店がびっしり並び、ショッピングフリークにはたまらない通り。

MAP 付録P.22 D-1

OXFORD CIRCUS W.1
City of Westminster

ここもCHECK

- S コヴェント・ガーデン・マーケット…P.82
- S シスター・レイ…P.69
- S パクストン&ウィットフィールド…P.36
- S ブーツ…P.93
- S フォートナム&メイソン…P.28
- S プレスタ…P.36
- S ホールフーズ・マーケット…P.89
- C ゲイルズ・アルティザン・ベーカリー…P.102
- C ドーナッテリエー…P.101
- C パーラー…P.103
- R 金田家…P.114
- R こや・ソーホー…P.119
- R ギャラリー・バイ・スケッチ…P.27
- R ダックスープ…P.106
- R バラッフィーナ…P.117
- R ポートレイト…P.105
- R ルールズ…P.113
- R ワハカ…P.114
- E ソンドハイム・シアター…P.63
- E ヒズ・マジェスティーズ・シアター…P.63
- E ロイヤル・オペラ・ハウス…P.66
- E ロニー・スコッツ…P.69
- E ロンドン・コロシアム…P.67

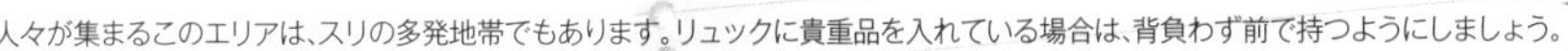
人々が集まるこのエリアは、スリの多発地帯でもあります。リュックに貴重品を入れている場合は、背負わず前で持つようにしましょう。

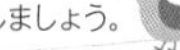

ウェストミンスター・ブリッジからパシャリ フォトジェニックなエリアをおさんぽ

**ビッグ・ベンをはじめ、ロンドンのランドマークである建物が集まる地域。
初めてのロンドンならまずはここへ。
カメラ片手にのんびりと歩きたいエリアです。**

歴代のイギリス国王の宮殿

1

バッキンガム宮殿
Buckingham Palace

衛兵交代のセレモニーで知られる、イギリス王室の公邸。招待客以外は入れないが、夏の間は観光客も内部見学可能。

MAP 付録P.14 D-2

P.34

N
グリーン・パーク Green Park
Piccadilly
King
グリーン・パーク
ハイド・パーク・コーナー Hyde Park Corner
ウェリントン・アーチ
Constitution Hill
ザ・マル
バッキンガム宮殿 1
Buckingham Pal. Rd.
Lwr. Grosvenor Pl.
ゴーリング
ヴィクトリア Victoria
ヴィクトリア パレス・シアター

水鳥にパンをやりながら、のんびり

2

セント・ジェームス・パーク St. James's Park

バッキンガム宮殿の東側に広がる公園。アヒルやペリカンなどの水鳥や、走り回るリスを眺めているうちに、都会の真ん中にいることを忘れてしまいそう。

グワッ

MAP 付録P.14 D-2

所 Horse Guards Rd., St. James's Park, SW1A 2BJ
☎ 0300-061-2350 開 5:00 ～ 24:00 休 無休 料 無料

ウィリアム王子の
ウエディング会場です

王室行事が行われるイギリス国教会の中枢

3

ウェストミンスター寺院 Westminster Abbey

国王の戴冠式など、王室の重要な行事が行われるイギリス国教会の総本山。100年以上かけて建てられたゴシック様式の荘厳な建物だ。内部の写真・ビデオ撮影は禁止。

夜景もキレイ
らしいよ♪
P.44

MAP 付録P.14 E-2

所 20 Dean's Yard, SW1P 3PA ☎ (020) 7222-5152 開 9:30～15:30（土曜9:00～15:00、冬季の土曜～14:30）最終入場1時間前
休 日曜、祝日 料 £39（日本語オーディオガイド付き）

ぶらぶら歩いて 3時間

セント・ジェームス・パーク駅からのAccess

ここで紹介しているスポットは、すべてセント・ジェームス・パーク駅から徒歩15分以内に位置しています。

9 18 おすすめの時間帯

公園でランチはいかが？

バッキンガム宮殿の衛兵交代を見たあとは、グリーン・パークの屋台で軽食を買ってピクニックランチはいかが？ デッキチェアが並んでいますが、こちらは有料なので注意しましょう。

96.3mの高さを誇る時計塔

いいね〜

花がきれいな公園。ひと休みするのにぴったり

トラファルガー広場 Trafalgar Square
チャリング・クロス Charing Cross
アドミラルティ・アーチ
Pall Mall
The Mall
徒歩5分
エンバンクメント Embankment
Horse Guards Av.
ホース・ガーズ
バンケティング・ハウス Banqueting House
首相官邸 10 Downing Street
テムズ川
ロンドン・アイ
ロンドン・ダンジョン The London Dungeon
York Rd.
ウォータールー Waterloo
セント・ジェームス パーク
Horse Guards Rd.
Whitehall
ウェストミンスター Westminster
ロンドン水族館
Birdcage Walk
ビッグ・ベン Big Ben
ウェストミンスター・ブリッジ
セント・ジェームス・パーク St. James Park
ウェストミンスター寺院
St. Margaret's St.
国会議事堂（ウェストミンスター宮殿）
Victoria St.
Old Pye St.
Great Peter St.
Great Smith St.
Millbank
ロンドンのランドマーク。政治の中心地

周辺図 付録 P.14

4

「ロンドンといえば、コレ」のランドマーク

国会議事堂（ウェストミンスター宮殿）

Houses of Parliament (Palace of Westminster)

巨大な鐘「ビッグ・ベン」がある時計塔を擁する建物。もとは11世紀に建てられた王宮だが、火災や戦争で破壊され現在のものは3代目。

MAP 付録P.14 F-2

P.41

5

近衛騎兵隊の本拠地

ホース・ガーズ

Horse Guards

王室近衛騎兵隊の本拠地。赤い制服のライフ・ガーズと濃紺の制服のブルーズ&ロイヤルズからなる騎兵隊が、英国の古き良き伝統を今に伝える。

MAP 付録P.14 E-1

所 Whitehall, SW1A 2AX
開 11:00〜16:00 休 無休 料 無料

6

ロンドン・アイの足元にある

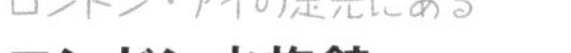

ロンドン水族館 Sea Life London Aquarium

一見すると水族館らしからぬ建物だが、そのスケールはヨーロッパ最大級。頭上を巨大なサメが通り過ぎる、巨大水槽のトンネルは迫力満点。

MAP 付録P.14 F-2

所 County Hall, Westminster Bridge Rd., SE1 7PB
☎ (020) 7967-8025 開 10:00〜18:00、日によって異なる
最終入場1時間前 休 無休 料 £40

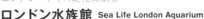

ここもCHECK

C ヴェランダ…P.25
E アポロ・ヴィクトリア・シアター…P.63

バッキンガム宮殿は王または女王の滞在時は、正面に国旗が掲揚されています。国旗がなければ不在という意味です。

テムズ川に沿って のんびりサウスバンクさんぽ

さまざまな文化施設が集まるテムズ河の南岸は、「サウスバンク」と呼ばれるエリア。川に沿って歩けば、迷うこともなし、です。

ぶらぶら歩いて ―― 2時間

チャリング・クロス駅からのAccess

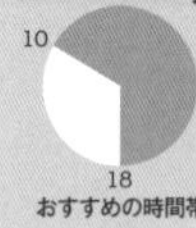

おすすめの時間帯

ウォータールー駅から、まずは大観覧車へ。全行程3kmほどの距離ですが、食べ物をテイク・アウェイ（持ち帰り）したり、写真を撮ったりしながら、のんびりテムズの風を感じて。

空からロンドンを観光しよう ①

ロンドン・アイ The lastminute.com London Eye

約30分で1周する、高さ135m、世界最大級の観覧車。透明な25人乗りの大きなカプセルからは、ロンドンの大パノラマが楽しめる。常に人気なので事前にウェブ予約をしておきたい。

MAP 付録P.14 F-2

所 Riverside Bldg., County Hall, Westminster Bridge Rd., SE1 7PB
☎ (020) 7967-8021 開 10:00～20:30（季節により異なる） 休 無休
料 £33～ URL londoneye.com

川の曲がり角で景観を楽しむ ②

ウォータールー・ブリッジ
Waterloo Bridge

モネの作品に描かれたことでも知られるが、現在の橋は1945年のもの。テムズ川が曲がる地点に位置するため、ウェストミンスターとシティの両方の眺望が楽しめる。

MAP 付録P.20 F-4

美術館にあるモダンなレストラン ③

キッチン&バー・アット・テート・モダン
Kitchen & Bar at Tate Modern

テート・モダン➡P.52の6階にあり、川向こうのセント・ポール大聖堂を眺めながら食事ができる。近代美術館のなかにあるだけに、おしゃれな客層が集うことでも有名。

MAP 付録P.9 C-3

所 Bankside, SE1 9TG
☎ (020) 7401-5103
営 キッチン12:00～15:00、バー 10:00～17:00 休 無休
料 メイン£12～

2012年に誕生したとんがりビル ④

ザ・シャード
The Shard

高さ310mの尖塔型ビル。内部にはホテルやレストランなどが入っており、68～72階の展望台からはロンドンの街を一望できる。➡P.104

MAP 付録P.8 D-3

所 32 London Bridge St. SE1 9SG
☎ 0844-499-7111 開 展望台10:00～22:00（最終入場21:00、季節により異なる） 休 無休
料 £32～、24時間前までのネット予約£28.50～
URL theviewfromtheshard.com/book-tickets/

サウスバンク・センター・フードマーケット

ロイヤル・フェスティバル・ホール➡P.68の裏手で毎週末開催されるフードマーケットでは、ガッツリ系からスイーツ、クラフトビールまで、さまざまな食が楽しめます。

斬新な形の旧ロンドン市庁舎

旧シティ・ホール City Hall

スライスしたゆで卵をちょっとずつずらしたような形。一見すると不安定な建物に見えるが、不思議とテムズ川沿いの風景に溶け込んでいる。

MAP 付録P.8 E-3

所 The Queen's Walk, SE1 2AA

テムズ川にかかる巨大跳ね橋

タワー・ブリッジ

Tower Bridge

ロンドンのランドマーク的存在の跳ね橋。左右にそびえるゴシック様式のタワーの高さは40m。上部は展望スポットとして人気。

MAP 付録P.8 E-3

所 Tower Bridge Rd., SE1 2UP
☎ (020) 7403-3761 開 10:00～18:00（10～3月9:30～17:30、最終入場30分前）休 無休
料 £9.80、24時間前までのネット予約£8.70

時間があればここまで行きたい！

英国史の舞台となった世界遺産

ロンドン塔 Tower of London

11世紀に建設された砦だが、長年にわたり牢獄や処刑場として、血塗られた歴史を目撃してきたことで知られる建物。

MAP 付録P.8 E-3

➡P.39・41

ロンドン塔にもおみやげがいっぱい
SHOP

ここもCHECK

テート・モダン…P.52
バラ・マーケット…P.23
スワン…P.27
アクア・シャード…P.104
バトラーズ・ワーフ・チョップ・ハウス…P.105
シェイクスピア・グローブ座…P.64
ナショナル・シアター…P.65
ロイヤル・フェスティバル・ホール…P.68

ロンドン・アイは行列必至の人気アトラクションなので、事前にウェブサイトから予約をしておきましょう。

これが観たかった！やっぱり本場のミュージカルは最高です

ロンドンに来たからには、一度は観てみたいのがミュージカル。いまやニューヨークのブロードウェイをしのぐといわれるほど評価が高いのです。英語に自信がない人でも楽しめる、おすすめの演目をセレクトしてみました。

おすすめ 1

子供も大人も楽しめる

マチルダ

Matilda the Musical

イギリスの児童文学の大家、ロアルド・ダール原作、ロイヤル・シェイクスピア・カンパニー制作による質の高いミュージカル。子供向けのわかりやすいストーリーと、夢一杯の舞台美術で子供も大人も楽しめる。

MAP 付録P.21 C-2 コヴェント・ガーデン

ケンブリッジ・シアター Cambridge Theatre 所 32-34 Earlham St., WC2H 9HU 交 ⊖Covent Garden駅から徒歩3分 ☎ (020) 3925-2998（チケット予約） 開 19:00～（土曜19:30～）、マチネ水曜14:00、土曜14:30～、日曜15:00～ 休 月曜 料 £20～

Photographer: Manuel-Harlan

1 童心に返って楽しめる。超能力をもつ天才少女が活躍するストーリー　2 子供たちの大人顔負けのダンスと歌は必見

チケットの購入方法はこちらです

インターネットで

確実に席を確保するなら劇場公式サイトやチケットエージェンシーのウェブサイトで予約。支払いはクレジットカードで。当日劇場窓口で予約番号を告げる。

劇場のボックスオフィスで

劇場窓口では前売り券も買える。売り切れの場合は当日早めに行き、キャンセルチケットをゲットするという手もある。支払いは現金またはクレジットカードで。

tktsで

レスター・スクエアにあるtktsでは当日の空席を最大50%以上の割引価格で売り出している。直接ブースで購入、またはサイト（officiallondontheatre.com/tkts）で購入可能。

安くチケットを買うのならココ

MAP 付録P.21 B-3

チケットエージェンシーで

劇場が多いソーホーにはチケットエージェンシーが何軒もあり、手数料はかかるが人気の演目のチケットをゲットできることも多い。

★座席のグレードとは？★

グレードにより料金が異なる。ストールズ＝1階席、ドレス・サークル＝2階席、グランド・サークル＝3階席、バルコニー＝4階席。劇場によっては呼び方が異なることもある。

チケット販売サイトで予約
・オフィシャル・ロンドン・シアター
URL officiallondontheatre.com
・チケットマスター
URL www.ticketmaster.co.uk
日本語でなければ不安という人は、
ベルトラ URL veltra.comなどで調べてみましょう。

おすすめ 2

Photography by Johan Persson

不朽の名作を舞台化
ライオン・キング The Lion King

ライオンの王の息子であるシンバが困難を乗り越えながら、動物たちの尊敬を集めて王になっていく物語。

MAP 付録P.20 E-3 コヴェント・ガーデン

ライシアム・シアター Lyceum Theatre 所 21 Wellington St., WC2E 7RQ 交 Covent Garden駅から徒歩5分 ☎ 0844-871-3000（チケット予約）開 火～土曜19:30～（マチネ水・土・日曜14:30～）休 月曜 料 £35～

おすすめ 3

©Pamela Raith

夫に虐げられた妻たちが歌って踊る
シックス・ザ・ミュージカル Six the Musical

ヘンリー 8世の6人の妻たちが、ガールズ・バンドのリーダーの座をかけて、夫から最もひどい仕打ちを受けたのは誰かを歌で競い合う。

MAP 付録P.20 E-3 コヴェント・ガーデン

ヴォードヴィル・シアター Vaudeville Theatre 所 404 Strand, WC2R 0NH 交 Charing Cross駅から徒歩5分 ☎ 0330-333-4814（チケット予約）開 火～土曜20:00、日曜19:00（マチネ土曜16:00、日曜15:00）休 月曜 料 £34.50 ～

英語がある程度わかる人・物語を知っている人は、こちらもおすすめ

華やかなステージが見もの
ウィキッド Wicked the Musical

『オズの魔法使い』の裏話として描かれた、魔女2人の友情物語。

©WLPL. Photo by Matt Crockett.

MAP 付録P.14 D-3 ウェストミンスター

アポロ・ヴィクトリア・シアター Apollo Victoria Theatre 所 17 Wilton Rd., SW1V 1LG 交 ⊖Victoria駅からすぐ ☎ 0333-009-6690（チケット予約）開 火～土曜19:30 ～（マチネ水・土・日曜14:30 ～）休 月曜 料 £25～

2012年の映画化でも話題に
レ・ミゼラブル Les Misérables

1985年の開幕以来、演出が変わりながらも世界中で愛され続ける大人気ミュージカル。

MAP 付録P.21 A-3 ソーホー

ソンドハイム・シアター Sondheim Theatre 所 Shaftesbury Av., W1D 6BA 交 ⊖Piccadilly Circus駅から徒歩5分 ☎ 0344-482-5151 開（マチネ木・土曜14:30～）休 日曜 料 £20～

悲哀に満ちたラブストーリー
オペラ座の怪人 The Phantom of the Opera

パリ、オペラ座の地下に住む怪人と美しいオペラ歌手の悲恋を描く。

Photo Johan Persson

MAP 付録P.21 B-4 ソーホー

ヒズ・マジェスティーズ・シアター His Majesty's Theatre 所 57 Haymarket, SW1Y 4QL 交 ⊖Piccadilly Circus駅 から徒歩5分 ☎ 020-3925-2998 開 月～土曜19:30～（マチネ木・土曜14:30～）休 日曜 料 £22.50～

劇場内部は冷房や暖房が効いていることがあるので、体温調節ができる服装で劇場を訪れましょう。

偉大な劇作家シェイクスピアの劇を観に グローブ座へ出かけましょう

**演劇が盛んなイギリスで、ぜひ観てみたいのがシェイクスピア劇。
16〜17世紀当時の雰囲気を再現した野外劇場で、臨場感たっぷりの舞台を楽しんでみましょう。
日本では感じられない"本物"の空気感は、きっと忘れられないものになるはず。**

とにかく舞台が近いのが魅力。俳優の息遣いが聞こえてきそう

Photographer : Pawel Libera

わたくしがシェイクスピアです

William Shakespeare
(1564〜1616)
イギリスを代表する劇作家。役者として活躍しながら、劇作家としても頭角を現しました。『ハムレット』など四大悲劇をはじめ、数多くの傑作を残しています。

Photographer : Pawel Libera

サウス・バンクのテムズ川沿いに立つ。野外劇が行われるのは4〜10月のみ。冬季には屋内劇場のサム・ワナメイカー・プレイハウスでの公演がある

16〜17世紀の劇場を忠実に再現

シェイクスピア・グローブ座

Shakespeare's Globe

シェイクスピアの作品が数多く初演された頃の野外劇場を忠実に再現しており、チューダー様式の外観が美しい。中庭の立ち見席では、雨が降れば濡れてしまうが、往時の観客と同じ気分が味わえる。屋根付きの座席を選ぶことも可能。

MAP 付録P.9 C-3 サザーク

所 21 New Globe Walk, SE1 9DT 交 ⊖London Bridge／Blackfriars／Mansion House駅から徒歩10分
☎ (020) 7401-9919(チケット予約)
開 公演により異なる
料 ガイドツアー£10〜、公演チケット£5

確実に席を取るなら

公式サイトで予約しておきましょう。グローブ座のボックスオフィス（劇場窓口）で直接購入することも可能。人気の舞台は完売してしまうこともあります。その場合は劇場でキャンセル待ちという手も。

Photographer : John Tramper

シェイクスピアの代表的喜劇『ウィンザーの陽気な女房たちThe Merry Wives of Windsor』の一場面。演目は変わるのでウェブサイトでチェックを

Photographer : John Tramper

\うおっほっほ/

Photographer : John Tramper

英語が難解なので、理解しにくいところはあるが、劇場内部の雰囲気や、きらびやかな衣装を見ているだけでも楽しめる

Photographer : Pawel Libera

ショップにはおみやげによさそうなシェイクスピアグッズがズラリ

ガイドツアーに参加しよう

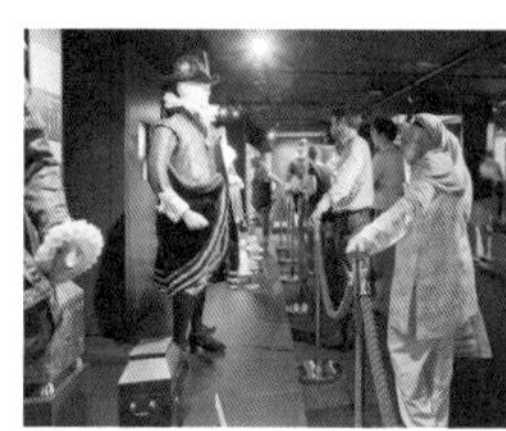

Photographer : Pawel Libera

劇場内を見学するツアーが催行されている。所要時間は約50分。それとは別に個人的に自由に展示スペースを観ることもできるので、時間に余裕を持っておこう。また、期間限定で特定のテーマに沿ったツアーもあり。どんなツアーがあるのか、事前にウェブサイトを要チェック

シェイクスピア劇はこちらでも観られます

ナショナル・シアター National Theatre

グローブ座とは対照的に現代的なデザインのこの劇場では、古典から現代劇まで幅広いパフォーマンスが楽しめる。3つの舞台があり、複数の演目が並行して上演されている。ホールでは舞台関連の展示会が行われることも。

MAP 付録P.9 A-3 サザーク

所 Upper Ground, South Bank, SE1 9PX 交 ⊖Waterloo駅から徒歩6分 ☎ (020) 3989-5455（チケット予約） 開 公演により異なる（建物は月～土曜10:00 ～ 23:00、ボックスオフィスは月～金曜9:30 ～ 18:00、土曜10:00 ～ 18:00） 休 日曜 料 £20～

立ち見席は上演時間中、立ちっぱなしでしゃがむこともできません。チケットを購入する前に自分の体力と相談しましょう。

カルチャー都市ロンドンの オペラとバレエの二大殿堂をご紹介

ロンドンでは、毎日のようにオペラやバレエの公演が行なわれています。
日本よりも気軽に行けるので、ぜひ足を運んでみましょう。
演目はもちろんのこと、建物の美しさにも感動しますよ。

美しい劇場で観るオペラとバレエ

ロイヤル・オペラ・ハウス
Royal Opera House

ガラス張りの建物が美しい、ヨーロッパ有数の近代設備を誇る歌劇場。ロイヤル・バレエとロイヤル・オペラの拠点として、さまざまな演目が上演されている。

MAP 付録P.20 D-2コヴェント・ガーデン

所 Bow St., WC2E 9DD
交 ⊖Covent Garden駅から徒歩3分
☎ (020) 7304-4000（チケット予約）
開 建物は月～日曜12:00～終演時間（夜公演がない時は月～土曜～22:00、日曜～18:00） 休 公演により異なる（建物は無休） 料 £3～

ロイヤル・バレエ
The Royal Ballet
世界の三大バレエ団のひとつ

2 © Dee Conway

1『白鳥の湖』のみごとに息の合った群舞
2チャイコフスキー作曲『白鳥の湖』は幅広い客層に大人気の演目

熊川哲也さんや
吉田都さんもここで活躍しました

コヴェント・ガーデンのアップル・マーケットのすぐ近く

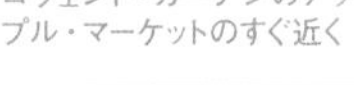

ロイヤル・オペラ
The Royal Opera
世界を代表する歌劇団のひとつ

オペラ・ハウスをもっと楽しむためのツアー

さまざまなツアーがあり、「アーキテクチャー・ツアー」では建物の歴史とその変遷についての解説を聞く。「ビハインド・ザ・シーンズ・ツアー」はリハーサル・ルームや衣裳部屋などを見学する。

●アーキテクチャー・ツアー（英語のみ）
所要時間 約75分
開催時期 不定期
料 £19～20

●ビハインド・ザ・シーンズ・ツアー（英語のみ）
所要時間 約75分
開催時期 不定期
料 £19～20

プッチーニ作曲『トスカ』からのシーン

ロンドンのシアター街
コヴェント・ガーデンやソーホーを含むウエスト・エンドは、ニューヨークのブロードウェイに匹敵するシアター街。大小合わせておよそ40もの商業シアターが密集するエリアです。

© Bill Rafferty

イングリッシュ・ナショナル・オペラを観るならここ

ロンドン・コロシアム
London Coliseum

イングリッシュ・ナショナル・オペラによるオペラ作品をはじめ、バレエやミュージカルなど、多種多様な舞台を上演するのが特徴。

MAP 付録P.21 C-3　コヴェント・ガーデン

所 St. Martine' s Lane, WC2N 4ES
交 ⊖Charing Cross駅から徒歩3分
☎ (020) 7845-9300（チケット予約）
開 休 料 公演により異なる

© Alastair Muir

© Alastair Muir

1ワーグナーが手がけたオペラ　2 3コミカルなオペレッタからのシーン

イングリッシュ・ナショナル・オペラ
English National Opera
すべての公演を英語で行なうのが特徴

© Grant Smith

© Karla Gowlett

1904年にオープン。ロンドンの劇場のなかでは最大の2359の客席数を誇る

© Karla Gowlett

イングリッシュ・ナショナル・オペラの今後
ロンドン・コロシアムはイングリッシュ・ナショナル・オペラの本拠地として親しまれてきたが、2029年には同カンパニーがマンチェスターに拠点を移すことに。しかし、その後もロンドンでの公演を行う際には引き続きロンドン・コロシアムを使うことになっている。

前売りが売り切れでも、当日や前日にキャンセルが出ることもあります。あきらめずにボックスオフィスで聞いてみましょう。

クラシック音楽の祭典"プロムス"で一流の音楽を気軽に楽しみましょう♪

毎年、7月中旬から9月中旬にかけての2か月もの間、ロイヤル・アルバート・ホールをメイン会場に行われるクラシック音楽の祭典「プロムス」。一流の演奏をわずか£8で聴けるチャンスなのです。

©Chris Christodoulou 2004

当日10:30 ～オンラインとボックスオフィスで発売。一部前日発売のものもあるので、ウェブサイトで確認を

合計60超のコンサートのすべてを解説する総合ガイド

「プロムス」はステージ前のアリーナと最上階のギャラリーでは、スタンディングで鑑賞できるカジュアルなクラシック・コンサート。スタンディングのチケットは、当日券のみでわずか£8。この機会に気軽に足を運んでみては？

プロムスのメイン会場

ロイヤル・アルバート・ホール Royal Albert Hall

ロンドンを代表する赤レンガのドーム型ホール。クラシックからロックまで幅広いジャンルのコンサートが行なわれる。

MAP 付録P.18 E-2　ケンジントン

所 Kensington Gore, SW7 2AP
交 ⊖South Kensington駅から徒歩10分
☎ (020) 7589-8212(チケット予約)
開 料 公演により異なる

©Chris Christodoulou 2004

ここでもクラシック音楽が聴けます♪

テムズ川沿いでロケーションも最高

ロイヤル・フェスティバル・ホール Royal Festival Hall

サウス・バンクの複合施設内にあり、世界の一流の音楽が楽しめる。

MAP 付録P.9 A-3　ウェストミンスター

所 Southbank Centre, Belvedere Rd., SE1 8XX 交 ⊖Waterloo／Embankment駅から徒歩5分 ☎ (020) 3879-9555(チケット予約) 開 公演により異なる(ボックスオフィスは10:00～20:00)
料 公演により異なる

音響効果のよさで特に評価が高い

©Morley von Sternberg

ロンドン交響楽団の本拠地

バービカン・ホール Barbican Hall

ロンドン東部にある複合文化施設バービカン・センターにあるホール。

MAP 付録P.7 C-4　シティ

所 Silk St., EC2Y 8DS
交 ⊖Barbican駅から徒歩5分
☎ (020) 7870-2500(チケット予約)
開 公演により異なる(ボックスオフィスは10:00～19:00、祝日12:00～19:00)
料 公演により異なる

1943名収容のホール。ロンドン交響楽団の拠点でもある

©Courtesy of the Barbican Centre

クラシックをモダンに展開する新名所

キングズ・プレイス Kings Place

クラシックの室内楽のほかワールドミュージックなど興味深いラインナップ。

MAP 付録P.10 F-2　イズリントン

所 90 York Way, N1 9AG
交 ⊖King's Cross／St. Pancras駅から徒歩10分 ☎ (020)7520-1440(チケット予約)
開 公演により異なる(ボックスオフィスは月～金曜13:30～17:00)
料 公演により異なる

樹齢500年のオーク材を使用して造られたホール

©Richard Bryant/arcaid.co.uk

ライブハウスでエキサイティングな夜を！

UKロック好きはこちらへ
あらゆるジャンルの音楽を網羅するレコードショップ「Sister Ray（シスター・レイ）」。中古のレア盤も多いので宝探しができます。
付録P.22 E-1

常に新しい音楽を生み出してきたロンドンのミュージック・シーンを体験するならライブハウス（ヴェニュー）や、ステージのあるパブに足を運ぶのが一番です。

© Anuli Photography

次にブレイクするスターバンドを発掘できるかも

ロンドンっ子にとってライブハウスに出かけるのは生活の一部のようなもの。若者だけでなく幅広い年齢層が気軽に出かけ、音楽を楽しんでいます。チケットはボックスオフィスやチケット業者から入手できますが、それほど有名でない人の場合はほとんどが当日売りです。

ライブハウスはこんな感じ

たいていがオールスタンディングで、飲み物を売るバーカウンターがあり、演奏中でも自由に飲み物を買うことができる。日本のようなワンドリンク制は少なめ。

人気ミュージシャンを輩出した老舗パブ

ダブリン・キャッスル
The Dublin Castle

往年のスカ・バンド「マッドネス」の第2の故郷ともいえるライブパブ。

MAP 付録P.11 C-2　カムデン

所 94 Parkway, NW1 7AN
交 ⊖Camden Town駅から徒歩4分
営 13:00～翌2:00（金～日曜12:00～）、ライブは公演により異なる
休 不定休 料 公演により異なる

マドンナがシークレットライブを敢行

ココ
KOKO

ロック、インディーズが中心。旬のアーティストのライブが楽しめる。

MAP 付録P.10 D-3　カムデン

所 1A Camden High St., NW1 7JE
交 ⊖Mornington Crescent駅からすぐ
営 公演により異なる 休 不定休
料 公演により異なる

©KOKO / Gregory Nolan

数々の名演奏の舞台となった

ロニー・スコッツ
Ronnie Scott's

サックス奏者ロニー・スコットが開いた老舗ジャズ・クラブ。食事可能。

MAP 付録P.21 B-2　ソーホー

所 47 Frith St., W1D 4HT
交 ⊖Leicester Square駅から徒歩5分
☎ (020)7439-0747 営 17:30～3:00（月・火曜～24:00、日曜12:00～16:00、18:00～24:00）休 無休
料 公演により異なる

幅広いラインナップが魅力

O2アカデミー・イズリントン
O2 Academy Islington

アカデミー・グループが運営するヴェニューのひとつ。小規模だが音楽はハイレベル。

MAP 付録P.7 B-1　イズリントン

所 21 Parkfield St., N1 0PS
交 ⊖Angel駅から徒歩3分 ☎ (020) 7288-4400（チケット予約）
営 19:00～23:00（公演により異なる）、ボックスオフィス月～土曜12:00～16:00
休 不定休
料 公演により異なる

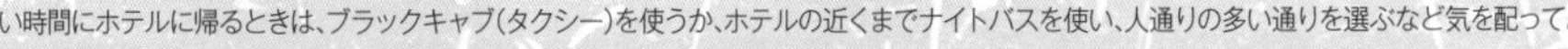

遅い時間にホテルに帰るときは、ブラックキャブ（タクシー）を使うか、ホテルの近くまでナイトバスを使い、人通りの多い通りを選ぶなど気を配って。

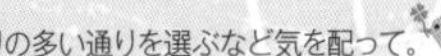

ぼくが名探偵
ホームズだよ

わたしはホームズ
の友人、
ワトソンですぞ

虫眼鏡とパイプを持ったシャーロック・ホームズ・ダックと、時計とメガネのワトソン・ダック

シャーロック・ホームズ博物館
The Sherlock Holmes Museum

P.55

えっへん
わたしがイギリスを代表する
劇作家で詩人のウィリアム・
シェイクスピアなり

文豪らしくひげをたずさえ、高襟のジャケットを着たシェイクスピア・ダック。グローブ座のショップで購入可能

シェイクスピア・グローブ座
Globe Theatre

P.64

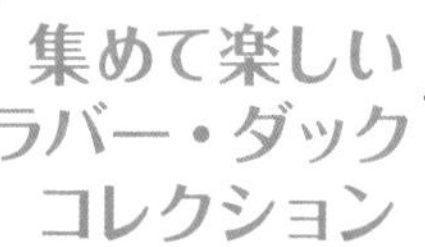

集めて楽しい
ラバー・ダック・
コレクション

お風呂に浮かべて楽しいラバー・ダックは、子どものおもちゃというだけではなくインテリア小物としても人気です。価格も手頃な各£7〜9

キングと
クイーンの
ダックもいるよ
ぼくがおふたり
を守ります

ウィンザー城
Windsor Castle

P.128

クイーンとキングのダックと、警官のユニフォームを着たポリス・ダックは、ウィンザー城とその周辺ショップで

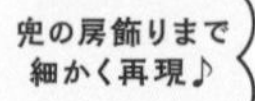

足だって
ついてるよ

兜の房飾りまで
細かく再現♪

サムライダック
は大人気

絶世の
美ダックよ

大英博物館
The British Museum

P.50

種類豊富なダックが揃う。左から古代ローマ軍兵士、スフィンクス、サムライ、クレオパトラ

伝統と最新が揃った
ロンドン・ショッピング

ロンドンは、ショッピング好きにとって天国のような街。
正統派のブランド品をはじめ、雑貨やコスメ、スーパーのプチプラグッズなど、
思わず欲しくなってしまうものでいっぱいです。
日本で流行しているあのアイテムを、割安で手に入れることも可能。
イギリスらしいものがめじろ押しの、ガーデニングやソーイング用品にも注目です。
賢い買い物をするために、気になるグッズをチェックしておきましょう。

注目の再開発エリア、バタシーは テムズ川南に位置する新名所です

バタシー発電所の跡地が、再開発によってショッピング・モールに大変身。周辺には近未来的なデザインのタワマンや、ホテルなどが林立し、ロンドンの新名所に。注目すべきレストランやショップ、アトラクションもたくさんあります。

1 煙突のてっぺんからロンドンを一望

リフト109
Lift 109

発電所の煙突部分を、ガラス張りのエレベーターで一気に109メートルの高さへ上れるアトラクション。エレベーターの中から、シティのビル群やロンドンアイなど、ロンドンの観光名所を一望できる。

MAP 本誌P.72

所 Battersea Power Station, Circus Rd. W, SW8 5BN
交 ⊖Battersea Power Station駅から徒歩10分 ☎ (020) 7487-4245
営 10:00～18:00（土・日曜、祝日～20:00）
休 無休 料 £17

煙突のてっぺんに到着したエレベーターが展望台代わりになる

チェルシー橋の北岸、退役軍人のためのケアホーム、チェルシー・ホスピタルまで見渡せる

エントランスは、レベル1タービンホールAエリアに位置している

2 旅の記念にバタシーのプリントを

ポストマーク
Postmark

ロンドンをモチーフにしたセンスのいいカードや、ステーショナリー、ロンドン発のブランド、ジェリーキャットのぬいぐるみも多数。

MAP 本誌P.72

所 Unit 25, Upper Ground Floor, Turbine Hall B, Battersea Power Station, SW8 5BN
交 ⊖Battersea Power Station駅から徒歩7分
☎ (020) 3831-831 営 10:00～20:00（日曜11:00～18:00）
休 無休

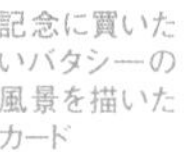

記念に買いたいバタシーの風景を描いたカード

バタシー・パワー・ステーション

ノーザン線のバタシー・パワー・ステーション駅は、発電所跡の再開発に伴い2021年にオープンした新しい駅。ロンドンの地下鉄では、駅名に「ステーション」がつく唯一の駅です。地図で見ると遠く感じるかもしれませんが、コヴェント・ガーデンや中華街に近いレスター・スクエア駅から1本、12分で到着できます。

テムズ川を走る水上バスからバタシー発電所跡地をパチリ

近隣に建つデザイン的な建物

お土産にできそうな食材がいっぱい

3 バタシー・ジェネラル・ストア
The Battersea General Store

国内外の小規模生産者やブランドのものなど、街のスーパーマーケットではなかなか手に入らない食材やトイレタリーなどを集めたショップ。併設のデリではサラダやサンドイッチもテイクアウトできる。

MAP 本誌P.72

所 9-10 Circus West Village, Circus Rd. West, SW11 8EZ
交 ⊖Battersea Power Station駅から徒歩7分
☎ (020) 3196-1300 営 7:00～23:00（日曜12:00～18:00）
休 無休

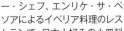

チャールズ国王の写真がついた缶入りルースティー

ハンプシャーの紅茶会社アーマッド・ティーの缶入り紅茶

イタリア産薄切りトリュフのオリーブオイル漬け£18.99

絶品イベリア料理をシェア

4 ジョイア
JOIA

ポルトガル人ミシュランスター・シェフ、エンリケ・サ・ペソアによるイベリア料理のレストランで、日本人好みの小皿料理が多数。あれこれ頼んでシェアするのがおすすめ。

MAP 本誌P.72

所 art' otel London Battersea Power Station, 15th Floor. 1 Electric Boulevard, SW11 8BJ
交 ⊖Battersea Power Station駅から徒歩8分
☎ (020) 3833-8333 営 12:00～15:00、17:00～22:30
休 月～木曜のランチ、月・日曜のディナー

アートテルの上階に位置し、窓からの眺めも最高

どれもみんなおいしそう

チョリソーアイスクリームが意外な美味しさ

タコのサラダ£19や、タラの塩漬けとジャガイモのタマゴのせ£28などどれも絶品

ここもCHECK

Ⓡ タシャズ……………………P.103
Ⓡ アーケード・バタシー・パワー・ステーション……………P.120

お隣のナイン・エルム駅の近くにはポルトガル人街があり、美味しいポルトガル料理が食べられます。

ロンドンでしか手に入らない材料でハンドメイドにいそしみましょう

色とりどりのボタンにキラキラ光るビーズ、
ふわふわの毛糸玉に、見ているだけで楽しくなるようなリボンまで
手作り心を刺激される品揃えのショップを見つけました。

夏はお庭で編み物クラスも！

手作り心をくすぐる色とりどりの毛糸やパターン

インテリアのヒントに

ベイビーカーディガンのキット£64.17～

手染めのウール毛糸

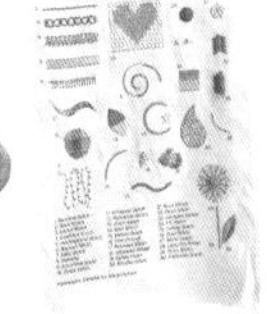

まち針としても使えるブロッキングピン£9.50

各種スティッチを学びながら作るタペストリーのキット£23

ほっこりと気持ちから暖かくなるニットの世界

ループ Loop

手染めのウール毛糸や、オーガニックのものなど、こだわりの品揃えは必見。おしゃべりしながら編み物を楽しむラウンジも。

MAP 付録P.7 B-1　イズリントン

所 15 Camden Passage, N1 8EA
交 ⊖Angel駅から徒歩5分 ☎ (020)7288-1160
営 11:30～17:30、日曜12:00～17:00
休 月・火曜

店にならぶ手芸雑貨は、店主によってていねいにセレクトされている

ソーイング教室も開催

レイ・スティッチ
Ray Stitch

複数種のファブリックのほか、毛糸やリボンなど手芸用品全般を網羅。地下のワークショップでは、1日から参加できる教室も開催している。

MAP 付録P.7 B-1　イズリントン

所 66 Essex Rd., N1 8LR
交 ⊖Angel駅から徒歩10分 ☎ (020) 7704-1060
営 10:00～18:30(日曜11:00～17:00)
休 無休

オリジナルプリントのリボン5mで£6

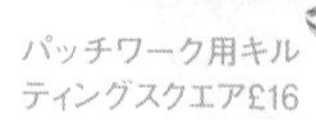

パッチワーク用キルティングスクエア£16

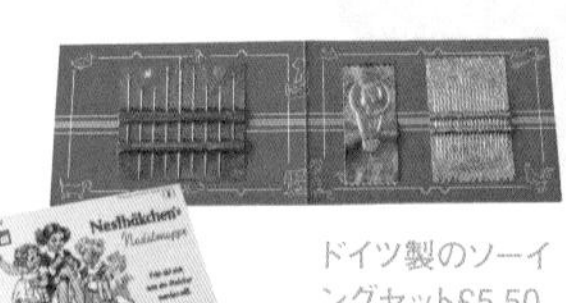

ドイツ製のソーイングセット£5.50

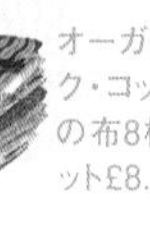

オーガニック・コットンの布8枚セット£8.40

イギリス人の編み方

棒針編みは、日本とイギリスとでは糸のかけかたが異なります。一目一目、指で糸を棒針に引っ掛けるのはイギリス式。日本のやり方はフランス式だといわれています。

手刺繍がみごと

帽子にクリップで付けられるバタフライモチーフ

ベリーの造花の飾り

店にはいろんな模様のリボンがそろう

豊富な素材が、インスピレーションに火を付ける

VVルーロー
V V Rouleaux

リボンにレース、ファーなど、心躍るデコ素材が盛りだくさん。イギリスのレディーのようなヘッドドレスにも挑戦したい。

MAP 付録P.13 B-3　マリルボーン

所 102 Marylebone Lane, W1U 2QD
交 ⊖Bond Street駅から徒歩5分 ☎ (020) 7224-5179
営 10:00〜18:00
休 日曜、祝日

アクセサリーにもラッピングにも使えるアイテムたち

気軽に質問してね！

レースやリボンもすべてヴィンテージ

トリミングなどに使えるコットンの紐£0.75/m

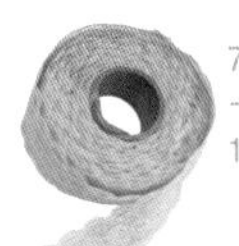

70年代のレースのリボン1巻きで£5

夏を感じるプラスチック・ボタン1個£0.25

宝探し気分で見つけるヴィンテージ手芸グッズ

ウェイワード
Wayward

ポートベロー・ロードに金曜だけ登場する、ヴィンテージ専門の屋台の手芸店。英国製ウールのファブリックなど破格の値段の連続。

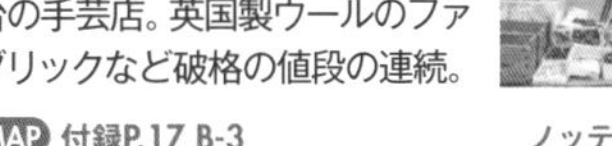

MAP 付録P.17 B-3　ノッティング・ヒル

所 286 Portbello Rd., W10 5TEの前
交 ⊖Ladbroke Grove駅から徒歩5分
営 金曜のみ7:00〜17:30 休 土〜木曜

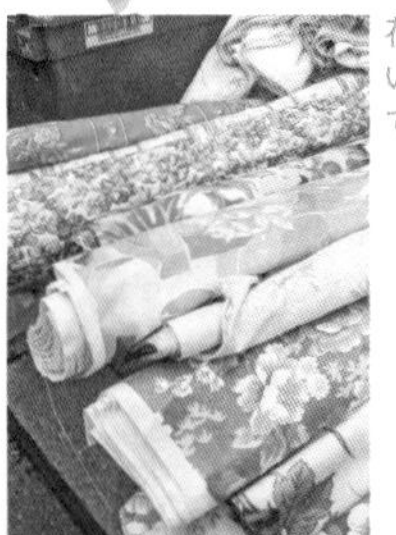

花柄だけでもいろいろあって迷いそう

映画の衣装担当者も買い付けに来るよ

2024年の11月13日〜16日にロンドンで行われるカントリー・リビング・クリスマス・フェアは、手作りのグッズやフードでいっぱい。

日本にはないものがたくさん ステキなガーデニング用品にワクワク

スコップにじょうろ、ガーデン用オーナメントなど、
庭仕事が楽しくなるかわいい小物たちを探しに出かけましょう。
ガーデニング王国イギリスならではのグッズが見つかるはずです。

ロンドンで一番古いガーデニング・ショップ

クリフトン・ナーサリーズ
Clifton Nurseries

経験豊富なスタッフがガーデニングに関するさまざまな相談に応じてくれる。敷地内にあるカフェでは、美しい植物を観賞しながらひと休みできる。

MAP 付録P.16 D-2　ノッティング・ヒル

所 5A Clifton Villas, W9 2PH 交 ⊖Warwick Avenue駅から徒歩2分 ☎ (020) 7289-6851
営 9:00〜18:00（日曜11:00〜17:00）休 無休

❶ガーデン用の小鳥のオーナメント£8.95 ❷昔ながらの鳥小屋£19.95 ❸カラフルな夏の植物

❹大きな観葉植物 ❺品揃えも充実 ❻ガーデニングの本場英国製のツール 各£9.95

屋外スペースも広々の都会のオアシス

カムデン・ガーデン・センター
Camden Garden Centre

園芸雑貨はもちろん、アンティークアイテムも充実。屋外スペースに並ぶプラントの数々は、見ているだけで楽しい。併設のカフェもスタイリッシュ。

MAP 付録P.10 D-1　カムデン

所 2 Barker Drive, NW1 0JW
交 ⊖Camden Town駅から徒歩10分
☎ (020) 7387-7080
営 4月〜9月9:00〜17:30（日曜11:00〜17:00）、10月〜3月10:00〜17:00（日曜10:00〜16:00）

❶園芸書や厳選された文芸書もある ❷日本でも人気のデヴィッド・オースチンのバラ苗 ❸ユニークなデザインの霧吹き£13.99 ❹ダリア柄のグローブ£19.99 ❺じょうろ型のティーポット£11.99 ❻食事メニューも充実のカフェ

「緑の指」をお持ち？

植物を育てるのが上手な人、ガーデニング上手な人のことを、英語では「have a green finger（「緑の指」を持っている）」と表現するんですよ。

❶一休みにぴったりなカフェも併設
❷オブジェや便利グッズがいろいろ

日常使いできそうなものがいっぱい

チェルシー・ガーデナー
The Chelsea Gardener

手袋やガーデニングバッグ、エプロンなど花柄や、かわいい絵柄の入ったものが目を引く。屋外用ランタンなどもあり品揃えが充実している。

MAP 付録P.5 B-4　チェルシー

所 125 Sydney St., SW3 6NR
交 ⊖South Kensington駅から徒歩10分
☎ (020) 7352-5656 営 12:00〜18:00、1月〜冬季の間10:00〜17:00（日曜12:00〜18:00）
休 無休

❸バス停の目の前にあり便利
❹❺店のオリジナル商品や、かわいいガーデニンググッズが手に入る

❺植木鉢を入れたいバスケット　❻クリップでとめられる小鳥のガーデンピン　❼人形のガーデンオーナメント

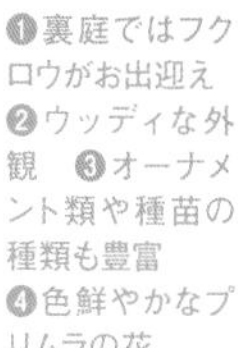

❶裏庭ではフクロウがお出迎え　❷ウッディな外観　❸オーナメント類や種苗の種類も豊富　❹色鮮やかなプリムラの花

緑がいっぱいの秘密の花園

Cラッセルズ
C Rassell's

裏庭にハーブや色とりどりの花が広がる「秘密の花園」のようなガーデニング・ショップ。イギリスらしいアイテムが揃う。

MAP 付録P.19 C-3　ケンジントン

所 70-80 Earl's Court Rd., W8 6EQ
交 ⊖High Street Kensington駅から徒歩5分
☎ (020) 7937-0481
営 10:30〜17:00 休 金・日曜

ロンドンの多くの大型ガーデニング・ショップは、中心街よりも駐車スペースがたっぷりとれる郊外にあります。

アンティーク・ショップでは一点ものとの運命の出合いが待っているかも

古いものを直して大切に使いつづけるイギリスには、
特徴あるアンティーク・ショップがたくさんあります。
ヴィンテージの魅力がいっぱいの、掘り出しものを見つけに行きましょう。

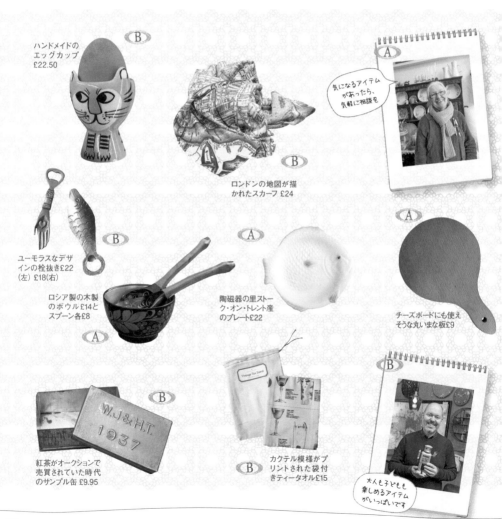

B ハンドメイドのエッグカップ £22.50

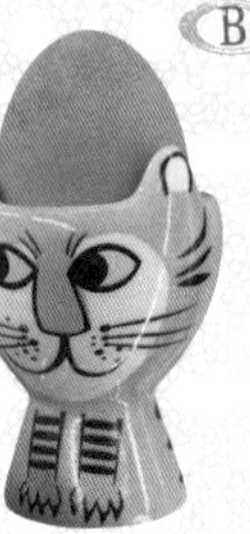

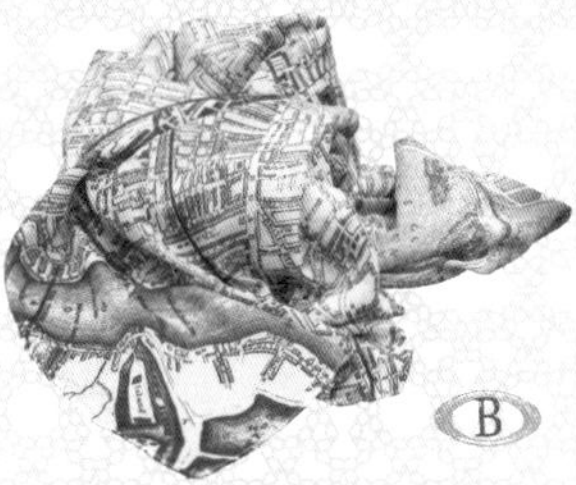

B ロンドンの地図が描かれたスカーフ £24

A 気になるアイテムがあったら、気軽に相談を

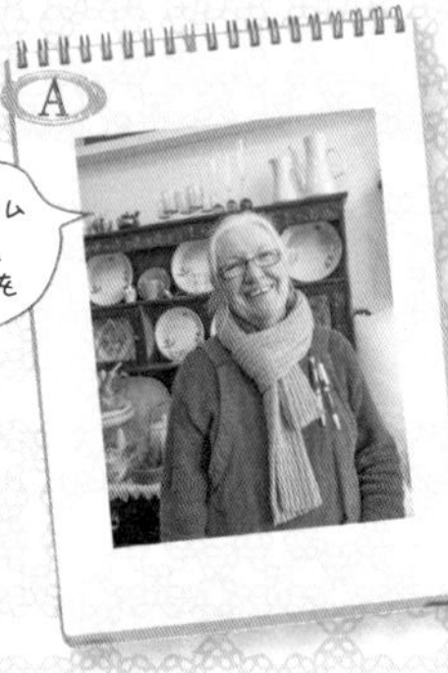

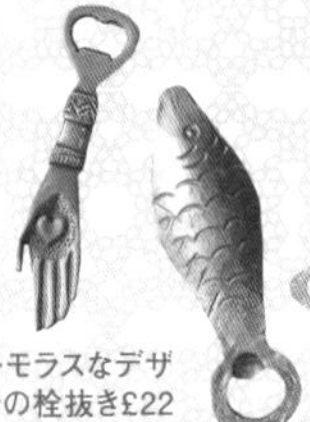

B ユーモラスなデザインの栓抜き£22（左）£18(右)

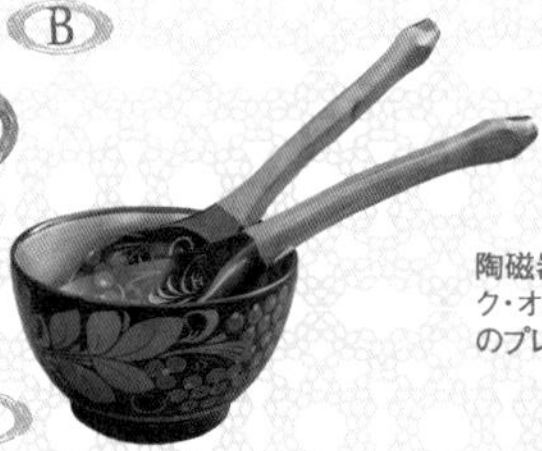

A ロシア製の木製のボウル£14とスプーン各£8

A 陶磁器の里ストーク・オン・トレント産のプレート£22

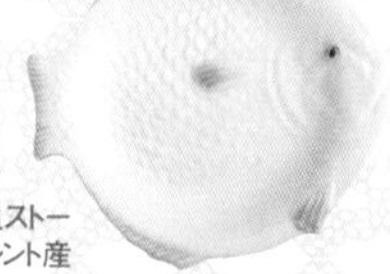

A チーズボードにも使えそうな丸いまな板£9

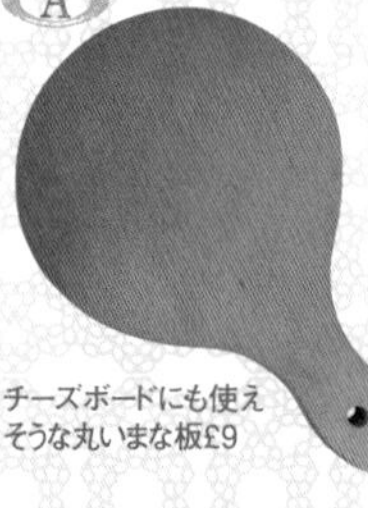

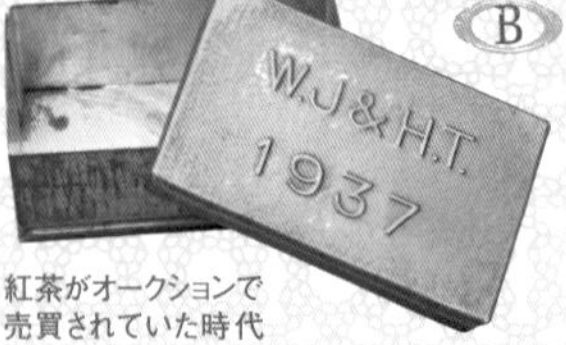

B 紅茶がオークションで売買されていた時代のサンプル缶 £9.95

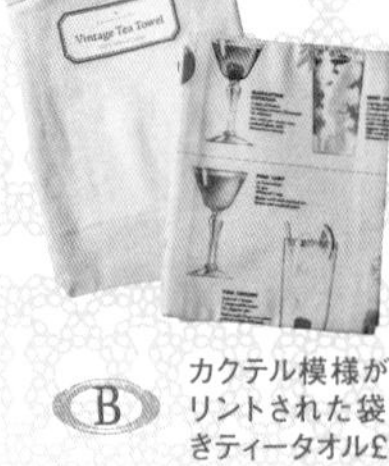

B カクテル模様がプリントされた袋付きティータオル£15

B 大人も子どもも楽しめるアイテムがいっぱいです

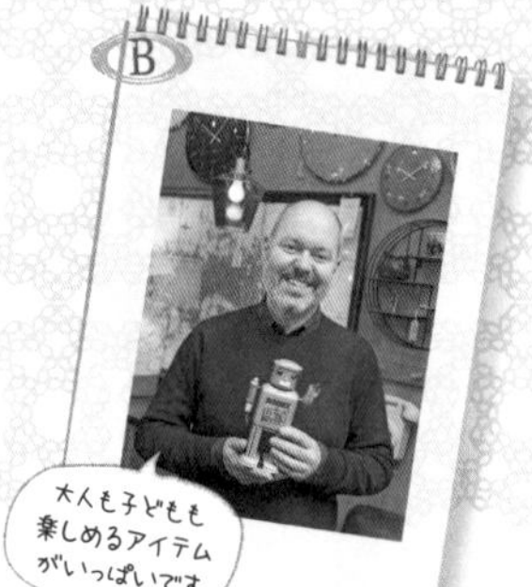

ロンドンのアンティーク街

ディーラーも集まるロンドンのアンティーク街といえば、ポートベロー・ロード MAP付録P.24 B-3、ケンジントン・チャーチ・ストリート MAP付録P.24 C-4、チャーチ・ストリート・マリルボーン MAP付録P.16 F-2、ピムリコ・ロード MAP付録P.15 C-4、カムデン・パッセージ➡P.21などがあります。

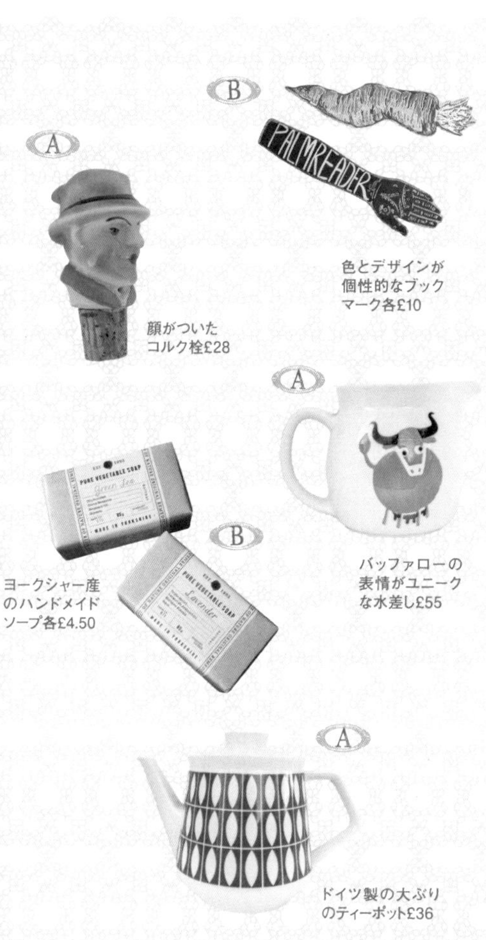

B 色とデザインが個性的なブックマーク各£10

A 顔がついたコルク栓£28

A バッファローの表情がユニークな水差し£55

B ヨークシャー産のハンドメイドソープ各£4.50

A ドイツ製の大ぶりのティーポット£36

お皿もカップもひとつから買える

ヴィンテージ・ヘヴン
Vintage Heaven

フラワー・マーケットの立つコロンビア・ロードで、週末のみオープンするヴィンテージ・ショップ。店主のマーガレットさんが集めてきた、センスのいい食器やファブリックなどが揃う。

MAP 付録P.6 F-2　ショーディッチ

所 82 Columbia Rd., E2 7QB 交 ⇌Hoxton駅から徒歩7分
☎ (07846) 703263
営 土曜12:00〜18:00、日曜8:30〜17:00
休 月〜金曜

手頃な価格でレトロなアイテムをゲット

アフター・ノア
After Noah

ノアの箱船以降に作られたものなら、アンティークでも新品でもなんでも扱う、というコンセプトのショップ。アンティーク家具の修復工房も併設していて、上質なものが手頃な価格で見つかる。

MAP 付録P.4 E-1　イズリントン

所 121 Upper St., N1 1QP 交 ⊖Angel駅から徒歩10分
☎ (020) 7359-4281
営 10:00〜18:00 (日曜、祝日11:00〜17:00)
休 イースター・サンデー

マーケットで宝探しをするなら、とにかく朝早く出かけることがポイント。プロのディーラーも朝一番に買い付けに来ます。

近年人気急上昇！ ショーディッチのかわいいお店をめぐりませんか？

ワイシャツ、ネクタイの紳士が歩き回るシティと隣り合ったショーディッチ・エリアは、アート系の若者が集まるおしゃれエリア。一帯がいちばん賑わいをみせる週末を狙って行きましょう。

クオリティ重視のハイセンス生活雑貨

レイバー＆ウェイト
Labour & Wait

ハイセンスな生活雑貨店。可能な限りブランドタグをはずして商品を並べるなど、ブランドに頼らず品質そのものに目を向けるポリシーに、安心して買い物ができる。

MAP 付録P.6 F-3

所 85 Redchurch St., E2 7DJ 交 ⇌Shoreditch High Street駅から徒歩2分
☎ (020)7729-6253
営 11:00～18:00
休 無休

1 レトロな計量カップは人気商品£12.50
2 エア・フォース・ミルク・ポット£32
3 折りたたみ定規£15
4 エナメル・マグカップ£5
5 まち付きのコットンバッグ £20

ショーディッチらしいユニークな品揃え

カントリー調の店内。ホーム雑貨がぎっしり

衣類やステーショナリーも扱っている

24時間営業のベーグル屋さん

ブリック・レーンのベーグル・ベイク MAP 付録P.6 F-3は、地元の人々で賑わう人気のベーグル屋さん。具をはさんだベーグルが£3前後で食べられます。

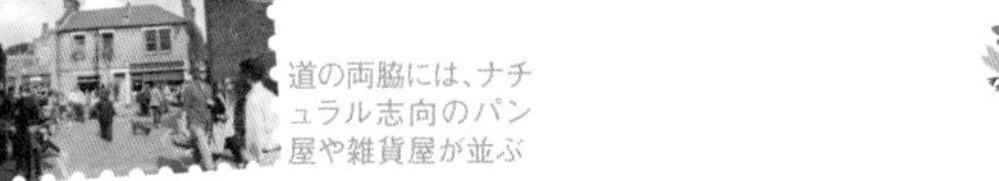

道の両脇には、ナチュラル志向のパン屋や雑貨屋が並ぶ

花々に心躍る庶民のマーケット

② コロンビア・ロード・フラワー・マーケット

Columbia Road Flower Market

コロンビア通りに日曜の早朝から立つ花市。周辺には英国らしい店が多く、いろいろと覗きながら散策を楽しんでみたい。

MAP 付録P.6 F-2

所 Columbia Rd., E2 7RG
交 ≈Hoxton駅から徒歩10分
営 8:00〜15:00 休 月〜土曜

1 威勢のいいかけ声で気分満点
2 ガーデニング好きの地元の人たちから愛されるマーケット。観光客にも人気

バンクシー以外のアートもたくさん

警察犬ならぬ優雅なプードルを連れたポリスマン

レコード会社のロゴのパロディ作品

グラフィーティ三昧のショーディッチで見つける

③ バンクシーのストリートアート

Banksy Street Art

かつてカーゴという人気ナイトクラブのあった跡地に、バンクシーが2000年代に描いた2作品が、ガラスケースで保護されている。

MAP 付録P.6 E-3

所 83 Rivington St., EC2A 3AY
交 ≈Shoreditch High Street駅から徒歩5分

土日限定オープンのパフュームショップ

④ アンジェラ・フランダース・パフューマリー

Angela Flanders Perfumery

テレビのコスチューム・デザイナーをしていたアンジェラさんが1985年にオープンした、パフュームショップ。40種類以上のほかにはないオリジナルの香りから、お好みの1本をじっくりと選んで。

MAP 付録P.6 F-2

所 96 Columbia Rd., E27QB ☎020-7739-7555
営 土曜11:00〜17:30、日曜9:00〜16:00 休 月〜金曜
交 ≈Hoxton駅から徒歩10分

天然の素材を使った香りが中心

1 ローズの香りが日本人に人気「ローズ・プードレー」£65 2 ラズベリーとローズにウッドの香りが加わった「レザー・ローサ」£85

1

2

ここもCHECK

S ヴィンテージ・ヘヴン ………… P.79
S オールド・スピタルフィールズ・マーケット … P.21
S アップマーケット ………………… P.22
S ティー・ルームズ ………………… P.22
S プラネット・オーガニック …… P.88
C ヌード・エスプレッソ ………… P.102
R 65a………………………………… P.116
R ミエン・タイ ……………………… P.119

コロンビア・ロードのフラワー・マーケットが立つ日曜日には、1本入ったエズラ・ロードにも店が出てとても賑やかです。

コヴェント・ガーデンでショップめぐりを楽しみましょう

毎日違うテーマで開催されるステキなマーケット、街角の大道芸人、新しいショップやおしゃれなカフェの数々……。コヴェント・ガーデン・マーケットを中心とするこのエリアには、ワクワクドキドキがいっぱいです。

地下ではミュージシャンが演奏している

大道芸人のパフォーマンスも楽しい

コヴェント・ガーデン・マーケットって？

この場所には17世紀からイングランド最大規模のマーケットがありましたが、1973年にテムズ川南岸への移転が決定。跡地は大改装の末、現在のようなショッピング・モールに生まれ変わりました。

話題の店が並び賑やか

コヴェント・ガーデン・マーケット
Covent Garden Market

人気のブランドのショップや、レストランなどが揃うショッピング・モール。日替わりでストール（屋台）が変わるアップル・マーケットは、特に月曜日のアンティークが狙い目。火曜はハンドクラフトが並ぶ。大道芸人のパフォーマンスも観光客に人気。

MAP 付録P.20 D-3

所 The Market, WC2E 8RF
交 ⊖Covent Garden駅から徒歩3分
☎ (020) 7420-5856
営 店舗により異なる

アップル・マーケットとセットで訪れたい

ジュビリー・マーケット
Jubilee Market

コヴェント・ガーデン・マーケットの南側にあり、注目は月曜日のアンティーク市。テディベアなどのおもちゃや雑貨が大充実。

MAP 付録P.20 E-3

所 1 Tavistock Court, The Piazza, WC2E 8BD.
交 ⊖Covent Garden駅から徒歩5分
☎ (020)7379-4242
営 店舗により異なる 休 無休

N
5 アヴェダ
Endell St.
Shorts Gardens
R ロック&ソール プレイス
Monmouth St.
3 ニールズヤード・レメディーズ
R セント・ジョン・ベーカリー
Long Acre
セブン・ダイアルズ Seven Dials
Earlham St.
Neal St.
ニール・ストリートには、若者向けのスニーカーショップやストリート系のセレクトショップが多い
E ケンブリッジ シアター
R セブン・ダイヤルズ マーケット
Floral St.
Bow St.
E ロイヤル・オペラ・ハウス
West St.
コヴェント・ガーデン Covent Garden
Catherine St.
チャリング・クロス・ロード
徒歩3分
ロング・エーカー
Covent Garden
ロンドン交通博物館
R ドーナッテリエー
コヴェント・ガーデン マーケット 1
4
ジュビリー・マーケット 2
Tavistock St.
レスター・スクエア Leicester Square
Garrick St.
King St.
聖ポール教会 St. Paul's Church
E ライシアム シアター
Exeter St.
ダニエル ベックスフィールド アンティークス
New Row
Bedford St.
Henrietta St.
ルールズ R
ストランド H パレス
S
St. Martin's Lane
Bedfordbury
ワハカ R
Maiden Lane
Charing Cross Rd.
アデルフィ E シアター
E ガリック シアター
E ロンドン コロシアム
Chandos Place
Agar St.
周辺図 付録 P.20
William IV St.
聖マーティン教会 St. Martin-in-the-Fields
チャリング・クロス Charing Cross

1 マーケットの入口 2 この土地で40年以上商売をしているという「TOFFEE NOSE」の菓子缶各£9.99 3 ブリキのプレートはいいインテリアになりそう各£8

日本でもおなじみのアロマセラピーブランド

ニールズヤード・レメディーズ
Neal's Yard Remedies

自然療法を基にした人気のナチュラルコスメ。英国内はじめての自然薬局店で、こだわりのオーガニック製品が豊富に揃う。ハーブティはおみやげにおすすめ。

MAP 付録P.21 C-1

コヴェント・ガーデン店 所 15 Neal's Yard, WC2H 9DP 交 Covent Garden駅から徒歩5分 ☎ (020) 7379-7222 営 10:00〜19:00（木・金曜〜20:00、土曜〜19:00、日曜11:00〜18:00） 休 無休

1レンガ造りの本店 2フランキンセンスインテンスリフトクリーム£75 3フランキンセンス・トナー£22 4ワイルドローズビューティバーム£43 5品揃えが豊富で飽きない店内

オードリーが踊ったコヴェント・ガーデン

映画『マイ・フェア・レディ』のなかで、オードリー・ヘップバーン演じる下町娘が歌って踊っているのがコヴェント・ガーデン・マーケットの前。60年以上前に撮影された映画の面影は、いまも残っています。

スパやヘアサロンで至福の時を…

アヴェダ
Aveda Lifestyle Salon & Spa

花と植物由来の美容製品メーカーとして知られるアヴェダのショップ併設サロン。スパのほかヘアサロンもある。

MAP 付録P.21 C-1

所 174 High Holborn, WC1V 7AA
交 Tottenham Court Road駅から徒歩6分
☎ (020) 7759-7355 営 8:00〜20:00（月・火曜〜19:00、土曜〜18:30）
休 日曜 料 フェイシャル(30分〜) £65〜、フルボディマッサージ(60分〜) £95〜

3 4
AVEDA tulasāra firm concentrate

1広い店内にはスパやヘアサロンもある 2日本人の肌のために開発された保湿クリーム£40 3植物の力を肌に届けるフェイス&デコルテスクラブ£34 4肌のバランスを整えるエイジングケア美容液£50

デザインが光る地下鉄グッズを

ロンドン交通博物館
London Transport Museum

ロンドンの地下鉄やバスにちなんだ博物館。ショップには、旅行の思い出に買いたい地下鉄モチーフのセンスのいいグッズがいっぱい。

MAP 付録P.20 E-2

所 Covent Garden Piazza, WC2E 7BB
交 ⊖Covent Garden駅から徒歩3分
☎ (034) 3222-5000
営 10:00〜18:00（最終入館17:00）
休 無休 料 £24（1年間有効）

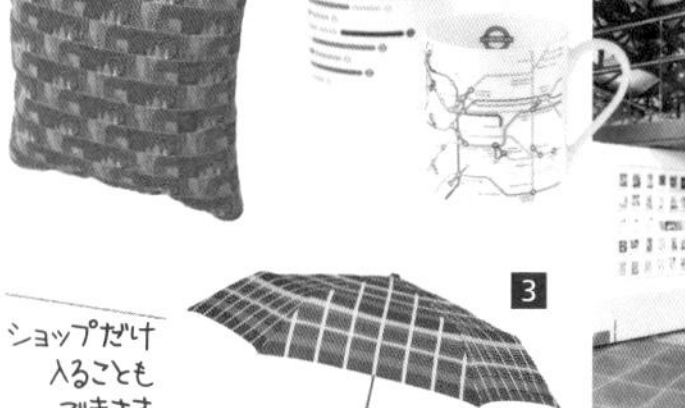

ショップだけ入ることもできます

1地下鉄のシート柄クッション£60 2マグカップ各£12 3ルートマスターを彷彿とさせる折りたたみ傘£28 4ショップは入場料不要 5カフェの内装はまるで地下鉄の中

©London Transport Museum

ここもCHECK

R セブン・ダイヤルズ・マーケット…P.121
R セント・ジョン・ベーカリー……P.101
R ドーナッテリエー……P.101
R ルールズ……P.113
R ロック&ソール・プレイス……P.118
R ワハカ……P.114
E ヴォードヴィル・シアター……P.63
E ケンブリッジ・シアター……P.62
E ライシアム・シアター……P.63
E ロイヤル・オペラ・ハウス……P.66
E ロンドン・コロシアム……P.67

『マイ・フェア・レディ』のタイトルは、高級住宅地「メイフェア」を、東ロンドンの労働者階級の訛りコックニー風に読んでつけられました。

ちょっと自慢できちゃいます デザインコンシャスなステーショナリー

かわいいものからスタイリッシュなものまで、ロンドンの文具店は思わず欲しくなるものでいっぱい。素敵なステーショナリーを見つけて、オフィスで差をつけちゃいましょう。

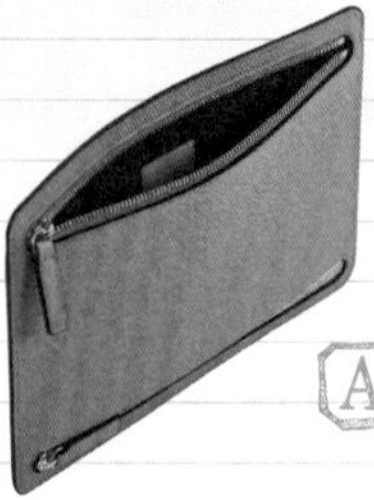

A
旅行中に違う国の紙幣やコインを入れるのにぴったりなマルチジップケース £265

B
ウィリアム・モリスがデザインしたテキスタイルやタイルのデザインが入ったポストカード100枚セット £16.99

B
モリス柄を配したリサイクル・レザーを使ったバッグチャーム £9.50

A
思いついたことを書き留めておくのにぴったりなノートブック。「Inspiration and Ideas」と刻印入り £55

B
V&Aのコレクションのなかから、さまざまなデザインを集めたポストカード100枚セット £16.99

持って歩くのがたのしみ〜！

B
V&Aオリジナルのコットンバッグのなかでも特に人気の高いジョン・ヘンリー・ディアールによるデザインのパターン £10

紙を買うならシェパーズ

ヴィクトリア駅近くにあるシェパーズは、ブック・バインディングを専門とする紙屋さんです。世界のアート紙が揃っています。MAP 付録P.14 D-3

伝統と最新が揃ったロンドン・ショッピング／デザインコンシャスなステーショナリー

ステキな商品たくさん！　おすすめ2軒はこちらです

A　カードもコインもたっぷり入る、大ぶりの長財布 £350

B　ウィリアム・モリスのファブリックが表紙を飾るノート £4

カラフルでスリムなペンシルケース £185

A

きっと思いが伝わる

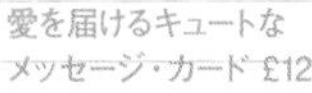

A　愛を届けるキュートなメッセージ・カード £12

A　デキる女度を上げる、上質のステーショナリー

スマイソン
Smythson

1887年創業のエレガントな文具と皮革製品が魅力の老舗ブランド。イギリス王室からも愛されている上質の紙を使ったカードやバラエティ豊かなレザー小物がおすすめ。

MAP 付録P.23 C-2　メイフェア

ニュー・ボンド・ストリート店 所131-132 New Bond St., W1S 2EP 交⊖Bond Street駅から徒歩10分 ☎(020) 3535-8009
営10:00～18:00（日曜12:00～17:00）休無休

B　美しいテキスタイル柄はミュージアム・ショップならでは

V&Aショップ
V&A Shop

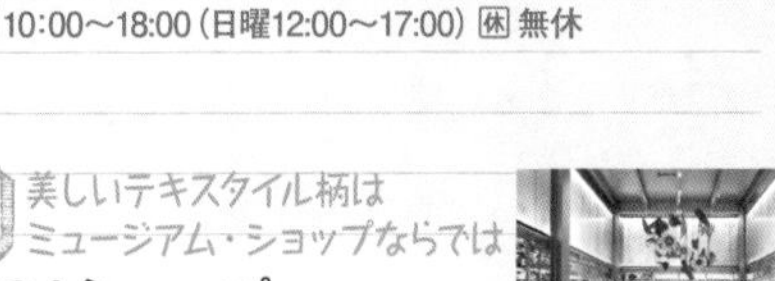

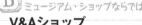

ヴィクトリア・アンド・アルバート博物館内➡P.46のショップには、ジュエリーやファッション用品とともにステーショナリーも充実。手帳やダイアリー、カードなどきっとお気に入りが見つかるはず。

MAP 付録P.18 F-3　ナイツブリッジ

所Cromwell Rd, SW7 2RL
交⊖South Kensington駅から徒歩6分
☎(020) 7942- 2000 営10:00～17:45（金曜～22:00）休無休

イギリスは日本に比べて、紙製品とステーショナリーの値段は高めです。旅行中に使うものは持参するのがおすすめ。

キッチングッズのチェックはかかせません 気品溢れる食器&最新デザイングッズ

イギリスはいま「食」ブームまっさかり。
お家ディナーに力を入れるアマチュアシェフも激増しています。
それに合わせて、かわいい食器や便利グッズのお店も大人気なんです。

キャベツの蓋付きチーズトレー £98(左)とイチゴの水差し £69(右)

鮮やかな器は大小揃えあり£14.50〜

トウモロコシの両側から刺して、快適に食べられるコーンハンドル £12

料理初心者にもプロのシェフにも愛される、納得の品揃え。料理の腕が上がりそうな優れものアイテムが見つかりそう

3杯用でほどよい大きさのエスプレッソ・メーカー £39

イタリアの陶芸家ソリメネのマグ各£27.50

料理が楽しくなる道具がいっぱい

ディヴェルティメンティ

Divertimenti

1963年からロンドナーに愛され続けている老舗のキッチン用品専門店。便利な調理器具や焼き物など、ここでしか手に入らないアイテムが盛りだくさん。

MAP 付録P.18 F-3 チェルシー

ケンジントン店

所 227-229 Brompton Rd., SW3 2EP
交 ⊖South Knightbridge駅から徒歩7分
☎ (020) 7581-8065 営 10:00〜19:00(土曜10:00〜18:00、日曜11:30〜17:30) 休 無休

店内お料理教室

ディヴェルティメンティには、店内に調理設備があり、ナイフの使い方からエスニック調理教室まで、さまざまな内容で料理教室を展開しています。

びっくりするほど軽い、フランス製のセラミックの花瓶£405

ヴィンテージ感のあるワイングラスとシャンパングラス £12.15～

筆で塗ったようなブルーが美しいリネンのナプキン £27.50

ルームスプレーとして、また掃除にも使えるラベンダー・エッセンス60mlスプレー £22.50～

小さな陶器のボウルとスプーンのセット £43.50

やさしい風合いのテーブルウェアが並ぶ店内

素朴でかわいい世界のキッチン雑貨

サマリル&ビショップ

Summerill & Bishop

2人の女性オーナーが、フランスやアフリカなど世界中で買いつけた、おしゃれなキッチン雑貨が並ぶ。アンティークや自然素材のアイテムがやさしい雰囲気。

MAP 付録P.17 A-4　ノッティング・ヒル

所 100 Portland Rd., W11 4LQ
交 ⊖Holland Park駅から徒歩10分
☎ (020) 7221-4566
営 10:00～18:00（日曜11:00～17:00）
休 日曜、祝日

ヴィンテージの茶器なら

イギリスでも収集家の多いヴィンテージの茶器を求めるなら、中古品を扱うカーブーツ・セール（蚤の市）やチャリティ・ショップが狙い目です。

3階まである広い売り場に、おしゃれなグッズがいっぱい

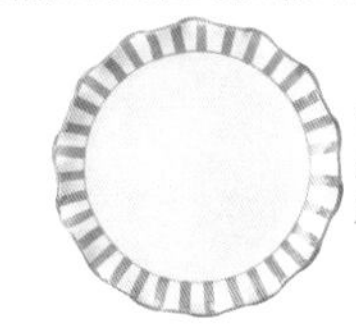
しましまフリルがかわいいお皿£50

バイカラーがおしゃれなエプロン£38

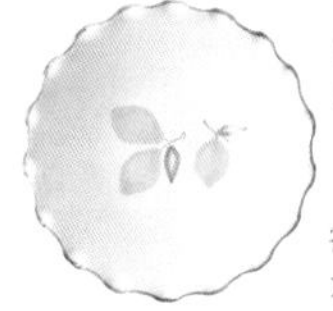
レモンのイラストがさわやかなお皿£95

毎日使いたいカラフルなマグカップ各£34

ハイセンスなキッチンアイテムがならぶ

コンラン・ショップ

THE CONRAN SHOP

世界主要都市に店舗をもつライフスタイル・ショップ。デザイン性だけではなく、実用性も兼ね備えたさまざまなアイテムが手に入る。

MAP 付録P.13 B-2　マリルボーン

所 55 Marylebone High St., W1U 5HS
交 ⊖Baker Street駅から徒歩7分
☎ (020) 7723-2223
営 10:00～18:00（土曜～19:00、日曜12:00～18:00）
休 無休

「ネクスト」や「モンスーン」などファッションブランドが展開するホーム・アイテムも見逃せません。

おいしくて体にやさしい オーガニック・スーパーめぐり

いまやロンドンは、普通のスーパーマーケットにも必ずコーナーがあるほどのオーガニック・ブーム。地元っ子の間で人気のオーガニック・スーパーをご紹介します。

オーガニックのボディケア商品なども

少量から買える量り売りのナッツ類

フレッシュなグリーンスムージーで体を整えて

淹れ立てのコーヒーも楽しめる

ホテルで食べられそうな食品もいろいろ揃う

ナッツはパック売りもある

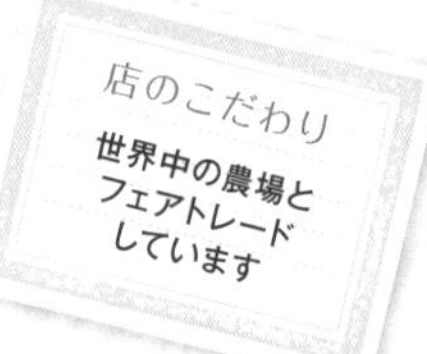

店のこだわり

世界中の農場とフェアトレードしています

珍しい形のカボチャもある

焼きたてのパンが食欲をそそる

プラネット・オーガニック

Planet Organic

量り売りナッツの種類が豊富で、少量から買えるのが嬉しい。パンやケーキなど、イートインもテイクアウトもOK。

MAP 付録P.6 E-4　ショーディッチ

スピタルフィールズ店 所Exchange Bldg, 132 Commercial St., E1 6NG 交≷Shoreditch High Street駅から徒歩3分
☎(020) 7436-1929 営8:00～21:00(日曜9:00～20:00)
休 無休

デリでの注文の仕方

番号票がある場所では、まず番号票を取って順番を待ちましょう。量り売りのものは何人分欲しいかを伝えて入れてもらうのがベスト。チーズなどは手で大きさを表すと簡単。

ほかほかの焼きたてパイ

サラダやパスタは量り売り

ファーマーズ・マーケット

オーガニック・スーパーと並んで自然派志向のロンドンっ子に人気なのが、ファーマーズ・マーケット。ロンドン19ヵ所の拠点で週末に開催されています。URL www.lfm.org.uk

自社農場から届いた新鮮な食材がいっぱい

デイルズフォード・オーガニック
Daylesford Organic

お店のコンセプト「気遣いの心」を表すハート・モチーフの商品がいっぱい。チェダーチーズは特におすすめ。

MAP 付録P.24 B-2　ノッティング・ヒル

所 208-212 Westbourne Grove, W11 2RH 交 ⊖Notting Hill Gate駅から徒歩10分 ☎ (020) 7313-8050 営 8:00～20:00 (日曜9:00～18:00)、カフェ 8:00 ～ 18:00 (日曜9:00 ～ 18:00) 休 無休

野菜は自社農場から直送される

£2以下で買えるパンがたくさん

店のこだわり
店内のカフェでゆっくり食事もできます

TODAYS SPECIALS のローストポーク£14.50

木のぬくもりあふれる店内

©Daylesford Orgenic

新鮮な食材が揃います

野菜の種類も多い

ナッツやシリアルも簡易包装

日本のデパ地下のような豊富な品揃え

ホールフーズ・マーケット
Wholefoods Market

アメリカ系大手オーガニック・スーパー・チェーン。ピカデリー店は、店内で焼かれたピザやパン、カップケーキなども揃う大型店。

MAP 付録P.22 E-3　ソーホー

ピカデリー店 所 20-22 Glasshouse St., W1B 5AR
交 ⊖Piccadilly Circus駅から徒歩3分
☎ (020) 7406-3100
営 8:00～22:00 (日曜12:00～18:00) 休 無休

お洒落な店内で食材さがし

店のこだわり
化学調味料はゼロ。品質と同時に味も保証

オーガニック・スーパーには、食品だけでなくコスメや生活雑貨も揃っているので、くまなくチェックを。

スーパーで買うプチプラみやげにはあげて喜ばれるモノがいっぱい

街角の普通のスーパーにも、パッケージのかわいいビスケットや紅茶、チョコレートなどがずらり。カゴを片手に地元の人々に混じって、お手軽おみやげショッピングを楽しみましょう。

2階建てバスのパッケージもかわいい

A

ライオンズのコーヒーバッグ £2.30

お湯に浸して抽出するタイプのコーヒー

おみやげに便利な乾燥タイプ

A

乾燥ポルチーニ茸 £3.10

香り豊かなポルチーニ茸。スープや炊き込みご飯にも

お家で手軽にイギリスの味わいを

B

グレイビーソース顆粒 £0.62

イギリス人が大好きなグレイビーソース。ローストしたお肉や野菜にかけて

持ち帰りにも便利な小さいサイズ

A

ガーリック入りソルト（右）、4種のペッパー入りソルト（左）各£2.10

肉料理やサラダなど、なんにでも使えるフレーバーソルト

チャールズ国王の創ったブランド「ダッチー」

A

ダッチーオリジナルショートブレッド £2.50

バターがたっぷり。紅茶に合うビスケット

使い切りサイズがうれしい

A

レモンサーディン缶 £1.50

パスタにピザに。シンプルでおしゃれな缶がかわいい

イギリスの大手スーパー

ここで紹介しているほかにも「マークス＆スペンサー」、「テスコ」、「モリソンズ」、「アスダ」などがあります。街中にある小さな店舗は、大型店に比べて、どの商品も価格が1割ほど割高です。

ひとかけらずつ、味わいたい

B

ホワイトチョコレート
£1.65

マダガスカル・バニラ入りの口溶けのよいホワイトチョコレート

ダージリン・アールグレー・ティー
£4.75

茶葉のうまみを引き出すテトラポット型のティーバッグ

パッケージもキュート

リッチな味わいがクセになる

B

チョコレート・クッキー £2.25

ベルギーチョコの生地に、ホワイトチョコレートがたっぷり入った濃厚なクッキー

体がぽかぽか暖まります

レモン&ジンジャー・ハーブティー
£0.80

体と心にやさしいハーブティー。はちみつを添えてどうぞ

パッケージがかわいい
ハイクオリティ・スーパー

ウェイトローズ
Waitrose

質の高い商品とサービスで、幅広い層から厚い信頼を得ているハイクラス・スーパーマーケット。パートナーシップを結んでいるダッチーオリジナルの商品の数々も魅力。

MAP 付録P.23 C-1 マリルボーン

ジョン・ルイス店 所 John Lewis, 300 Oxford St., W1A 1EX 交 ⊖Oxford Circus駅から徒歩8分 ☎ (020) 3073-0504 営 9:00～20:00（木曜～21:00、土曜10:00～、日曜12:00～18:00） 休 無休

イギリス国内に1200店舗以上
オーガニック商品も充実

セインズベリーズ
Sainsbury's

庶民派スーパーで、夜遅くまで開いている店舗も多い。自社ブランドのテイスト・ザ・ディファレンスは、確かな素材と味で人気。中心地には小さな店舗が多数ある。

MAP 付録P.10 D-2 カムデン

カムデン店 所 17-21 Camden Rd., NW1 9LJ
交 ⊖Camden Town駅から徒歩4分
☎ (020) 7482-3828
営 7:00～22:00（日曜11:00～17:00）
休 無休

ロンドン中心部に多いスーパーは、セインズベリーズとテスコ。いずれも小さめの店舗が多いです。

イギリスのドラッグストアで お気軽コスメをショッピング

薬はもちろん、お菓子やサンドイッチまで手に入るのがドラッグストア。
気軽に買えるコスメ・アイテムもいっぱいです。
安くてかわいくてかさばらないから、おみやげにもぴったり！

フェルトペン・タイプで安定したラインを実現

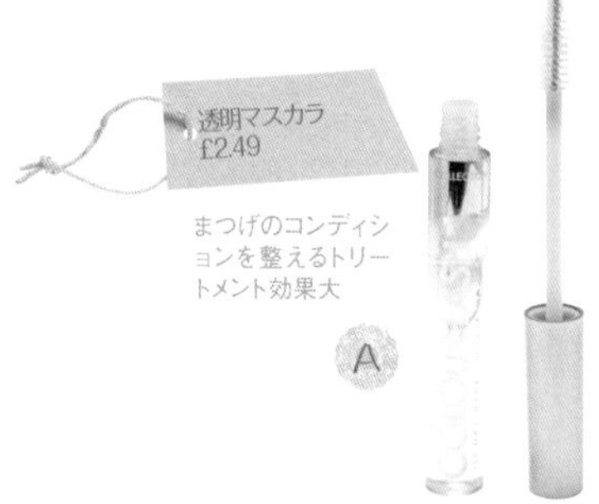

まつげのコンディションを整えるトリートメント効果大

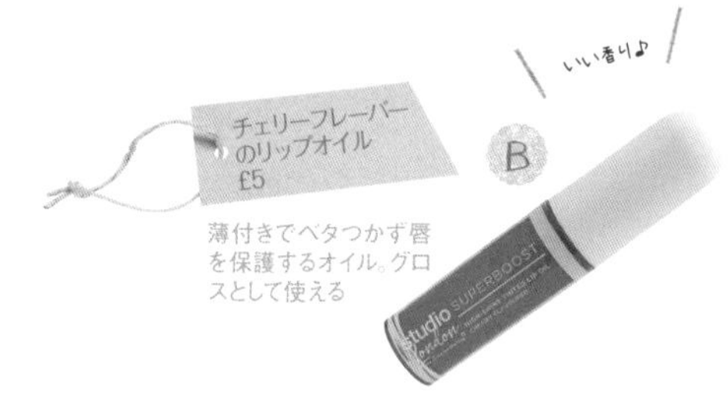

薄付きでベタつかず唇を保護するオイル。グロスとして使える

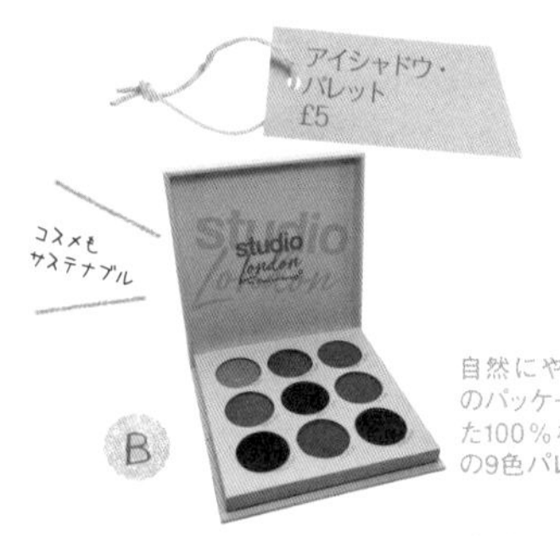

自然にやさしい紙のパッケージに入った100％植物由来の9色パレット

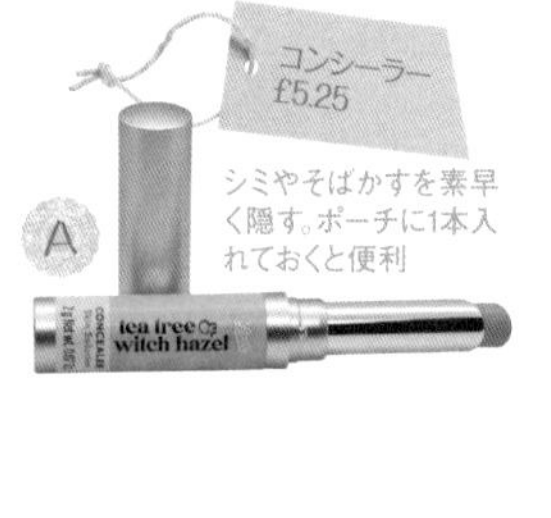

シミやそばかすを素早く隠す。ポーチに1本入れておくと便利

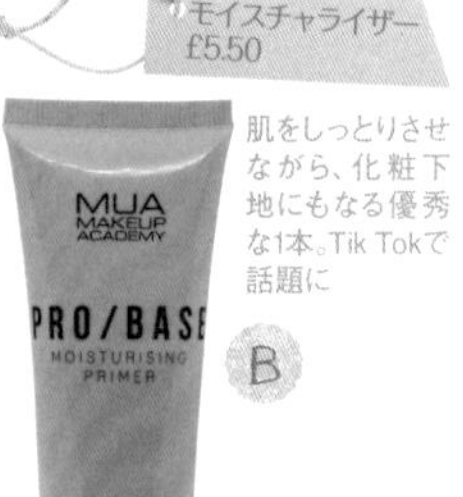

肌をしっとりさせながら、化粧下地にもなる優秀な1本。Tik Tokで話題に

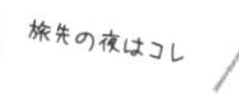

旅行のお供に便利な使い切りタイプのディープ・クレンジング・マスク

鎮痛剤にはこんなものがあります

イギリス人が風邪をひいたり熱が出たりしたときに、まず使うのが、解熱鎮痛剤の**パラセタモールParacetamol**。錠剤、カプセル、乳幼児用や子ども用のシロップなどがあり、イギリスの多くのお医者さんがすすめる家庭の常備薬です。一方、消炎鎮痛剤の**イブプロフェンIbuprofen**は、オフィスで働く女の子たちが生理痛や急な頭痛に備えて、バッグにしのばせていることが多いよう。どちらも比較的安価で、ブーツやスーパードラッグでも入手可能です。

イギリスの薬局で売っているものアレコレ

小さな町の薬局でも、日本人の目からしたら「こんなものまで！」と思う商品を扱っています。たとえば、電池は、イギリスでは薬局の定番商品。そのほか、雨傘、サングラス、湯たんぽ、ときには水泳の帽子まで売っているお店もあります。

B

リップ&チーク用オイル
£3.50

肌や唇にのせるとピンクに色が変化。しっとり感が持続する

ココナッツの香り

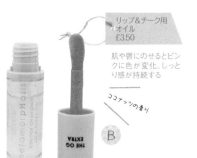

A

速乾、長持ちが売りのブーツ自社ブランドのネイルポリッシュ

マニキュア
£2.99

B

リップスティック5本セット
£7.99

この値段で5色！使いやすいカラー

同系色の5つのカラーのコレクション。友だちと分けたりおみやげにも

A

持っていると安心

殺菌作用の高いティーツリー・オイルの作用で、吹き出物をケア。肌質を選ばず使える

吹き出物用スティック
£3.85

A オリジナル・ブランドのプロダクトもいっぱい

ブーツ Boots

1849年ノッティンガムシャーの小さなハーブ薬局として始まったブーツ。現在は最大手のドラッグストア・チェーンとして、目印の青い看板をいたるところで目にする。自社ブランド商品を幅広く展開し、特にスキンケアやコスメ用品に力を入れている。

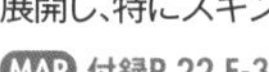

MAP 付録P.22 F-3　ソーホー

ピカデリー・サーカス店
所 44-46 Regent St., W1B 5RA 交 ⊖Piccadilly Circus駅から徒歩2分 ☎ (020) 7734-6126
営 8:00～23:00（土曜9:00～、日曜12:00～18:00）休 無休

B ブーツに次ぐイギリス第2のドラッグストア

スーパードラッグ Superdrug

ブーツに比べ、若干リーズナブルな印象のあるスーパードラッグ。キッチュなパッケージのチープコスメやアクセサリーも充実。見ているだけでも楽しく、あっという間に時間が過ぎそう。ディスカウント価格の香水も要チェック。

MAP 付録P.12 D-2　ブルームズベリ

トッテナム・コート・ロード店 所 43 Tottenham Court Rd., W1T 2EA 交 ⊖Goodge Street駅から徒歩3分 ☎ (020) 7636-7091
営 8:00～20:30（土曜9:00～20:00、日曜11:00～19:00）休 無休

イギリスで意外と高いのが歯ブラシ。できれば日本から使いやすいものを持って行きましょう。

イギリス人も大好きなご当地ブランドには愛され続けてきた秘密があります

どこかが他と違う独自性を好むイギリス人の嗜好が
しっかりとそのデザインに表れている
マーガレット・ハウエルとポール・スミスの魅力に迫ります。

MARGARET HOWELL

マーガレット・ハウエル

クオリティと着心地が
こだわりの服

ウィメンズ、メンズとも、モダンで長く着られるのが特徴。ハリスツイードをはじめ英国産の生地を積極的に採用している。ワークウェアの特性をプラスしたMHL.ラインも人気。

ブランドの歴史

ロンドンの美術学校を卒業後、マーガレットの制作したアクセサリーがファッション誌に取り上げられる。1970年のある日、チャリティバザーで出合った古着の一枚のメンズシャツの素材や構造、質感、機能性の秀逸さに感銘を受け、メンズシャツを作るように。それが女性にも求められていることを知り、ウィメンズも手がけるようになった。

上質のコットンを使用したベーシックなシャツ

脇線に接ぎ目がないシームレス設計の綿麻のニット

使い込むほどに味わいが増す牛革素材のショルダーバッグ

撥水加工を施し、洗練されたシルエットのブルゾン

FOX BROTHERS社製のウールツイルを使用したスカート

日常生活に合った運動性能が搭載されたスニーカー

Shop Data

MAP 付録P.13 C-3　マリルボーン

所 34 Wigmore St., W1U 2RS
交 ⊖Bond Street駅から徒歩2分
☎ (020) 7009-9009
営 10:00〜18:00（日曜12:00〜17:00）
休 無休

水玉模様のマキシドレス£650

ポール・スミスおなじみの、カラフルなストライプ模様のバッグ£685

試着は必ず声をかけて

イギリスでは、試着の際に店員さんに声をかけるのが原則。お店によっては、持ち込む服の点数や試着室の番号の入った札を渡されることもあります。

シルクの素材がフェミニンなシルエットを演出するシャツ£550

エレガントな雰囲気のウィメンズエリア

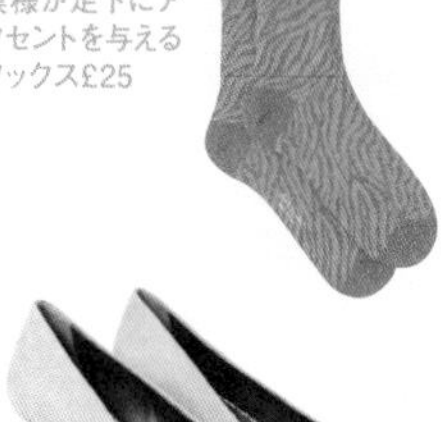
ピンクのゼブラ模様が足下にアクセントを与えるソックス£25

スエード素材のエレガントなヒール£300

Paul Smith ポール・スミス

クラシックなのにカッコいい

ウィメンズウエア、メンズウエア、ファニチャー、そして限定デザインなど充実したラインナップが並ぶメイフェア店。黒塗りの壁に施されたファサードや手すりが個性的な外観にも注目。

洋服からシューズまでトータルに揃う

ブランドの歴史

自転車選手を目指していたポール・スミスは、事故によりその道を断たれたことから、服飾の道へ。1970年にノッティンガムに最初の店をオープンしたのがブランドの始まり。

Shop Data

MAP P.22 D-4 メイフェア

所 9 Albemarle St, W1S 4BL
交 ⊖Green Park駅から徒歩4分
☎ (020)7493-4565
営 11:00〜18:30（日曜12:00〜18:00）
休 無休

ヨーロッパとイギリスとアメリカのサイズ表示が混在しているお店もあります。迷ったらお店の人に聞いてみましょう。

イギリスならではの人気モチーフは喜ばれるおみやげにぴったり

2階建てバスやビッグベン、ビートルズなど、英国ならではの
モチーフの入ったアイテムも、近ごろはセンスのいいものがたくさんあります。
人に喜ばれる英国みやげを探しに行きましょう。

A

レッドバス
各£7.99

二つ持ちしてもかわいいロンドンバスが描かれたポーチ

ビートルズマグ
£13

誰もが聴いたことのある名曲『HELP!』のジャケットデザインのマグカップ

ティータオル
各£10

レトロ感満載のポップなふきん

A

カムデンにあるホルボーン地区が描かれたポーチ

ホルボーンバッグ £10.99

1988年ヴィンテージドール £500

B

ファンならぜひ欲しくなるビートルズ人形

A

ひと味違うおみやげが買える老舗地図ショップ

スタンフォーズ

Stanfords

地図の専門店だけに、ロンドンの地図のパズルや、立体地図など、おもしろいアイテムがいっぱい。1階は雑貨と児童書、カフェ、地下は本格的な地図が。

MAP 付録P.20 D-2　コヴェント・ガーデン

所 7 Mercer Walk, WC2H 9FA
交 ⊖Covent Garden駅から徒歩1分
☎ (020) 7836-132
営 9:00～19:00(土曜10:00～、日曜12:00～19:00) 休 無休

B

ビートルズ関連グッズがぎっしり

ロンドン・ビートルズ・ストア

London Beatles Store

リバプールに本店がある、ビートルズ・ストアのロンドン店。スタッフは全員ビートルズに詳しいエキスパート。ファンならおしゃべりに花が咲きそう。

MAP 付録P.13 A-2　マリルボーン

所 231/233 Baker St., NW1 6XE
交 ⊖Baker Street駅から徒歩1分
☎ (020) 7935-4464
営 10:30～17:00 休 土・日曜

3連お弁当箱
£12

B

それぞれの蓋にキッチュなイラストが

本屋さんのカフェは穴場です

ロンドン観光の途中で、一休みしたいとき、本屋さんのカフェがおすすめです。通常、さほど混み合っておらず、ゆっくり座ってお茶を飲むことができます。このページで紹介している書店はいずれもカフェを併設しています。

地図や地球儀が並んだかわいい店内

パノラマポップ
£6.99

A

ロンドン12ヵ所の名所が連なるポップアップ本。広げると1.5mにもなる

リンゴ・スターのドラム型エッグスタンド各£20

B

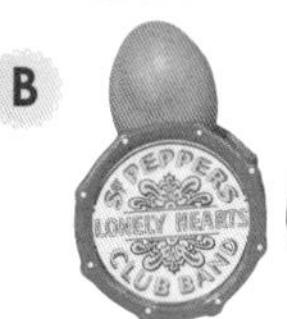

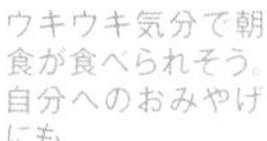
ウキウキ気分で朝食が食べられそう。自分へのおみやげにも

ロンドンマグ
£16.99

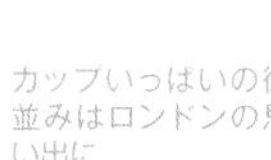
カップいっぱいの街並みはロンドンの思い出に

A

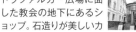

ほかにもおすすめの穴場ショップ

雑貨も充実の大型書店

フォイルズ Foyles

ロンドンの大型書店のひとつ。1階にはおみやげになりそうな雑貨がたくさん。上階には、カフェや音楽ホールも。

MAP 付録P.21 B-1　ソーホー

所 07 Charing Cross Rd., WC2H 0DT
交 ⊖Tottenham Court Road駅から徒歩3分
☎ (020) 7437-5660
営 9:00〜21:00(日曜11:30〜18:00) 休 無休

知る人ぞ知る教会の地下の雑貨店

セント・マーティンズ・ショップ St Martin's Shop

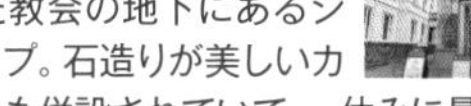

トラファルガー広場に面した教会の地下にあるショップ。石造りが美しいカフェも併設されていて、一休みに最適。

MAP 付録P.21 C-4　コヴェント・ガーデン

所 St Martin-in-the-Fields, Trafalgar Square, WC2N 4JJ 交 ⊖Charing Cross駅から徒歩5分 ☎ (020) 7766-1100
営 10:00〜18:00(水・土曜〜17:00、木曜〜18:30、金曜〜19:30、日曜11:00〜17:00) 休 無休

カフェやレストランも併設

ウォーターストーンズ Waterstones

ピカデリー・サーカスにある大型書店。1階にロンドンモチーフの雑貨が揃っている。本格的なレストランを上階に併設。

MAP 付録P.22 E-3　ウェストミンスター

所 203/206 Piccadilly, W1J 9HD 交 ⊖Piccadilly Circus駅から徒歩1分 ☎ (020) 7851-2400
営 9:00〜21:00(日曜12:00〜18:00) 休 無休

英国の書店には、通常雑誌は置いていません。雑誌が欲しいときはスーパーか専門店へ。

個性的なデザインがかわいい！ エコバッグ

ドーント・ブックス
Daunt Books MAP 付録P.13 B-2

お店の外観イラストがかわいいバッグ。重いものを入れても大丈夫なキャンバス素材で、赤、黒など全7色。内側には小さなポケットも

£15

パクストン＆ウィットフィールド
Paxton & Whitfield P.36

チーズ専門店にふさわしい黄色をベースにしたバッグ。お店の外観と牛のイラストの組み合わせがポップ

£6.95

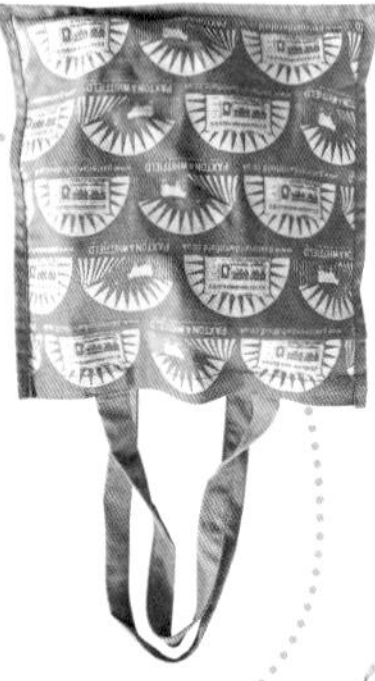

セント・ジョン
St. John P.113

肉料理で人気のレストラン、セント・ジョンで発見！ お店のシンボルのブタがプリントされた、手頃な大きさのマチが付いたコットン素材のバッグ

£12.50

£12.50

V&Aショップ
V&A Shop P.85

インドのファブリックを使ったV&Aのオリジナル・エコバッグ。ひとつひとつ、ファブリックの柄の組み合わせが違うので、目移りしそう

£7.50

H.R.ヒギンズ
H.R. Higgins P.28

コーヒーと紅茶の王室御用達ショップのエコバッグ。しっかりした黒地のコットンに、お店の外観のイラスト入りでシックな印象

£4

ウェイトローズ
Waitrose P.91

再生素材か作られた小さくたためるエコバッグ。ハンドバッグに入れて持ち歩くのにも便利。ひとまわり小さいサイズもあり

こんなにおいしい
ロンドンごはんとスイーツ

イギリスのごはんはおいしくない、なんて思っている人はいませんか？
近ごろのロンドンはちょっと違うんです。
フィッシュ＆チップスやロースト・ビーフなどの定番だけでなく、
世界各国の料理が味わえるロンドンで、食を楽しまないのは損。
ヘルシーなオーガニック料理や気軽に食べられるパブメシ、
キュートで人気のドーナツもぜひ試してみたいところです。

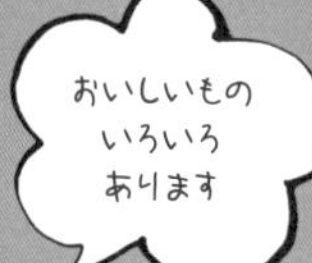

ロンドナーに評判のおいしいドーナツをいただきましょう

ここ数年の間に一気に人気スイーツとなったドーナツ。
素朴な揚げパン風のものから、クリームやチョコレートがたっぷりのケーキ風のものまでさまざまです。お好みのドーナツを見つけましょう。

C

英国のスイーツ・ブーム

英国のスイーツのトレンドとしては、カップケーキ、フローズンヨーグルト、クロナッツ（クロワッサンとドーナツの合体形）、ジェラートなどがここ10年の間でブームに。ドーナツは現在進行形で、新しいブランドが次々と登場しています。

A ドーナツ・ブームの火付け役
セント・ジョン・ベーカリー
St John Bakery

人気の英国レストラン、セント・ジョン➡P.113のベーカリーとワインのショップ。英国のドーナツらしい丸い生地に、クリームやジャムなどのフィリングがたっぷり入ったドーナツが人気。

MAP 付録P.21 C-1　コヴェント・ガーデン

所 3 Neal's Yard, WC2H 9DP
交 ⊖Covent Garden駅から徒歩3分 ☎(020) 7836-5544 営 8:00～18:00(日曜10:00～17:00) 休 無休

£3.90

バニラ・ドーナツ
バニラの香りのカスタードが詰まったドーナツ。英国人の懐かしの味

チョコレート・ドーナツ
とろりと滑らかなチョコレートクリームのフィリングがリッチな味わい

£3.90

B ラグジュアリーなケーキのよう
ドーナッテリエー
Donutelier

ベーカリーのドーナツとは一線を画す、パティシエによるケーキのようなドーナツ。定番商品のほかに、季節のフルーツを使用したものやイベント仕様のものなど限定ドーナツもある。

MAP 付録P.21 C-3　コヴェント・ガーデン

所 48-50 Charing Cross Rd., WC2H 0BB
交 ⊖Leicester Square駅から徒歩1分
営 8:30～22:00 休 無休

ロシャーズ・ジャンドゥージャ
ガナッシュとプラリネ、ヘーゼルナッツとチョコがトップに
£6.50

ピスタチオ
ピスタチオとラズベリーの粒がのったトップのサブレはサクサク
£6.50

ダルシー・ピーカン
ローストしたホワイトチョコと塩キャラメル、ピーカンナッツのドーナツ
£6.50

C アフタヌーンティーもできる
ブレッド・アヘッド
Bread Ahead

バラ・マーケットにパン工房とスクールを持つ、人気のベーカリー。この支店はティールームも併設しているので、トップクラスのベーカーによるアフタヌーンティーが楽しめる。

MAP 付録P.15 B-4　ナイツブリッジ

所 249 Pavilion Rd., SW1X 0BP
交 ⊖Slone Square駅から徒歩5分
営 7:00～18:00 休 無休

シーソルト・キャラメル&ハニーコム
塩キャラメルのクリームに、ハニーコムの帽子をかぶったかわいいドーナツ
£4
(イートイン£4.50)

£4
(イートイン£4.50)

バニラ・カスタード
とろとろのバニラ風味のカスタードがたっぷり。満足度の高い一品

細長い形がユニークな「ロングボーイズ・ドーナツ」➡P.31はブリオッシュ生地とたっぷりのフィリングが人気です。

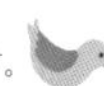

ロンドンっ子に人気のおしゃれカフェはこちらです

イギリスといえば、「紅茶の国」という印象ですが、
実はここ数年、コーヒーブームが続いているのです。
コーヒー党もにっこりの人気のカフェがありますよ。

本格派のコーヒーを飲みたくなったら

ヌード・エスプレッソ
Nude Espresso

2人のコーヒー好きのニュージーランド人男性が始めた、本格コーヒーの店。落ち着いた店内で、こだわりのブレンドや、アートのかわいいラテやカプチーノをお試しあれ。

MAP 付録P.6 F-4　ショーディッチ

所 25 Hanbury St., E1 6QR
交 ⊖Liverpool Street／≋Shoreditch High Street駅から徒歩5分
営 8:30 ～ 18:00（土・日曜10:00～）
休 無休
料 ドリンク£2.40 ～

コーヒーの香りが立ちこめる店内

アートがかわいいカプチーノ£3.90

焼き立てのスイーツがカウンターに並ぶ

クオリティとセンスのよさが光る店

ゲイルズ・アルティザン・ベーカリー
GAIL's Artisan Bakery

イスラエル出身の女性が15年前に始めたパン屋を母体としたショップ。ホワイトとレッドで揃えたショップデザインに加えて、スイーツのデコレーションもセンスがいい。コーヒーはあっさりとした味わい。

MAP 付録P.21 A-1　ソーホー

所 128 Wardour St., W1F 8ZL
交 ⊖Oxford Circus駅から徒歩10分
☎ (020) 7287-1324 営 7:00～18:00（土曜7:30～、日曜8:00～17:30）
休 無休
料 エスプレッソ£2.60

1

2

3

3

1スイーツやパンは甘さ控えめで日本人の口にも合う 2チョコレート・ヘーゼルナッツ・バン£3.40 3ピスタチオ・レモン&ローズケーキ£4 3レシピ本も発売された人気チェーン店

メインは焼き菓子

イギリスのスイーツのメインは、フルーツケーキやスコーンなどの焼き菓子。アップルパイ、バターケーキ、ショートブレッドなどのイギリスの味をカフェでも楽しめます。

1フォーマルな雰囲気はありつつネオンがポップな空間　2上品な真っ白の外壁
3上質なスイーツも食事も楽しめるカフェレストラン

上品な味とテーブルウェア

パーラー

The Parlour

3つ星シェフ、ピエール・ガニェールの総合食スポット、ギャラリー・バイ・スケッチ➡P.27のカフェ部門。アーティスティックな空間で、気軽にお茶を楽しめる。個性的なトイレもチェック。

MAP 付録P.22 D-2　メイフェア

所 9 Conduit St., W1S 2XG
交 ⊖Oxford Circus駅から徒歩3分
☎ (020)7659-4500
営 朝食8:00〜11:00、ランチ12:00〜17:00、バー 18:00〜2:00(日〜火曜〜24:00)
休 無休
料 ドリンク£5〜

天井のペーパー・オーナメントがかわいい店内

2023年にオープン。流行に敏感なロンドナーが訪れる

注文を受けてから焼くタルトタタン£12(上) ドレッシングの酸味が効いたテキサス・サラダ£18(左)

極上のカフェフードを召し上がれ

タシャズ

tashas

南アフリカの人気カフェがロンドンに上陸。明るいガラス張りの店内で、朝から夜まで一日中、世界中のさまざまなテイストを取り入れた食事やスイーツ、ドリンク類が楽しめる。

MAP 本誌P.72　バタシー

所 3 Prospect Way, SW11 8BH
交 ⊖Battersea Power Station駅から徒歩6分
☎ (020) 3011-1989
営 8:30〜22:00(木〜土曜〜23:00、日曜9:00〜22:00)
休 無休
料 カプチーノ£4

イギリスでは、食後のデザートのことを「プディング」と呼びます。カスタードのかかったアップルパイも立派な「プディング」です。

ロンドンを一望できる ナイスビューレストラン

**ここ十数年で、ロンドンにも高いビルが増えました。
街並みを一望できる見晴らしのよいレストランから、
昔ながらの名所と新しい建造物とが融合する街を俯瞰してみましょう。**

31階からロンドンを一望できるレストラン

アクア・シャード

Aqua Shard

ディナーはもちろん、ランチやアフタヌーンティー、週末のブランチも好評なモダンブリティッシュ・レストラン。31階の窓から見えるすばらしい景色を堪能して。

MAP 付録P.8 D-3　サザーク

所 Level 31, The Shard, 31 St Thomas St., SE1 9RY 交 ⊖London Bridge駅からすぐ
☎ (020) 3011-1256 営 12:00〜14:40（土・日曜、祝日10:30〜14:30）、18:30〜22:30、アフタヌーンティーは12:00〜14:30 休 無休
料 メイン(ディナー) £29〜

全面ガラス貼りのザ・シャードで贅沢な時間

point
超高層ビルから
街を一望できる

グァバのソルベにフレッシュなラズベリーとクリームを添えたデザート £9

ヘアフォードシャー産熟成ビーフのステーキ£59

時間とともに変化する街を、ゆっくりと眺めたい

D&D London って？

インテリア・デザイナー、ライフスタイル・ショップのオーナーであったテレンス・コンラン卿がチェアマンを務めていたレストラン・グループが「D&D London」。ヨーロッパや北米にも店があり、バトラーズ・ワーフ・チョップ・ハウス（下記）はその傘下です。

point
タワー・ブリッジを望む
夜景が最高！

ビーツとポテトの前菜

アヒルのスコッチエッグ

丸テーブルを囲んで団欒できる

タワー・ブリッジを眺めるテラス席

コンラン卿プロデュースのイギリス料理店

バトラーズ・ワーフ・チョップ・ハウス

Butlers Wharf Chop House

ローストビーフやフィッシュ＆チップスなど、厳選素材を用いた代表的なイギリス料理が揃う。店内は温かみがあり落ち着いた雰囲気。テラス席もあり、飲み物だけの利用もできる。

MAP 付録P.8 F-3　バーモンジー

所 36e Shad Thames, SE1 2YE 交 ⊖London Bridge駅から徒歩10分
☎ (020)7403-3403 営 12:00〜15:00、17:30〜21:00（土曜12:00〜21:00、日曜12:00〜16:30） 休 月曜のランチ 料 グラスワイン£7〜、ランチ£25（2コース、火曜のみ）

ミシュランスター・シェフ、リチャード・コリガンの料理を堪能できる

ロンドン・アイが見える広々としたレストラン

point
トラファルガー広場の
ネルソン提督と同じ目線で

ギャラリー最上階で優雅なひととき

ポートレイト

Portrait Restaurant

ナショナル・ポートレイト・ギャラリー ➡P.53の最上階に位置するレストラン。洗練された料理が自慢。晴れた日の夜景はみごと。

MAP 付録P.21 C-4　ソーホー

所 St. Martin's Place, WC2H 0HE
交 ⊖Charing Cross駅から徒歩2分
☎ (020)7312-2490 営 ランチ12:00〜14:45（日〜火曜〜17:30）、ディナー 17:00〜22:30 休 無休 料 ドリンク£4 〜、メイン£28 〜

1 ギャラリーもお見逃しなく
2 バーだけの利用も可能。ソルト&ビネガー・マティーニ£14

絶対に行きたいレストランは予約をしておいた方が確実。最近では電話ではなくインターネットで予約できるところが大半です。

野菜をたっぷりいただきましょう ナチュラル志向のダイニング

ロンドンでは、オーガニックの素材を使った料理や、
ベジタリアン料理が大人気。
ヘルシーな外食を楽しめる店もたくさんあります。

「自然派」にこだわる
期待の新鋭

ダックスープ
Ducksoup

2011年のオープン以来、農家直送の新鮮素材を生かした料理や自然派ワインの品揃えで近隣の食通やシェフを魅了。日替わりメニューにも注目したい、温かなヨーロピアンビストロ。

MAP 付録P.21 B-2　ソーホー

所41 Dean St., W1D 4PY 交⊖Leicester Square駅から徒歩6分 ☎(020) 7287-4599 営ランチ12:00～15:00(日曜～17:00)、ディナー 17:00～22:00
休 月・火曜のランチ、日曜のディナー 料 メイン£19～25

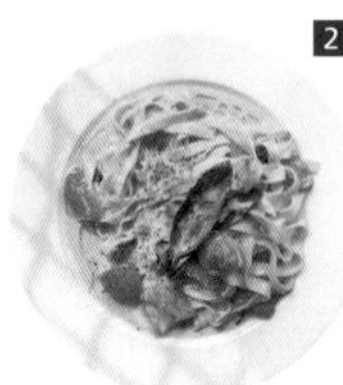

123ワインに合う、食材の良さを活かした料理がいろいろ。ボードに手書きされたメニューから選ぶ　4店内に流れるBGMはレコード音楽。スタッフが1枚ずつ手作業でかけている

本場イタリアの味が
気軽に楽しめる

カルッチオズ
Carluccio's

イタリア人シェフによるカジュアルなイタリアンの店。ベジタリアン向けメニューが豊富で、スタッフの対応にも定評がある。

MAP 付録P.18 F-4　ケンジントン

サウス・ケンジントン店
所1 Old Brompton Rd., SW7 3HZ
交⊖South Kensington駅から徒歩1分
☎(020) 3907-8767
営8:00～22:00(土曜9:00～、日曜9:00～21:00)
休 無休 料 メイン£16.95～

スパイシーなペンネ・レジーネ・アッラビアータ£13.95

海の幸たっぷりのリゾット・ディ・マーレ£18.95

1併設のデリでは気軽にイタリアンフードの持ち帰りができる。イタリア直輸入の食材も多数販売　2鮮やかな青色のサンシェードが目印

自然のなかでヘルシー・ランチも

ロンドンでは、カフェやカジュアル・レストランのほとんどで、テイクアウェイ（持ち帰り）が可能。お天気のいい日は、公園の緑のなかでピクニックもおすすめです。

1オーガニックの地ビールが人気　2ボードには食材の仕入れ先情報が

鮮やかなビーツのスープ

魚も肉もオーガニック

体にも地球にもやさしい
エコ・オーガニック・フード

デューク・オブ・ケンブリッジ
The Duke of Cambridge

イギリスで最初にオーガニック認定を受けたガストロパブ。日に2度変わるメニューでは、その日に入荷した旬の味覚をたっぷりと堪能できる。

MAP 付録P.7 C-1　イズリントン

所 30 St. Peter's St, N1 8JT 交 ⊖Angel駅から徒歩10分
☎ (020) 7359-3066 営 12:00～23:00（日曜～18:00）
休 無休 料 ドリンク£4.50～、平日ランチ2コース£15、3コース£20

©Justin De Souza

©Simon Brown

1メニューはシーズンごとに変わる。素材を生かしつつサプライズのあるお料理が美味　2プラムの入ったライ麦のポリッジ£8　3豊富な種類を取りそろえたワインバー　4ピカデリー・サーカスのすぐそばで、便利なロケーション

旬と産地にこだわった
モダンブリティッシュ

ネッサ
Nessa

ピカデリー・サーカス至近で、朝から夜まで一日中食事ができるレストラン。英国とその周辺でとれた季節の食材を使用して、捻りのきいたモダンブリティッシュ料理を提供。野菜料理もたっぷり。

MAP 付録P.22 E-3　ソーホー

所 86 Brewer St., W1F 9UB 交 ⊖Piccadilly Circus駅から徒歩3分 ☎ (020) 7337-7404
営 8:00～24:00（火～金曜～1:00、土曜9:00～1:00、日曜9:00～18:00） 休 無休 料 エスプレッソ£2.50、野菜料理£12～、肉魚料理£26～

ベジタリアンが多いイギリスでは、普通のレストランやパブでも、たいていはベジタリアン食を用意しています。

お料理も空間もステキです ワンランク上のごほうびレストラン

滞在中一度は試したいのが、一流レストランの料理。
伝統的なフランス料理やイギリス料理に創作性を加えた、
各シェフ自慢の味を心ゆくまで堪能しましょう。

1クリーミーなチョコレートキャラメルと洋梨、マロン・アイスクリーム 2見た目も楽しいイタリア産アーティーチョークの燻製にトマトソース、黒トリュフのジュース添え

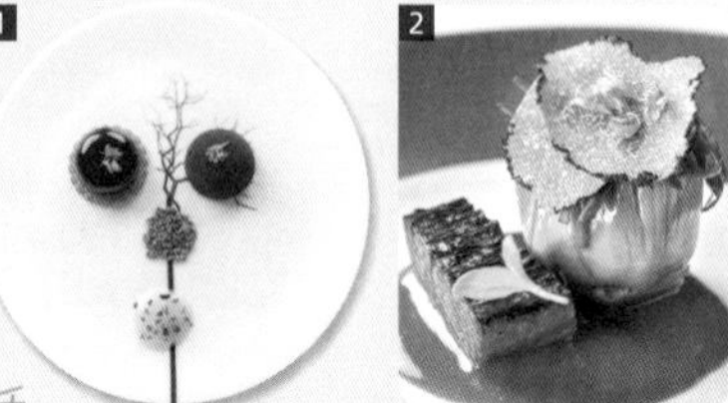

こんなメニューもチェック!
テイスティングコース
8品 £120
10品 £150

お皿に描かれた
アート作品のようなフレンチ

ピエダ・テレ
Pied à Terre

ギリシャ料理のひねりを加えたモダンヨーロピアンの1つ星レストラン。自然光の差し込むシックな店内で、とっておきの創作料理を。

MAP 付録P.12 D-2　ブルームズベリ

所 34 Charlotte St., W1T 2NH 交 ⊖Goodge Street駅から徒歩5分 ☎ (020)7636-1178 営 ランチ12:00〜14:30、ディナー 17:30〜22:00 休 火・水曜のランチ、日・月曜
料 グラスワイン£12、テイスティングコース£65(4品)〜

屋上で育てた新鮮な野菜を使ったメニューもおすすめだよ!

3周辺にもカフェやレストランが多い 4明るくシックな店内 5ヘッドシェフのアシマキ・チャニオティス氏

1北欧調のウッディな内観 2ファウンダーでシェフのジョニー・レイク氏 3看板デザートの北海道ポテト£21 4酸味と旨味のバランスがパーフェクトなあんこうのグリル£55

こんなメニューもチェック!
ハト肉のグリルと
柿のペースト £55

北海道にインスパイアされた
デザートは要チェック!

トリヴェット
Trivet

飾らない雰囲気のミシュラン2つ星レストラン。日本のジャガバターから着想したポテト生地のミルフィーユ「北海道ポテト」をぜひお試しあれ。

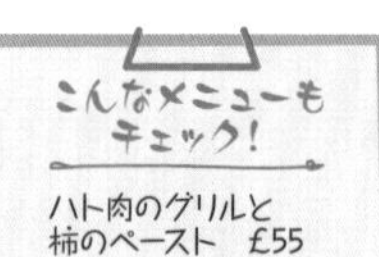

ワインの種類も豊富なんだ

MAP 付録P.8 D-4　サザーク

所 36 Snowsfields, SE1 3SU
交 ⊖London Bridge駅から徒歩8分
☎ (020) 3141-8670 営 12:00〜23:00(木曜18:00〜23:00) 休 月・日曜
料 前菜£28〜、メイン£38〜、ランチタイムの小皿料理£8〜

レストランのチップ

会計の際は、まずは請求額にサービス料が含まれていないかどうかをチェックしましょう。サービス料が含まれている場合は、チップを渡す必要はありません。含まれていない場合は10 ～ 15%を目安に。

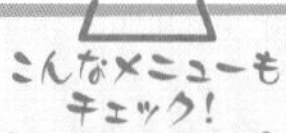

鶏のレバーとフォアグラを使ったミートフルーツ。スターターに。

メインのおすすめ
スパイス・ピジョン、アーティチョーク。

マングリン・オリエンタルにある話題のレストラン

ディナー・バイ・ヘストン・ブルメンタール

Dinner by Heston Blumenthal

イギリス人3つ星シェフ、ヘストン・ブレメンタールの、伝統の味にひねりを効かせた味が楽しめる、ロンドンでは唯一のレストラン。

MAP 付録P.15 A-2　ナイツブリッジ

所 Mandarin Oriental Hyde Park,66 Knightsbridge, SW1X 7LA 交 ⊖Knights-bridge駅から徒歩2分 ☎ (020) 7201-3833
営 12:00～14:00（金～日曜～14:30）、18:00～21:00（金～日曜～21:30）） 休 無休
料 3コースランチ£59

1インテリアも自然志向 2デザート一番人気のティプシー・ケーキ 3ヘッド・シェフのアダム・トゥービー =デズモンド氏 4オレンジのジェルに包まれた鶏レバーのパテ

©Ashley Palmer-Watts

©Justin de Souza

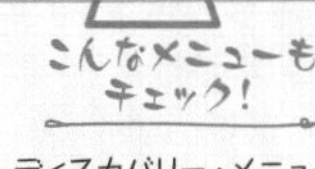

ディスカバリー・メニュー（選べる3コース）£110

1やわらかな色調の店内 2スモークした魚とレタス、ごまのフレーバーが楽しいサラダ 3アルゼンチン人シェフ、マウロ・コラグレコ氏 4発酵させたラディッシュにエビのタルタルと酒粕クリームが絶妙

サプライズに満ちた宝石のような料理の数々

マウロ・コラグレコ・アット・ラッフルズ・ロンドン

Mauro CoLagreco at Raffles London at the OWO

世界のベストレストランのトップに輝いたミシュラン3つ星シェフのロンドン進出店。発酵食品や自家製調味料を使った珠玉の料理はもはや芸術品。

MAP 付録P.14 E-1　ウェストミンスター

所 Raffles London at The OWO, Whitehall, SW1A 2BX
交 ⊖Charing Cross駅から徒歩7分 ☎ (020) 3907-7520 営 ランチ12:00～13:30、ディナー 18:00～22:00 休 月・日曜
料 ランチ(3コース) £60、テイスティング・メニュー(5品) £165

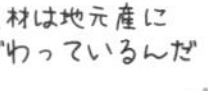

素材は地元産に
こだわっているんだ

ここで紹介しているレストランは、ドレスコードがなくても、ちょっとおしゃれしてスマートカジュアルで出かけるのが無難です。

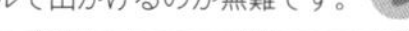

“パブメシ”は味も雰囲気もグッド ランチしにパブへ行きませんか？

イギリス人の生活に欠かせない存在のパブ。
せっかくロンドンを訪れるなら、一度は行ってみたい場所です。
地元っ子で賑わう夜には入りづらいという方には、ランチをおすすめします。

季節の国産素材をたっぷり使用している

ボリュームたっぷりのチーズのスフレ

オーガニックワインもこだわりのセレクト。グラスワイン £4.75〜

とろけるような口あたりのフォアグラポテトスープ

老若男女で混み合う繁盛店

アンカー &ホープ
The Anchor & Hope

種類豊富な本格エールビールとエールに合う季節の料理が自慢。人気店ながら平日の予約は不可なので、早めの来店がおすすめ。

MAP 付録P.9 B-4　サザーク

所36 The Cut, SE1 8LP 交⊖Southwark駅から徒歩3分 ☎(020) 7928-9898
営12:00〜15:00（日曜〜15:45）、17:30〜21:00
休月曜 料前菜£10〜、メイン£19.80〜

地元の素材にこだわる日替わりメニューがおすすめ

イーグル The Eagle

1991年のオープン以来、日替わりのおいしい料理を提供するガストロパブの元祖。看板メニュー「ステーキサンド」をぜひ試したい。

MAP 付録P.7 A-3　ブルームズベリ

所159 Farringdon Rd., EC1R 3AL
交⊖Farringdon駅から徒歩7分
☎(020)7837-1353 営12:00〜15:00（土・日曜12:30〜15:30）、18:30〜22:30
休無休
料前菜£6 〜、メイン£15 〜

ボリュームたっぷりなので友だちとシェアして

しゃれた小瓶入りのジンジャーエール

チキンのタジンとクスクス

ランチタイムには外まで行列ができることも

パブでの注文・英会話

How to order?

A pint or half?

ビールのサイズはパイント（約570mℓ）かハーフ（約285mℓ）。「ハーフ（ア・パイント）・プリーズ」と伝えて。

Do you want anything else?

とりあえず、それだけでOKなときは「ザッツ・イット・フォー・ナウ」という言い回しが無難です。

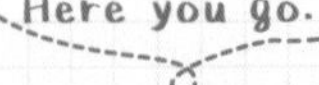

Here you go.

「さぁ、どうぞ」と差し出されたら、金額を聞いてその場でお会計。パブのカウンターではチップは不要です。

米語と英語

お会計をお願いするとき、米語では「Check, please」ですが、英語では「Bill, please」。そのほかにも映画はMovie（米語）とFilm（英語）、フライドポテトはFries（米）とChips（英）、ポテトチップスはChips（米）とCrisps（英）など微妙な違いがあります。

ラガービールのステラ・アルトワ（右）、オリジナルのフラットエール・ドゥンバ（左）

英国料理ではお馴染みのソーセージ&マッシュポテト £17.50

ソファーでくつろぐコージーなパブ

アダム&イヴ The Adam & Eve

ハイテーブルと、食事がしやすいローテーブル席が揃ったスタイリッシュなパブ。

MAP 付録P.12 D-3　ブルームズベリ

所 77a Wells St., W1T 3QQ
交 ⊖Oxford Circus駅から徒歩6分
☎ (020) 7636-0717
営 11:00～23:00（日曜12:00～21:00）
休 無休 料 グラスワイン£7.50～、食事£14～

くつろげるBGMのチョイスもうれしい

イギリスでおなじみのヨークシャープディングが添えられたローストチキン£19

近所のビジネスマンや若者たちが集う

アイルランド産のオイスターには、ギネスがぴったり

ドラフトビールの種類もいろいろ

シーフードとギネスが自慢のアイリッシュ・パブ

カウ The Cow

コンラン卿の子息トム・コンランによる「ベスト・シーフード・パブ」などのアワード受賞のアイリッシュ・パブ。産地直送のオイスターは絶品。

MAP 付録P.17 C-3　ノッティング・ヒル

所 89 Westbourne Park Rd., W2 5QH
交 ⊖Royal Oak駅から徒歩5分 ☎ (020) 7221-5400
営 バー・キッチン12:00～22:00
休 日曜（上階のダイニングルームは無休）
料 グラスワイン£9～、メイン£22～

ポートベロー・マーケットからも近い

家族連れも多いオープンな雰囲気

イギリス人は、カウンターで割り勘をすることはほとんどなく、順番におごっておごられてを繰り返します。

意外とおいしいんです イギリス料理の定番を食べてみませんか？

フィッシュ＆チップスにパイ、イングリッシュ・ブレックファストなど昔からイギリス人が大好きなカジュアル・フード。そのお皿の中身に迫ってみましょう。

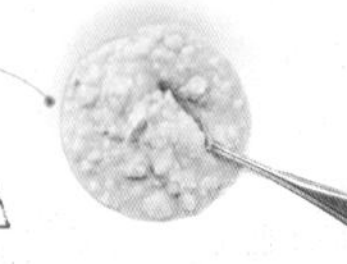

マッシー・ピー

大ぶりのグリーンピースをつぶしペースト状にしたもの。塩こしょうがいいアクセントに

チップス

フライドポテトのこと。ざっくり大きめに切って素揚げし、塩をたっぷりと振って食べる

A

フィッシュ

定番はタラだが、レストランでは鮭やコダラなどから選べる店もある

やっぱり定番は フィッシュ＆チップス

茶色いモルトビネガーをシャッシャッと振りかけて食べるのがイギリス流。揚げ物もさっぱり。クセになるおいしさです。

B

毎日2度替える油でさっくりと揚がったフライ

昼間もりもり働くための パワー・ブレックファスト

夜まで食事をしなくても、一日中働けるだけのエネルギーを与えてくれる伝統的な朝食。ベイクドビーンズ、ハッシュブラウン、揚げトーストなどがのっていることも。

C

ロースト・ボーン

一度は食べてみたい名物料理 ロースト・ボーン

セント・ジョンの名物料理「骨髄入り牛骨ロースト」。パンに掻きだして食べるのが美味。

D

イングリッシュ ブレックファスト

基本のメニューに追加トッピングができる店もある

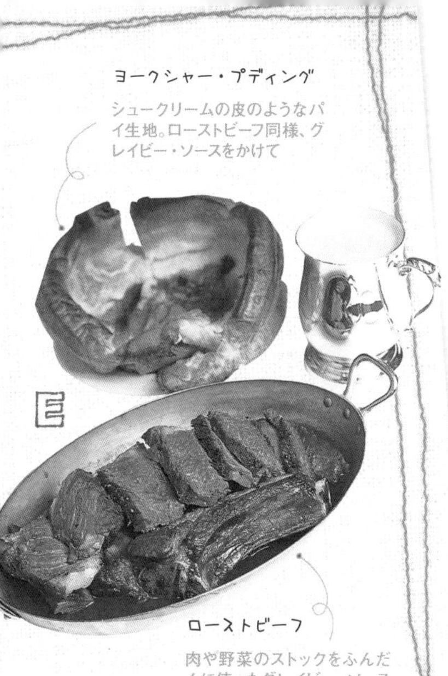

ヨークシャー・プディング

シュークリームの皮のようなパイ生地。ローストビーフ同様、グレイビー・ソースをかけて

E

ローストビーフ

肉や野菜のストックをふんだんに使ったグレイビー・ソースと一緒に食べる

本場で一度は食べたい ローストミート

イギリスを代表する家庭料理といえば、ロースト肉。オーブンでじっくり焼き上げ、外はカリッと中はしっとりが基本。

まだまだあります！

イギリスの伝統料理

★ハギス

羊の内臓をスパイスやオーツ麦とまぜて、羊の胃袋に入れて茹でたスコットランドの伝統料理

★スコッチエッグ

ひき肉で固ゆで卵を包み、パン粉をつけて油で揚げたもの。卵の入ったメンチカツといったつくり

★トライフル

フルーツゼリー、スポンジケーキ、生クリーム、カスタードクリームを重ねて層を作った冷たいデザート

A 英国の各紙が「ベスト」と絶賛するフィッシュ&チップス

ゴールデン・ハインド The Golden Hind

1914年創業の老舗店。こだわりの油きりで、サクサクの仕上がり。

MAP 付録P.13 B-3 マリルボーン

所 71a-73 Marylebone Lane, W1U 2PN 交 ⊖Bond Street駅から徒歩7分 ☎ (020) 7486-3644 営 12:00〜15:00(土曜12:30〜15:30)、18:00〜22:00 休 日曜 料 フィッシュ£13.50〜、チップス£3.50〜

B 伝統的な英国料理を水槽のあるモダンな店内で味わう

シー・シェル Sea Shell

レストランにテイクアウトの店が併設されており、持ち帰りもできる。

MAP 付録P.13 A-2 マリルボーン

所 49-51 Lisson Grove, NW1 6UH 交 ⊖Marylebone駅から徒歩3分 ☎ (020) 7224-9000 営 12:00〜22:00(日曜〜19:00) 休 無休 料 フィッシュ&チップス£22(チップス、マッシュポテト、サラダのいずれか食べ放題付き)

C 新しいイギリス料理を次々に提案する若手集団

セント・ジョン St. John Restaurant

肉の部位それぞれを最大限に生かした料理を提供することで有名。

MAP 付録P.7 B-4 シティ

所 26 St John St., EC1M 4AY 交 ⊖Farrington／Barbican駅から徒歩5分 ☎ (020) 7251-0848 営 12:00〜15:00(日曜〜16:00)、18:00〜22:30 休 日曜のディナー 料 メイン£23〜

D 学生にも人気の朝食カフェ

ブレックファスト・クラブ The Breakfast Club

クラシックなメニューからパンケーキまで楽しめる。

MAP 付録P.21 A-2 ソーホー

所 33 D'Arblay St., W1F 8EU 交 ⊖Oxford Circus駅から徒歩10分 ☎ 020-7434-2571 営 7:30〜15:00 休 無休 料 イングリッシュブレックファスト£18、紅茶£2.80

E ロンドン最古といわれるレストラン

ルールズ Rules

狩猟肉料理の専門店。ローストビーフは2名からオーダー可。

MAP 付録P.20 D-3 コヴェント・ガーデン

所 35 Maiden Lane, WC2E 7LB 交 ⊖Covent Garden駅から徒歩5分 ☎ (020) 7836-5314 営 12:00〜22:00(金・土曜〜23:30) 休 無休 料 ローストビーフ£49.50

イギリスでは伝統的に金曜日が「魚を食べる日」。いまでも学食や社食では、金曜日のメニューに含まれることが多いです。

ロンドンには世界の おいしいエスニック料理が集まります

移民の歴史が長いイギリスでは、レストランも国際色豊か。
日本人の口にも合う、本格的なエスニック料理を楽しめるレストランも揃っています。
イギリスの中の異世界を楽しみに、出かけてみませんか。

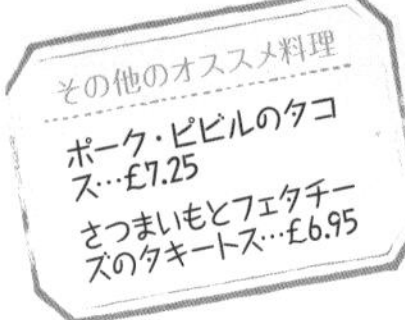

その他のオススメ料理

ポーク・ピビルのタコス…£7.25

さつまいもとフェタチーズのタキートス…£6.95

1テキーラのショット4種をおつまみと一緒に
2豆や野菜がいっぱいのメニューも充実

ダイニングスペースは、階段を下りて地下にある

メキシコの屋台の味を再現

ワハカ

Wahaca

緑、青、黄色の国旗の色を基調としたコンテンポラリーなインテリア。ファンク・ミュージックが流れる店内で本場の味を堪能したい。

MAP 付録P.20 D-3　コヴェント・ガーデン

所 66 Chandos Place, WC2N 4HG
交 ⊖Leicester Square駅から徒歩5分
☎ (020)3951-9741
営 12:00〜22:00（木〜土曜〜23:00）
休 無休 料 ドリンク£2.95 〜、食事£5.95 〜

ロンドン1の人気ラーメン店

金田家

Kanada-ya

行列の絶えない、福岡発の人気ラーメン店。このピカデリー店は比較的待ち時間が短いので狙い目。エンジェルほか、ロンドン内に5店舗あり。

MAP 付録P.21 B-4　ソーホー

所 3 Panton St., SW1Y 4DL
交 ⊖Picadilly Circus駅から徒歩3分
☎ (020)7930-3511
営 12:00〜22:00（木〜土曜〜22:30）
休 無休 料 ラーメン£12.95〜16.75

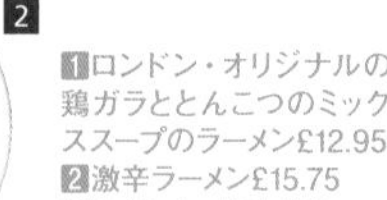

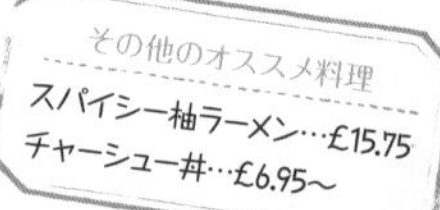

その他のオススメ料理

スパイシー柚ラーメン…£15.75

チャーシュー丼…£6.95〜

1ロンドン・オリジナルの鶏ガラとどんこつのミックススープのラーメン£12.95
2激辛ラーメン£15.75
3カウンター席もある

ロンドンのチャイナタウン

ロンドンのチャイナタウンは地下鉄ピカデリー・サーカス駅とレスター・スクエア駅の間、ジェラード・ストリートを中心としたエリアにあります。規模はそんなに大きくないですが、本格レストランが軒を連ねています。MAP付録P.21 B-3

3地下には団体用個室もある
4雰囲気のある照明が印象的
5店の外にもテーブルが並ぶ

こってり感がたまりません！

1ダックのグリル、タマリンドソース£19.70
2人気定番メニューのパッド・タイ£14.50はタイ・カラマリ£9.50と一緒に

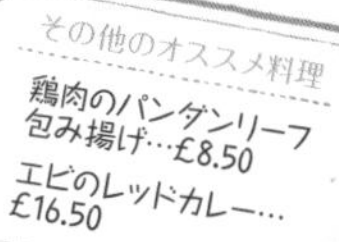

その他のオススメ料理

鶏肉のパンダンリーフ包み揚げ…£8.50
エビのレッドカレー…£16.50

辛いものが苦手な人も楽しめるタイ料理チェーン

ブサバ・イータイ
Busaba Eathai

リーズナブル価格で人気のカジュアルなタイ・レストラン・チェーン。食事もドリンクもメニューは豊富。夜は混み合うので早めに行こう。

MAP付録P.12 D-2　ブルームズベリ

ストア・ストリート店 所22 Store St., WC1E 7DF
交⊖Goodge Street駅から徒歩3分
☎(020)7299-7900
営11:00～22:30(金・土曜～23:00、日曜～22:00))
休無休
料ドリンク£3.10～、食事£8.50～

その他のオススメ料理

ローストダック&ライス…£13.50
ワンタン&チャーシューヌードル…£11.95

特製ソースがおいしいポップな中華店

スリー・アンクルズ
Three Uncles

テイクアウトもイートインもできるカジュアルな中華レストラン。ていねいに調理されたロースト肉と特製ソースが絶妙の相性！

MAP付録P.9 B-2　シティ

所3 Old Bailey, EC4M 7BG
交⊖St Paul's駅から徒歩6分
☎(020) 7248-0290
営11:45～21:00
休無休
料チャーシュー BBQポーク＆ライス£10.50

1ロンドンに3店舗ある　2迫力満点のローストミート　3ダック、クリスピーポーク、チャーシュー&ライス£13.95、ソース各£1　4オリジナルビールはラガーとIPAの2種類各£5

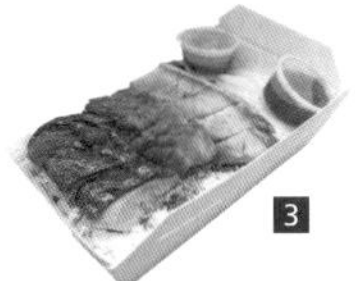

世界の料理が集まるロンドンでは、トルコ料理、ペルシャ料理、モンゴル料理、チベット料理などエスニック料理の種類も豊富です。

ロンドンを訪れたら 手軽でおいしい西洋料理を食べに行きましょう

**ここ数年で目覚ましい発展を遂げたイギリスの食文化。
ヨーロッパの料理もバラエティ豊かに揃っています。
肩肘張らずに、手軽に楽しめる西洋料理のレストランをご紹介します。**

正当派フランス料理のしっかりごはん

65a（シックスティファイブ・エー）

65a

オールド・スピタルフィールズ・マーケット⇒P.21内のブラッセリー。新鮮なロブスターやオイスターをシンプルに楽しめる。小麦粉不使用でグルテンフリーのチョコレートケーキは絶品。

MAP 付録P.6 E-4　ショーディッチ

所 65A Brushfield St., E1 6AA
交 ⊖Liverpool Street駅から徒歩6分
☎ (020) 7846-6548 営 12:00～24:00（日曜～20:00）休 月曜
料 エスプレッソ£3.50、クロックムッシュ£14

こちらもおすすめ

ランチバーガー…£16
プレフィックスメニュー（前菜&メイン）…£25

1 落ち着いた色調でくつろげる　2 プリプリ食感のハーフ・ロブスター£29　3 濃厚なチョコレートケーキ£8　4 肉も海鮮もある

こちらもおすすめ

スパイシーなポークとフェネルのミートボール…£10
アランチーニ…£8.50

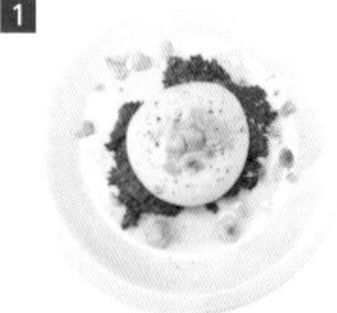

1 ブッラータチーズとケールのバランスが抜群な一皿£13.50　2 ランプシェードはヴェネツィア風のレースのハンカチ

やさしい照明が温もりを感じさせる店内

3 イワシの酢漬け£10　4 グループであれこれ注文してシェアするのが楽しい

ヴェネツィアの小皿料理を味わえる

ポルポ

Polpo

どれを食べてもハズレなしのヴェネツィア料理の店。一品一品の量は少ないので、いくつか注文してシェアするのがおすすめ。ふたりでもグループでも楽しめる。

MAP 付録P.22 E-2　ソーホー

所 41 Beak St., W1F 9SB
交 ⊖Piccadilly Circus駅から徒歩5分
☎ (020) 4537-4341 営 12:00～23:00（日曜～22:00）休 無休
料 グラスワイン£6.50～、ピザ£8～

BYOってなに？

BYO（Bring Your Own）とは、ワインの持ち込みがOKなレストランのこと。お酒を扱うライセンスのない店ではBYOのことがあります。ゴールデン・ハインド➡P.113もBYOです。

ロンドナーで賑わうタパスバー

バラッフィーナ
Barrafina

チョリソーのグリル焼き£15.80

スペイン人の母とミシュランスター・レストランを経営する父を持つ、サム＆エディ兄弟によるタパスバー。予約ができないので、開店早々に入るのがおすすめ。

MAP 付録P.21 A-1　ソーホー

所 26-27 Dean St., W1D 3LL
交 ⊖Tottenam Court Rd.駅から徒歩5分
営 12:00〜15:00、17:00〜23:00(月・日曜〜22:00)
休 無休
料 前菜£4.20〜、メイン£12.30〜

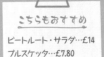

こちらもおすすめ
ビートルート・サラダ…£14
ブルスケッタ…£7.80

1 店構えの赤が目印
2 シェフが腕をふるう姿を前に、料理がさらに待ち遠しくなる
3 タパスの定番、スパニッシュ・オムレツ£12.30

シックな内装で特別な日にも使えそうな雰囲気

焼きスズキのソテー、ヴェルナッチャワインと黒オリーブ添え£31.00

こちらもおすすめ
キノコのリゾット…£24
魚介のリングイネ…£18

サルディニアの海の幸を存分に味わう

オリーヴォ Olivo

シーフードに口の肥えた日本人も満足必至の、本格サルディニア料理のレストラン。日本では高級食材のウニやカラスミを使ったパスタなど、楽しみなメニューがずらりと並ぶ

タコ、ボルロッティ豆、パンチェッタのシチュー 小£17.50/大£25.50

MAP 付録P.15 C-3　ウェストミンスター

所 21 Eccleston St., SW1W 9LX
交 ⊖Victoria駅から徒歩5分
☎ (020) 7730-2505 営 12:00〜14:30、18:00〜22:30 休 土曜のランチ、日曜
料 前菜£12.50〜

食後のデザートとコーヒーは、店によっては同時に来ないことがあります。一緒に持ってきてほしいときには、あらかじめ頼んでおきましょう。

10ポンド前後で満足できます お手軽庶民派グルメ

外食が高いことで知られるロンドンでも、賢く選べば、
10ポンド前後でお腹いっぱい食事をすることができます。
おいしくてリーズナブル、そしてバリエーション豊かな4店をピックアップしました。

1さまざまな魚介のフライとチップスのセット 2シンプルな建物 31階席はこぢんまりとしている 4地下はまるで海の底のようなインテリア

お値段チェック

イカリング&チップス…£8(6個)
チーズ、オニオン&ポテト・パイ…£13
カレイ&チップス…£22～
タラ&チップス…£21～

お値段チェック

ビーフパイ1個とリカー…£4.15
ビーフパイ1個とマッシュポテト…£5.50
うなぎのシチュー…£6.05

1味付けをせず茹でたうなぎは、初めての味わいかも £7.40 2ビーフパイにも緑色のリカーソースがたっぷり

創業から変わらない歴史を感じさせる店構え

こだわりの味を堪能

ロック&ソール・プレイス
Rock & Sole Plaice

いつも混み合っている人気のフィッシュ&チップス店。創業140余年という老舗で、新鮮な素材と揚げ方にこだわっている。さっくりふわりとしたフィッシュは絶品。

MAP 付録P.20 D-1　コヴェント・ガーデン

所 47 Endell St., WC2H 9AJ
交 ⊖Covent Garden駅から徒歩4分 ☎(020) 7836-3785
営 12:00～22:00 (日曜12:00～21:00)
休 無休
料 フィッシュ&チップス£20～

ローカルで愛され続ける庶民的な味わい

エム・マンゼー
M.MANZE

ミートパイに、パセリや小麦粉を使った緑色のリカーソースをたっぷりとかけたビーフパイが定番料理。茹でたうなぎのシチューもある。

MAP 付録P.4 F-3　バーモンジー

所 87 Tower Bridge Rd., SE1 4TW
交 ⊖Borough駅から徒歩9分 ☎(020) 7407-2985 営 10:30～18:00 (金曜～19:00、土曜～20:00、日曜11:00～15:00) 休 無休
料 パイ1個とリカー£4.15、持ち帰りのパイ£2.60

プレシアター・メニュー

シアター街の多くのレストランでは、「プレシアター・メニュー」という開演時間前の早めのディナーセットがあります。割安なので、シアターに行かない時でも利用価値大です。

1フレンドリーなスタッフ　2人気No.1のエビ生春巻き£7　3鯛のクリスピー・フライ£18

お値段チェック

スライスビーフ・フォー…£13

土鍋入りベトナムエビカレー…£11.50

4落ち着いて食事のできる2人席　5緑の看板が目印。ベトナム料理店が並ぶキングズランド・ロードにある　6白い壁の明るい店内

本格ベトナム料理をお腹いっぱい食べるならココ

ミェン・タイ
Mien Tay

ベトナム料理店が集まるキングズランド・ロードのなかでもイチオシなのがミェン・タイ。バラエティに富んだベトナム料理を低予算で楽しめる。

MAP 付録P.6 E-2　ショーディッチ

所 120-122 Kingsland Rd., E2 8DP
交 ≷Hoxton駅から徒歩6分
☎ (020) 7729-3074
営 12:00～22:30（金・土曜～23:00） 休 無休
料 スターター£2.80～、メイン£10.50～

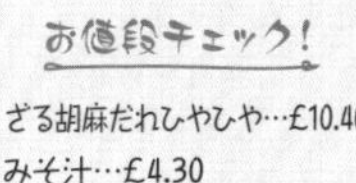

お値段チェック！

ざる胡麻だれひやひや…£10.40

みそ汁…£4.30

1カフェのようなたたずまいの内装　2シードルを使って柔らかく調整された豚の角煮£10.40　3午前中からオープンしており使い勝手がいい

朝ご飯メニューのいちおしはイングリッシュブレックファストうどん£14.80

ロンドンっ子にも大人気。日本の味が恋しくなったら

こや・ソーホー
Koya Soho

ロンドナーにも人気の行列ができるうどん屋。朝食からディナーまで、いつでもうどんが楽しめる。ランチ、ディナーは創作小皿料理もメニューに登場し、大人気。

MAP 付録P.21 B-2　ソーホー

所 50 Frith St., W1D 4SQ
交 ⊖Leicester Square駅から徒歩5分
営 10:00～22:00
休 無休
料 ドリンク£2.90～、かけうどん（ハーフ） £5.40

チャイナタウンでの飲茶の時間は、通常17:00くらいまで。それ以降は飲茶メニューは頼めない店が多いです。

好きなものを好きなだけ いまフードホールが人気です

ひとりでも大勢でも、いろいろな屋台から好きなものをチョイスして、テーブルに持ち寄って食べられるフードホールが人気急上昇中。気分やお腹の空き具合に合わせて、お好みで召し上がれ。

イチオシ フードホール

ギリシャ復興様式の荘厳な店構えが特徴です

地下にもテーブル席あり。混み合う時間も狙い目

©Tom Atkins

＼ ほかにこちらも人気です ／

テーブルからオーダーできるフードホール

アーケード・バタシー・パワー・ステーション

Arcade Battersea Power Station

テーブルにあるQRコードをスマホで読み取り、13の店のなかからオーダー、オンラインで決済すると、テーブルに料理が運ばれてくる仕組み。トッテナム・コート・ロードにも店舗がある。

MAP 本誌P.72 バタシー

所 1st Floor, Boiler House, Battersea Power Station, 330 The Power Station, Circus Rd. S, SW11 8DD
交 ⊖Bettersea Power Station駅から徒歩7分
営 12:00～22:00（木・金曜～23:00、土曜11:00～23:00、日曜11:00～20:30）休 無休

おいしい料理を食べにきて！

バタシー・パワー・ステーションでの買い物ついでに立ち寄りたい

©Tim Atkins Photography

チーズのかかった鶏の餃子£6.50ほか、東西の食が勢揃い

©Edmund Dabney

フードホールは、持ち込み厳禁です

いろいろ食べられて便利なフードコート。食べ物の持ち込みが禁止なのは、当然のことながら、水すらも持ち込み厳禁な場合が多いので注意。そのかわり無料のウォーターサーバーがあったり、頼めば水道水がもらえます。手持ちの水はバッグから出さないで。

元教会の内装が美しい

メルカート・メイフェア

Mercato Mayfair

メイフェアの教会がフードホールに大変身。ステンドグラスや祭壇のタイルなど、美しい内観はそのままに、ステーキから寿司やカクテルバーまで16の店の味が楽しめる。

MAP 付録P.13 B-4 メイフェア

所 St Mark's, North Audley St., W1K 6ZA
交 ⊖Bond Street駅から徒歩6分 営 12:00〜23:00（金・土曜〜24:00、日曜〜22:30、10:00〜12:00はコーヒー類と朝食のみ）休 無休

ラベンダーレモネード£6

鶏とエビのパッタイ£14

抹茶ラテ£3.80

地下の醸造機が、地上階のビールサーバーにつながっているので、いつも新鮮

おいしいものがいろいろ揃っています

ハラミ・ステーキ£15
チップス£4.50

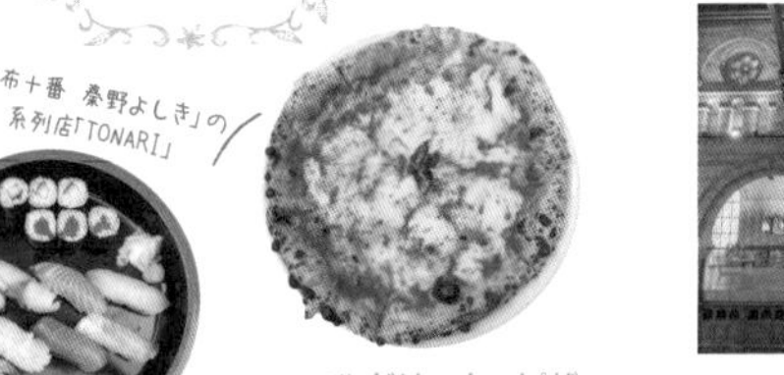

「麻布十番 秦野よしき」の系列店「TONARI」

握りセット£35

マルゲリータ・ピザ£9.90

教会の雰囲気がそのまま残る内装にうっとり

スイーツやチーズも楽しめる

セブン・ダイヤルズ・マーケット

Seven Dials Market

メインからスナック、スイーツやバーまで、20以上の店の食が楽しめるコヴェント・ガーデンのフードホール。世界初の回転寿司ならぬ回転チーズの店や、今川焼きの店もある。

MAP 付録P.21 C-2 コヴェント・ガーデン

所 Earlham St., WC2H 9LX
交 ⊖Covent Garden駅から徒歩3分
営 12:00〜23:00（月・火曜〜22:00、土曜11:00〜、日曜11:00〜21:00）
休 無休

ハッシュブラウンに好みの具材をトッピングできる店「Hash Hat」

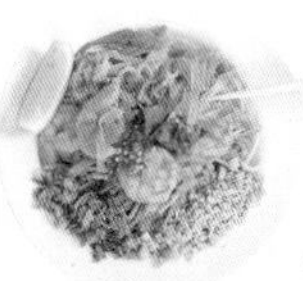

パッタイや定食風ワンプレートも

吹き抜けで明るい店内。ディナーのあとに一杯飲むのにも便利

フードホールでバッグをテーブルに置いて全員で買いに行くのは厳禁！ 必ず誰かが残って荷物番しましょう。

たまにはホテルの部屋でのんびりごはん お持ち帰りグルメを楽しみましょう

食料品売り場のあるデパートが少しずつ増えてきたロンドン。伝統的なハロッズから、各国料理が楽しめるセルフリッジズ、サラダに定評のあるヘルシー志向のデリもロンドンっ子に人気です。

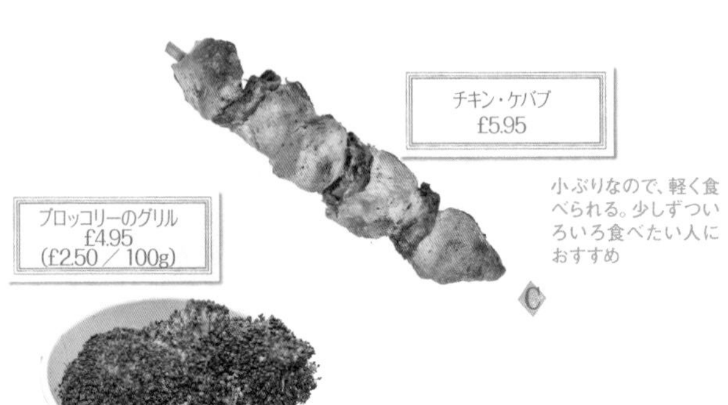

チキン・ケバブ
£5.95

小ぶりなので、軽く食べられる。少しずついろいろ食べたい人におすすめ

C

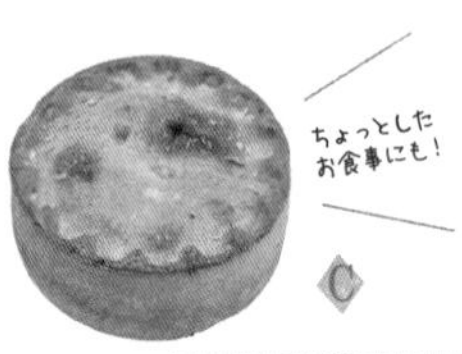

ちょっとしたお食事にも!

C

ランカシャーチーズ&オニオンパイ
£5.99

チーズの味がしっかり濃厚。ひとつ食べたらお腹いっぱいに

ブロッコリーのグリル
£4.95
(£2.50／100g)

香ばしいブロッコリーは柔らかすぎず固すぎず、絶妙な調理加減

C

なすとひよこ豆、トマトのパプリカソース焼き
£11

大きめのなすとひよこ豆に、ピリッと辛いトマトソース。ボリューミーでお腹も満足

B

アジア風エビのヌードルサラダ
£8

春雨風ヌードルの下には、アボカドペーストが。爽やかなドレッシングを全体にからめて、バランスもばっちり

A

レモンポレンタとピスタチオのケーキ
£6.20

とうもろこしの粉ポレンタ粉を使ったイタリア発祥の小麦粉不使用のケーキ

B

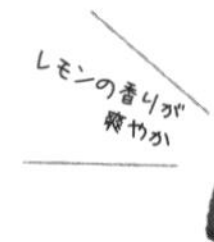

レモンの香りが爽やか

B

ローストポテトと焦がしネギのホワイト・ドレッシング添え
£3.30／100g

酸味とハーブが効いたドレッシングとネギの相性が抜群。ローストポテトは甘くて、ほくほく

お持ち帰りグルメをホテルの部屋で

ホテルの部屋で食事をするときに、欲しくなるのが温かい飲み物。イギリスでは通常、ホテルの部屋にお湯を沸かす電気ポットと紅茶のセットが用意されています。もしも部屋にない場合は、レセプションに頼めば貸してくれることもあります。

チキンキーマ・サモサ
£6

味わい深いキーマカレーがたっぷり入ったサモサ。ひとつでお腹いっぱいに

ベジタリアン・スコッチエッグ
£4

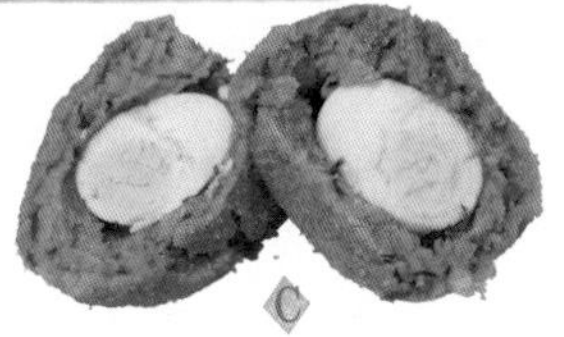

挽肉の代わりに、スパイスのきいたマッシュポテトでゆで卵を包み揚げたもの。ピリリと辛めでスパイシー

ふたりでシェアしてもいいかも！

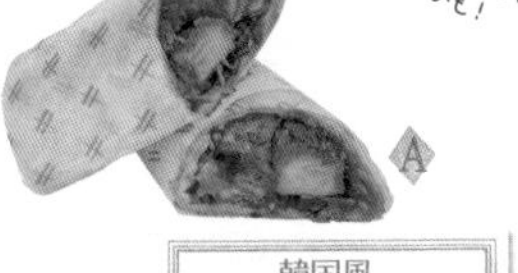

韓国風フライドチキンラップ
£6

コチュジャンのきいたフライドチキンがぎゅっと詰まったラップサンド

サクサクの生地にリコッタチーズとほうれん草が詰まったペストリー。クルミの食感もしっかり

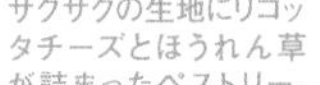

リコッタチーズとほうれん草、クルミ入りペストリー
£4.50

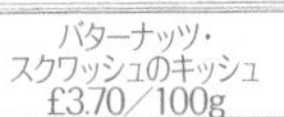

バターナッツ・スクワッシュのキッシュ
£3.70／100g

ブルーチーズの塩味とカリンの甘みが絶妙なキッシュ

A 目移りしてしまいそうな世界の料理

ハロッズ Harrods

ハロッズの名に見合う世界各国から集まった高品質の料理はぜひとも試してみたいもの。美しいディスプレーに思わずため息が出そう。

MAP 付録P.15 A-2　ナイツブリッジ

➡P.18

B クオリティ重視のデリカフェ

オットレンギ Ottolenghi

ひっきりなしにお客が訪れる人気のデリカフェ。人工着色料不使用で、オーガニック素材を多く取り入れるなど、こだわりを感じさせるヘルシー・フードは、どれもライトなお味。

MAP 付録P.24 B-2　ノッティング・ヒル

所 63 Ledbury Rd., W11 2AD 交 ⊖Notting Hill Gate駅から徒歩10分 ☎ (020) 7727-1121
営 8:00〜19:00 (日曜〜18:00)
休 無休

C 前菜もデザートも！お部屋でコース料理を

セルフリッジズ Selfridges

さまざまな国の食材が手に入るフード・ホールはおみやげショッピングにもいい。「ベイカー&スパイス」や「デイルズフォード」など、人気のデリもあり。

MAP 付録P.23 A-1　マリルボーン

➡P.18

セルフリッジズやハロッズのフード・ホールには、お寿司や中華のデリもあります。和食が恋しくなったら立ち寄ってみて。

ロンドンのすてきなホテルとB&Bを紹介します

格調高いイギリス式ホテルから、デザインホテル、B&B（ベッド＆ブレックファースト）まで
たくさんあって迷ってしまうホテル選びですが、
滞在中にやりたいこと、行きたい場所に合わせてセレクトするのがコツです。

コヴェント・ガーデン Covent Garden Hotel
デザインホテル　MAP 付録P.21 C-1

客室ごとに異なるクラシカルなインテリア

所 10 Monmouth St., WC2H 9HB
交 ⊖Covent Garden駅から徒歩5分
☎ (020)7806-1011
Wi-Fi 無料
料 Ⓣ Ⓓ £522～

コヴェント・ガーデン

No.11 カドガン・ガーデンズ No.11 London Cadogan Gardens
イギリス式ホテル　MAP 付録P.15 B-4

伝統的な家具で揃えられた空間に注目

所 11 Cadogan Gardens SW3 2RJ
交 ⊖Sloane Square駅から徒歩5分
☎ (020)7730-7000
Wi-Fi 無料
料 Ⓢ£305～、Ⓓ£340～

ナイツブリッジ

シティズンエム・ロンドン・バンクサイド citizenM London Bankside
デザインホテル　MAP 付録P.9 C-3

テート・モダンからすぐのスタイリッシュなホテル

所 20 Lavington St, SE1 0NZ
交 ⊖Southwark駅から徒歩7分
☎ (020) 3519-1680
Wi-Fi 無料
室 195室
料 Ⓢ Ⓣ £120.32～

サザーク

ナンバー・シックスティーン Number Sixteen
イギリス式ホテル　MAP 付録P.18 E-4

美術館の多いエリアにあるおしゃれなホテル

所 16 Sumner Place, SW7 3EG
交 ⊖South Kensington駅から徒歩4分
☎ (020)7589-5232
Wi-Fi 無料
料 Ⓢ £264～、Ⓣ £402～

ナイツブリッジ

ザ・ナドラー・ケンジントン The Nadler Kensington
イギリス式ホテル　MAP 付録P.18 D-4

ケンジントンにあるモダンなアパートメントホテル

所 25 Courtfield Gardens, SW5 0PG
交 ⊖Earls Court駅から徒歩5分
☎ (020) 7244-2255
Wi-Fi 無料
料 Ⓢ£171.75～、Ⓣ£179.25～

ケンジントン

デルメア The Delmere Hotel
B&B　MAP 付録P.16 F-3

トラディショナルなヴィクトリア様式が目を引くB&B

所 128/130 Sussex Gardens, W2 1UB
交 ⊖Paddington駅から徒歩5分
☎ (020)7706-3344
Wi-Fi 無料
料 Ⓢ £228.60～、Ⓓ £269.10

ノッティング・ヒル

サムナー The Sumner
B&B　MAP 付録P.13 A-3

センスのいいインテリアやモダンな空間が人気のB&B

所 54 Upper Berkeley St., W1H 7QR
交 ⊖Marble Arch駅から徒歩5分
☎ (020)7723-2244
Wi-Fi 無料
料 Ⓢ Ⓣ £142（朝食付き）～

マリルボーン

ジェネレーター・ロンドン Generator London
B&B　MAP 付録P.12 E-1

ポップな内装が楽しいホステル

所 37 Tavistock Place, Russel Square, WC1H 9SE 交 ⊖Russell Square駅から徒歩5分 ☎ (020) 7388-7666 Wi-Fi 無料 料 Ⓢ、Ⓣ£182.70 ～、ドミトリー£27.90 ～（時期により最低宿泊数の設定あり）

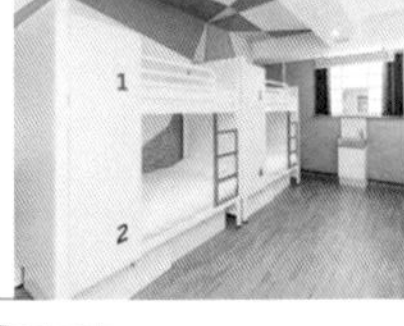

ブルームズベリ

ロンドンのトイレ事情

**ロンドンの地下鉄駅には、一部を除いてトイレがないのが基本。
ホテルも「トイレだけの利用お断り」のところが多数なんです。
では、急に行きたくなったらどうすれば？　お助け5スポットを紹介します。**

あって
よかった♡

公衆トイレ

鉄道駅や人が集まる広場の地下にあることが多い。ボックス型公衆トイレもある。ペーパーはたいていある。

利便性　★★★
使うお金　無料または20～50p

パブ

ロンドンっ子にとっては「トイレはパブで」が王道。ただし、利用者以外お断りのサインがある場合も。

利便性　★★★
使うお金　ビール£6.50程度または無料借用

デパート

たいてい1階にはないので、フロアマップなどで場所を確認して。

利便性　★★
使うお金　無料

カフェ

カフェ・チェーンではトイレがないことも。利用者に限ってドアロックの暗証番号を教えてくれる場合もある。

利便性　★
使うお金　コーヒー£4程度

博物館

ロンドンの広い博物館の館内では、トイレまでの道のりは長いことを覚悟。見取り図は必須。

利便性　★
使うお金　主要博物館は入場無料

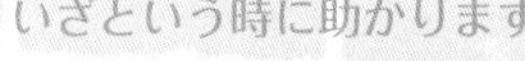

いざという時に助かります

ロンドンの公衆トイレには、自動販売機が設置されているところもあります。自販機では通常生理用品の小さなパックなどを販売しているので、いざというときに便利です。お釣りが出ないこともあるので小銭の用意を

トイレの場所をチェックしたい場合は、インターネットで URL www.toiletmap.org.ukと検索してみましょう。

ロンドンから30分で行ける おすすめ3スポットをご紹介します

ロンドン近郊には中心部から気軽に行くことのできる
美しい庭園や世界遺産の植物園、河港都市があります。
イギリスらしい風景が広がるエリアをさくっと訪ねてみましょう。

キュー・ガーデン

世界遺産

1キュー・ガーデンを象徴する「パームハウス」 2温室内にある世界最大のオオオニバス 35～6月にはバラが満開に

世界遺産にも登録された植物園

キュー・ガーデン

Royal Botanic Gardens, Kew

250年以上の歴史を持つ王立植物園。広大な敷地内には世界中から集められた約5万種の保護植物が栽培されている。「パームハウス」はヴィクトリア時代の巨大温室で、近代温室の先駆けとなった。

MAP 付録P.3 B-3 ロンドン南西部

所 Kew,Richmond,Surrey,TW9 3AB 交 Kew Gardens駅から徒歩5分 ☎ (020) 8332-5655 開 10:00～17:00、土・日曜、祝日～18:00(時期により異なる。最終入園1時間前) 料 11～1月£14（土・日曜£16)、ネット予約£12（土・日曜£14)、2～10月£22（土・日曜£24)、ネット予約£20 (土・日曜£22)、5～9月の16:00以降£10 ※その他、年齢・団体などにより割引あり 休 無休

キュー・ガーデンへの行き方

London Victoria駅からDistrict線Richmond行き(多方面行きがあるので要注意)で25分。Kew Gardens駅下車徒歩5分。ロンドン中心部から地下鉄1本で行くことができる。

日本がテーマのエリアもある

キューガーデン近くの人気カフェ

キューガーデンを訪ねたらカフェ「ザ・オリジナル・メイズ・オブ・オーナー」にも立ち寄りましょう。イギリスの伝統菓子「メイズ・オブ・オーナー・タルト」がおいしいと評判です。URL theoriginalmaidsofhonour.co.uk

グリニッジ

天文台へ行ったら子午線をまたいでみよう

世界の「時」の中心地はここ

グリニッジ天文台（旧王立天文台）

Royal Observatory, Greenwich (The Royal Observatory)

正式名称は旧王立天文台。敷地内で子午線0地点をまたげる天文台で、1884年に採用されたグリニッジ標準時の基点となった。もとは大航海時代に航海の指針のために建設されたのが始まり。町は歴史的な建造物が並び、河港都市として世界遺産にも登録されている。

MAP 付録P.2 F-3　グリニッジ

所Greenwich,SE10 8XJ 交≷Cutty Sark for Maritime Greenwich駅から徒歩17分 ☎(020) 8312-6608 開10:00～17:00(最終入場16:15) 料£18 休無休

午後1時にてっぺんから落下して時刻を知らせる真っ赤なタイムボール

グリニッジへの行き方

電車で

≷London Bridge駅からドッグランズ・ライト鉄道(DLR)でCutty Sark for Maritime Greenwich駅まで20分。

バスで

ラッセル・スクエアから188番バスで約40分。

船で

ウエストミンスターふ頭など中心部の複数の乗り場から観光船が運行。グリニッジ(フェリーターミナル)まで所要時間1時間20分。

ここにも立ち寄りましょう

世界遺産

公園から見る旧王立海軍大学とロンドンの中心部

バロック様式のシンメトリーな海軍大学

旧王立海軍大学 The Old Royal Naval College

建物は建築家クリストファー・レンの代表作。元は海軍病院だった。現在、グリニッジ大学の施設などに使われている。

MAP 付録P.2 F-3　グリニッジ

所The Old Royal Naval College, Greenwich, SE 10 9NN 交≷Cutty Sark for Maritime Greenwich駅から徒歩3分 ☎(020)8269-4799 開ペインテッド・ホール＆礼拝堂10:00～17:00、敷地内8:00～23:00 料£15～16.50 休無休

イギリス海軍の歴史がわかる

国立海事博物館 National Maritime Museum

船のモデルの展示や操縦体験のシミュレーションなどを通してイギリスの海の歴史がわかる。

MAP 付録P.2 F-3　グリニッジ

所Park Row, Greenwich, SE10 9NF 交≷Cutty Sark for Maritime Greenwich駅から徒歩5分 ☎(020)8858-4422 開10:00～17:00 料無料 休無休

※2025年夏まで工事中。一部展示は閲覧可能

ハンプトン・コート

ロンドンからすぐの美しい庭園

ハンプトン・コート宮殿

Hampton Court Palace

さまざまな時代の様式を取り入れたテムズ河湖畔にあるヘンリー8世の宮殿。敷地内のバラ園や世界最古の生垣のメイズ(迷路)も見どころ。

MAP 付録P.3 B-4　ロンドン南西部

所East Molesey, Surrey, KT8 9AU 交≷Hampton Court駅から徒歩5分 ☎(020)3166-6000 開10:00～17:00(冬季は～15:30) 料£27.20(土・日曜、祝日£30) 休無休

中庭はシンメトリーのレイアウト

ハンプトン・コート宮殿への行き方

≷London Waterloo駅からサウス・ウェスタン鉄道(SWR)で35分、Hampton Court駅 下車徒歩13分。

Watetloo駅は線路とホームが多く、出発直前まで乗り場がわからないので、発車予定の掲示板は忘れずにチェックしておきたい。

グリニッジの旧王立海軍大学のすぐそばにあるビジターセンター「ディスカバーグリニッジ」では地図や周辺の最新情報が得られて便利。

日帰りで、王室とのつながりも深い ウィンザーとイートンを訪ねましょう

迎賓館として使われるウィンザー城はかつて歴代国王の居城でした。
イギリスを代表する名門イートン校も見どころのひとつ。
ロイヤルタウンを訪ねてゆっくり散策してみましょう。

ウィンザー

「ロングウォーク」はウィンザー城まで延びる4km以上の一本道。丘の上からはウィンザー城とロンドン市街を見渡せる

ウィンザーの町には、城の向いにある駅なかのショッピングセンターやレストラン、バーもある

ウィンザーには王室の宮殿、ウィンザー城があり、内部は見学可能で庭園やドールハウスなど見どころも多い。城からウィンザー橋を渡ったテムズ川の向こうにはロイヤルファミリーも通ったイートン校がある。テムズ川沿いのふたつの町にあるウィンザー城とイートン校は徒歩でも20分で往来できるのでぜひ合わせて訪ねてみたい。

エリザベス2世が最も愛した住まい

ウィンザー城
Windser Castle

英国王室の長い歴史が刻まれた豪華で気品のあるしつらえの居城で、これまでも賓客のもてなしやさまざまな公務が行われてきた。荘厳なセント・ジョージ・チャペルで行われたヘンリー王子の結婚式は話題に。バッキンガム宮殿と違って衛兵交代式を間近で見ることができるのも魅力。

MAP 本誌P.128 ウィンザー

所 Windser Castle, SL4 1NJ
交 ≷Windsor & Eton Central駅から徒歩3分
☎ (030)3123-7324 開 10:00～17:15、(11月～2月～17:15)、最終入場75分前 料 予約￡30(18～24歳￡19.50)、当日￡33(18～24歳￡21.50) 休 火・水曜

まるでおもちゃの兵隊さんみたい

衛兵は英国陸軍の近衛兵

ウィンザー /イートンへの行き方

電車で

⊖ London Waterloo駅からサウス・ウェスタン鉄道(SWR)でWindsor & Eton Riverside駅まで約1時間。
⊖ Paddington駅からはSlough駅でGWRに乗り換え≷Windsor & Eton Central駅まで50分。

バスで

London Victoria駅のコーチ・ステーションから1日5本程度のバスの運行があり所要約1時間30分。

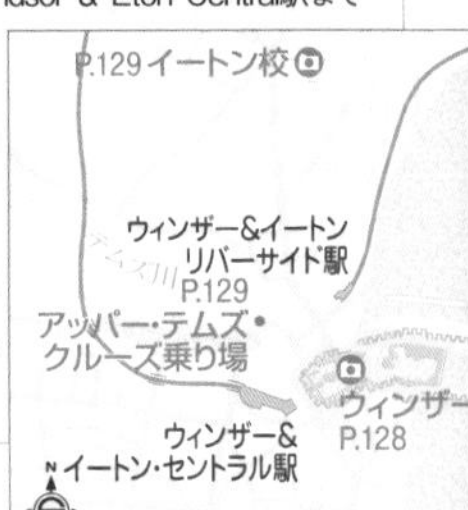

国王の滞在中は王室旗、不在時はイギリス国旗が掲げられるよ

城内部の見学は可能。ただし撮影は禁止

城の中心にそびえるラウンドタワー

ゴシック建築の傑作、セント・ジョージ・チャペル

ツアークルーズもおすすめです

アッパー・テムズ・クルーズ
Upper Thames Cruise

船に乗ってテムズ川から眺めるウィンザー城も素敵です。40分程度のコースもありますが、2時間のロング・クルーズならアフタヌーンティー（£34.20～）も楽しめます。

MAP 本誌P.128　ウィンザー

所 The Clewer Boathous, Clewer Clewer Court Rd., SL4 5JH（French Brothers社）
交 Windsor & Eton Central駅から徒歩5分
☎ 01753-851-900 営 10:00～17:00、時期により異なる
料 £12～、ネット予約£10.60～
休 不定休

格式高い名門「ザ・ナイン」

パブリックスクールは映画「ハリーポッター」でも有名な英国の私立中等学校。その中でも特に有名な9校は「ザ・ナイン」と呼ばれ、イートン校はそのうちのひとつです。

イギリス屈指のパブリックスクール

イートン校
Eton College

イートン

13～18歳の男子生徒が集うイートン校は、イギリスを代表する学び舎。歴代首相ほか多くの名士を輩出し、ウイリアム皇太子が通ったことでも知られる。全寮制の男子校で、学生の制服は品格のある黒の燕尾服。荘厳なチャペルや博物館も見どころで、5～8月の毎週金曜日午後、ガイド付きの見学ツアーが開催される（要予約）。

MAP 本誌P.128　ウィンザー

所 Eton College, SL4 6DW
交 Windsor & Eton Central駅から徒歩15分／Windsor & Eton Riverside駅から徒歩10分 ☎ 01753-370-100

15世紀に建てられた歴史と伝統が感じられる礼拝堂

王室御用達の城下町

イートン校で使われていた教科書もあるよ

かつてイートン校の図書館に所蔵されていた本など、レアなアンティーク書籍が揃う本屋さんもある

イートン校は20人の歴代首相を輩出。また、出身者にウイリアム皇太子のほか俳優のエディ・レッドメインもいます。

『ハリポタ』の聖地、オックスフォードへもロンドンから日帰りできます

**イギリス最古の大学都市・オックスフォードを訪ねましょう。
オックスフォード大学は町の中心的存在。
『ハリー・ポッター』のロケ地としても知られています。**

オックスフォード
ウィンザー
ロンドン

オックスフォード

町の人口の約5分の1を学生が占め、かつて日本の天皇陛下も留学していた大学都市。名門学府・オックスフォード大学には約40校のカレッジが点在、多くの歴史的建造物が立ち並ぶ。膨大な数の書物を所蔵するボドリアン図書館など見どころも多く、『不思議の国のアリス』の故郷でもある。

オックスフォードを象徴する建物、ボドリアン図書館

オックスフォードへの行き方

電車で

≷London Paddington駅からグレート・ウェスタン鉄道(GWR)でOxford駅まで約50分。

バスで

Victoria駅のコーチ・ステーションからはX90番で約2時間。

世界最高峰の名門大学

オックスフォード大学
Oxford University

町の中枢を担うイギリス最古の総合大学で、多くの著名人を輩出。大規模のカレッジ、クライスト・チャーチやボドリアン図書館は映画『ハリー・ポッター』のロケ地に使われ、連日世界中からファンが訪れる。

カレッジ内の大聖堂

『ハリポタ』魔法学校の食堂になったクライスト・チャーチの「ザ・グレート・ホール」

クライスト・チャーチ Christ Church

所 Christ Church, St. Aldates OX1 1DP
交 ≷Oxforf駅から徒歩20分 ☎01865-276-150 営 ツアー時間による(訪問はツアーのみ) 料 セルフガイドツアー£17～(日本語のマルチガイド付き)、要予約 休 日曜の午前中

ボドリアン図書館 Bodleian Librarych

所 Broad St., OX1 3BG 交 ≷Oxford駅から徒歩3分
☎01865-277-094 開 施設により異なる 料 無料、ガイドツアー£26～
休 不定休

オックスフォードのシンボルタワー

カーファックス塔
Carfax Tower

旧市街の中心にある塔。23m高さの頂上からオックスフォードの街並みを一望できる。15分置きに鳴るからくり時計も人気。

時計の愛称は「ウォーターボーイ」

所 Queen St., OX1 1ET
交 ≷Oxford駅から徒歩15分 ☎01865-792-653
開 4～9月10:00～17:00、11～2月～15:00、10・3月～16:00、最終入場15分前まで 料 £2.50～ 休 無休

ルイス・キャロルがオックスフォード大学の数学教師だったころに学寮長の娘、アリス・リデルのために書いたのが『不思議の国のアリス』です。町では童話にちなんだショップやアリスの世界を巡るツアーも楽しめます。

「アリスショップ」の指人形。各£4

ロンドンから日帰りで温泉保養地や巨大遺跡へのトリップはいかが？

ロンドンから少し離れてイギリス唯一の温泉保養地、バースや謎に包まれた巨石群のストーンヘンジへ。気軽に行けるおすすめ1DAYトリップです。

18世紀には保養地として栄えた

当時のジョージ王朝様式の建物が多く残るバースは約2000年前にローマ人が見つけた温泉地。浴場跡、ローマン・バスが観光の目玉で、2006年には天然温泉を利用した総合スパ施設サーメ・バース・スパがオープン。街が一望できるスパやスチームバスで極上のひとときを過ごしては。

ローマン・バス The Roman Baths

所 Abbey Church Yard Bath BA1 1LZ
交 ≷Bath Spa railway駅から徒歩5分
☎ 011225-477-785 開 9:00〜18:00※時期により異なる 料 £19〜21.50、土・日曜、祝日£21.50〜29※時期により異なる 休 無休

サーメ・バース・スパ Thermae Bath SpaLibrarych

所 Hot Bath St., BA1 1SJ 交 ≷Bath Spa railway駅から徒歩5分 ☎ 01225-33-1234 営 9:00〜21:30、施設により異なる 料 £41(土・日曜£46) 休 不定休

サーメ・バース・スパからの町の眺め

ここにも立ち寄りましょう

オックスフォード
ロンドン
バース
ストーンヘンジ

ビジターセンターでオーディオガイドを借りよう

古代人の叡智を感じるモニュメント

ストーンヘンジ
Stonehenge

美しい大聖堂があるソールズベリ近郊にある先史時代の遺跡、ストーンヘンジ。現在見られるのは太陽と月の動きをたどるために作られた3500年前のものといわれる。周りに何もない広大な敷地になぜ、また、どのようにして作られたかは謎のまま。一度は訪ねてみたい神秘のスポット。

所 A344 Rd., Wiltshire, SP4 7DE
交 ≷Bath Spa railway駅から徒歩5分
☎ 01865-792-653 開 9:30〜19:00、冬季〜17:00(最終入場2時間前) 料 日によって異なる、£30〜(ウェブ予約£25〜) 休 無休

バースへの行き方

電車で

≷Paddington駅からグレート・ウェスタン鉄道(GWR)でBath Spa Railway駅まで約1時間30分。

バスで

≷Victoria駅のコーチ・ステーションから403番で約3時間。

ストーンヘンジへの行き方

電車で

バースからは Bath Spa railway駅からグレート・ウェスタン鉄道(GWR)でSalisbury駅まで1時間弱、Stonehenge Tourのバスに乗り換えて(要予約)30分でストーンヘンジのビジターセンターに。

ツアーで

ロンドン中心部からはバースやオックスフォードなどとセットになった半日ツアーがおすすめ。

キャメロン、ブレア、サッチャーなど、英国の歴代首相の多くがオックスフォード大学出身なんですよ。

1泊2日で巡るコッツウォルズ 400年前に時を止めたはちみつ色の村

古きよき中世の面影をそのまま残すコッツウォルズ地方。
ゆるやかにときが流れる中、点在する絵のような村々を訪ねて
心なごむひとときを過ごしてみませんか？

コッツウォルズの語源は「羊の丘」という説があるほど。丘には羊がのんびりと草を食み、のどかな風景が広がる

ロンドンからの小旅行でおすすめなのがコッツウォルズ。丘陵地帯に広がるエリアには清涼な川が流れ、その川に寄り添うようにこの地で切り出されたはちみつ色の石で造られた家々が並ぶ。田舎ながらおしゃれなショップやレベルの高いレストランが揃っているのも魅力。

コッツウォルズへの行き方

ツアーバス

コッツウォルズ地方は、鉄道が発達しておらずエリアも広いため、ロンドンからの日帰りバスツアーも多く用意されているが、食事のおいしい宿もあり、1泊すればタイムスリップしたような田舎町で極上の癒し時間を過ごすことができる。ゆっくりステイして豊かな自然を満喫しよう。

ツアーバス以外で行く場合

電車で

≉London Paddington駅からMorton in Marsh駅まで約1時間35分。コッツウォルズエリア内はバスで移動することになる。バスルートや時刻は以下を参照。
URL www.cotswoldsaonb.org.uk

レンタカーで

ロンドンからチッピングカムデンへは、M40でオックスフォードまで約1時間20分、A40 ／ A44経由B4081で約25分。コッツウォルズまでは田舎道なので走りやすく、渋滞もないので時間通りに行動できる。

田舎だからって侮れません

丘陵地帯から生まれる豊かな食材と近隣の港から届く新鮮な魚介にシェフたちが注目。そのため、田舎町とは思えないほどの上質のレストランが続々とオープン。ここ15年ほどで食レベルは大幅にアップしました。

レンタカーでコッツウォルズまで行ってみましょう

コッツウォルズまではバスツアーが多数ありますが、ヒースロー空港からなら激込みのロンドン市内を通ることもないので入国してすぐレンタカーでコッツウォルズに向かうのもおすすめです。点在する小さな村々も自由に行き来ができて大変便利。レンタカーは日本からの予約が簡単な上、イギリスは日本と同様右ハンドル。近ごろ日本でも見かけるラウンドアバウトだけ覚えておけば、運転も日本にいるのと同じです。国際免許証とオートマチック車を予約することを忘れずに。

歴史深いコッツウォルズですが、人気デザイナーがリノベを手掛けたホテル「ダイヤル・ハウス The Dial House」などニュースポットも見逃せません。

1泊2日で巡るコッツウォルズ
400年前に時を止めたはちみつ色の村

コッツウォルズで訪ねてみたい町と村

街歩きが楽しい人気の町

ブロードウェイ Broadway

郊外にあるブロードウェイ・タワー（左）と、町のおしゃれなショップ（上）

17世紀に羊毛産業で栄えたコッツウォルズの中心地。現在はおしゃれなセレクト・ショップやアンティーク・ショップが並び観光客に人気。古い館を改装した上質なレストランもある。

コッツウォルズは、はちみつ色の家並みで有名。この地方でしか採れない石を使っているんです

河畔でのんびりするのもいい

ボートン・オン・ザ・ウォーター Bourton-on-the-Water

中心をウィンドラッシュ川が流れ「コッツウォルズのヴェニス」と呼ばれる印象的な町。町全体を9分の1サイズで正確に再現した「モデル・ヴィレッジ」など、個性的なミュージアムがある。

コッツウォルズでもっとも人気の町とも言われ、観光バスも訪れる

鉄道

Bath

バース

昔の面影を残す静かな村

カッスル・クーム Castle Combe

コッツウォルズ地方の最南端にある村で、バースから車で20分ほどで訪れることができる。14世紀の面影を残し、「イギリスでもっとも古い家並みを残す集落」に選ばれている。周辺には魅力的な散歩道が数多くある。

村は徒歩で十分歩ける大きさ。古い家々も管理状態がよく、歩いているだけで楽しい

THE COTSWOLDS

Stratford-upon-Avon
ストラトフォード・アポン・エイボン
Evesham
Chipping Campden
チッピング・カムデン
Broadway
ブロードウェイ
Moreton-in-Marsh
モートン・イン・マーシュ
Lords of the Manor
ローズ・オブ・ザ・マナー
Stow-on-the-Wold
ストウ・オン・ザ・ウォルド
Lower & Upper Slaughter
ロワー&アッパー・スローター
Kingham
Cheltenham
Bourton-on-the-Water
ボートン・オン・ザ・ウォーター
Handorough
Gloucester
グロースター
Burford
バーフォード
Stroud
ストラウド
Bibury
バイブリー
Oxford
オックスフォード
Kemble
ロンドンへ
Swindon
スウィンドン
Castle Combe
カッスル・クーム
Chippenham
チッペナム

おとぎの国へ迷い込んだかのよう

チッピング・カムデン
Chipping Campden

藁葺きの建物が並ぶ通りもある

羊毛取引所だったマーケット・ホールや古い教会など、昔の面影がそのまま残る町。はちみつ色の家が並ぶ通りは、コッツウォルズのイメージそのもの。

小川のせせらぎに水車が回る

ロワー&アッパー・スローター
Lower & Upper Slaughter

目抜き通りも観光案内所もなく、小さなアイ川に沿って水車小屋と昔ながらの街並みが残る素朴な村。

中世の風情が残る

コッツウォルズで泊まるなら…

由緒ある貴族の館で優雅な時間を
ローズ・オブ・ザ・マナー

コッツウォルズを代表する人気のマナーハウス。マナーハウスとは中世時代に建てられた領主の館を宿泊施設にしたもの。極上の料理も味わえる。

印象的な通り「アーリントン・ロウ」

大通りもないのどかな村

バイブリー Bibury

ウィリアム・モリスが「イギリスでもっとも美しい村」と賞賛した小さな村。14世紀に造られた低い屋根と切妻壁のある家が並ぶ「アーリントン・ロウ」を歩きたい。

コッツウォルズの町や村に列車で行く場合は、ホテルに迎えを頼んでおくといいです。駅にタクシーがいないことも多いです。

古い街並みと豊かな自然に囲まれた文豪生誕の地に1泊してみましょう

ストラトフォード・アポン・エイヴォンは
まるで絵本の世界から飛び出したような美しい町。
日帰りもできますが、1泊して観劇するのもおすすめです。

ストラトフォード・アポン・エイヴォン
オックスフォード
ロンドン

イングランド中部を流れる河川・エイヴォン川に面したチューダー様式の美しい町で、中世の時代には商業都市として栄えた。劇作家シェイクスピアゆかりの地として、生家や晩年を過ごした場所、妻の実家など人気スポットが点在。シェイクスピア劇を上演する歴史ある劇場では今も公演が行われ、世界各国からの観光客で賑わう。

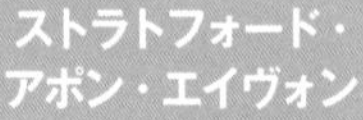

エイヴォン川沿いの町はまるで絵のよう

シェイクスピアの生家。建物左側に入口がある

ウィリアム・シェイクスピアはこんなひと

シェイクスピアは作家というだけでなく、「エイヴォンの大詩人(The Bard of Avon)」と呼ばれるほどに言葉を操り、現在の英語の基礎を作りました。彼が作った言葉は1000以上。選択を迫られたときに使う「生きるべきか死ぬべきか、それが問題だ」はシェイクスピアの代表作『ハムレット』の中の言葉です。

英国史上、もっとも有名な劇作家

ストラトフォード・アポン・エイヴォンのバンクロフト庭園内「ゴウェル記念碑」にある悩めるハムレットの銅像

少年時代のシェイクスピアに思いをはせる

シェイクスピアの生家

Shakespeare's Birthplace

1564年に生まれたシェイクスピアが育った家。建物内部は閲覧可能で、10歳当時のシェイクスピアの生活を垣間見ることができる。当時は貴重な家具として高価だったベッドが置かれた寝室や居間、父親の工房などが忠実に再現され、今も彼らがそこに暮らしているかのようなたたずまいを見せる。

所 Henley St., CV37 6QW 交 Stratford-upon-Avon駅から徒歩10分 ☎01789-204-016 開 10:00～16:00(最終入場30分前)、時期により異なる 料 £19.50～ 休 無休

シェイクスピアが兄弟と共有していた寝室

バスの乗り降り自由ツアー

ストラトフォード・アポン・エイヴォンの町を走る24時間乗り降り自由の観光2階建てバス（£21.26）。日本語の音声ガイドも付いて、主要観光スポットに停車します。運行は4月から11月上旬まで。URL city-sightseeing.com

1900年代まで子孫が暮らしていた

アン・ハサウェイの家

Anne Hathaway's Cottage & Gardens

シェイクスピアの妻、アン・ハサウェイが26歳の頃に18歳のシェイクスピアと結婚するまで住んでいた実家。農家として19世紀まで使用されていたコテージは、素朴でまるで絵本の世界に出てくるよう。ディケンズなどの英国作家たちからも愛された美しい庭は一見の価値あり。

所Cottage Ln., Shottery, CV37 9HH 交ブリッジ・ストリートからオープンバスが頻繁に運行 ☎01789-338-532 開10:00～17:00（最終入場30分前）、時期により異なる 料 £14.50 休 無休

茅葺き屋根が目を引くかわいいコテージ

歴史ある劇団の本拠地

ロイヤル・シェイクスピア劇場

Royal Shakespeare Theatre

1879年から続く由緒あるロイヤル・シェイクスピア劇団の拠点。2010年にモダンに改装され、1000席以上の客席と張り出し舞台を備える。公演のない日はバックステージ・ツアーが開催されることも。ホーリートリニティ教会は徒歩圏内。

所Waterside, CV37 6BB
交≈Stratford-upon-Avon駅から徒歩15分
☎01789-331-111 開 公演により異なる、ショップなど11:00～19:30 料 公演により異なる（展望台は入場無料） 休 無休

エイヴォン川のほとりの人気スポット

シェイクスピアと家族が埋葬される教会

ホーリートリニティ教会

Holy Trinity Church

シェイクスピアが洗礼を受けたといわれる洗礼盤があり、その脇に洗礼と埋葬の記録を見ることができる。教会正面の見事なステンドグラスの手前の内陣にシェイクスピアとアンの墓が並ぶ。

外からみる尖塔や教会内のパイプオルガンなど見どころも多い

所1 Old Town, CV37 6BG 交≈Stratford-upon-Avon駅から徒歩20分
☎01789-266-316 開 土曜10:00～17:00、日曜13:00～15:30（最終入場30分前）
料 無料（内陣は£5） 休 月～金曜

ストラトフォード・アポン・エイヴォンへの行き方

電車で
≈London Marylebone駅から1時間25分、Leamington Spa駅で乗り換えてStratford-upon-Avon駅まで35分。2時間程度で到着する。

バスで
≈London Victoria駅のコーチ・ステーションからは460番で約3時間。

※ロンドン中心部からは、ストラトフォード・アポン・エイヴォンとオックスフォード、コッツウォルズがセットになった日帰りツアーや、ゆっくり見て周る1泊ツアーなど、さまざまなツアーが用意されているので、利用するのも便利。

1476年にイタリアの詩人が書いた悲恋を100年ののちシェイクスピアが上演して世界的に有名になったのが『ロミオとジュリエット』です。

多くの人を魅了する風光明媚な湖水地方を訪ねてみませんか？

ピーターラビットの故郷です

ビアトリクス・ポターが描くピーターラビットの絵本や、ワーズワースの美しい詩。
これらの作品はほとんどが、湖水地方からインスピレーションを得て作られたものです。
作品の背景となった美しい自然に引かれ、たくさんの人がこの地を訪れています。

SPECIAL INVITATION POST AIR MAIL

自然と芸術に触れる湖水地方の旅

古くからリゾート地として知られ、また多くの動植物が生息する湖水地方。その豊かな自然を愛でつつ、作家や詩人ゆかりの地をたどってみよう。

山々に囲まれてたたずむ湖水地方最大の湖、ウィンダミア湖

湖水地方は何がおすすめ？　何ができる？

湖水地方最大の街、ウィンダミアは店も多く散策が楽しめる

サプライズな眺めが多いのは湖水地方最北の街、ケズィック

リンデス・ハウ・カントリーハウス・ホテルはポターが購入した館。現在は質の高いホテルとして有名

ポターが守った湖水地方の自然

湖水地方の自然を愛し、その美しさが損なわれることを恐れたポターは、本から得た収入で多くの土地や農場を購入しました。死後その遺志によって、それらの土地はナショナル・トラストに寄付されました。

湖水地方にある魅力的な見どころ

ショップやティールームも充実

ワールド・オブ・ビアトリクス・ポター

ポターの絵本の世界を、立体キャラクターで再現したアトラクション。ボウネスにある。

URL www.hop-skip-jump.com

ポターのインテリアや庭が見られる

ヒル・トップ

『ピーターラビット』シリーズで得た収益でポターが購入したニア・ソーリー村の農場。

URL www.nationaltrust.org.uk/hill-top

リゾートらしい雰囲気漂う全長17kmの湖

ウィンダミア湖

ボウネス桟橋から出る船で、美しい景色を楽しみながら湖畔の村へ行くことができる。

詩人が少年時代を過ごした場所

ホークスヘッド

白壁の建物が並ぶ村。ワーズワースが初めて詩を習った学校が博物館になっている。

URL www.hawksheadgrammar.org.uk

ワーズワースが住んだ当時のまま

ライダル・マウント&ガーデンズ

アンブルサイドの町にあるワーズワース晩年の家。遺品や肖像が展示されている。

URL www.rydalmount.co.uk

グラスミアにあるワーズワースの家

ワーズワース博物館&ダウ・コテージ

ワーズワースが最も精力的に執筆した時期の10年間を過ごした家。自筆原稿を展示。

URL wordsworth.org.uk

湖水地方のアクセス

◎ロンドン←→湖水地方◎

湖水地方をめぐるなら、まず最大の町ウィンダミアを目指そう。

鉄道：⇌Euston駅からLancasterランカスターまたはOxenholmeオクセンホルム駅乗り換えでWindermereまで約3時間10分。

バス：Victoria Coach Stationから約8時間。

飛行機：ヒースロー、ガトウィック空港からマンチェスター空港まで約1時間、マンチェスターから列車で⇌Windermere駅まで約2時間、バス利用の場合は約4時間。

◎湖水地方内の交通◎

湖水地方の中心都市ウィンダミアからは湖水地方中部や北部の主要な町へ行くバスが出ている。ウィンダミア、アンブルサイド、グラスミア、ケズィックをつなぐ555番と、ウィンダミア、ボウネス、レイクサイドをつなぐ596番、またはホークスヘッド、アンブルサイド、ウィンダミアをつなぐ505番の利用が便利。

屋根なしのオープンスタイルの2階建てバスは夏季のみ運行

まずはイギリスの出入国についておさえましょう

ロンドンの主要な玄関口は、ロンドン・ヒースロー空港。日本人はeゲート（自動化ゲート）も利用できるようになり、入国審査がスムーズになりました。

イギリス入国の流れ

1 到着 Arrival

飛行機を降りて到着フロアへ。「Arrivals」の表示に従って入国審査へ進む。イギリスの入国カードLanding Cardは廃止されたため提出は不要。

2 入国審査 Immigration

パスポートを用意して入国審査場へ。10歳以上の日本人はeGates（自動化ゲート）を利用できるので、eGatesの列に並ぶ。パスポートの顔写真ページを開いてゲートの機械で読み取り、カメラに顔を向けて写真を撮影し、ゲートが開けば審査終了。帽子やサングラスなどは外しておこう。eGates利用時は入国スタンプは押されない。10歳未満の子どもがいる場合や、スタンプが必要な場合などは、審査官のいるブースに並んで、従来の対面での入国審査を受ける。

3 手荷物受け取り Baggage Claim

入国審査を済ませたら、「Luggage」に向かって進む。到着便名が書かれたモニターがあるので、自分の荷物が流れてくるターンテーブルの番号をチェックしよう。荷物の紛失や破損があった場合は、係員にクレームタグの半券を見せて交渉する。

4 税関 Customs

免税範囲を超えている荷物、多額の現金、禁止・制限品を持っている場合などは税関への申告が必要。赤いサインの「Goods to Declare（申告品あり）」へ進んで、持ち込み品を申告する。とくに申告する物がなければ緑のサインの「Nothing to Declare（申告品なし）へ進む。税関申告と関税の支払いはオンラインでもできる。

5 到着ロビー Arrival Lobby

観光案内所や両替所、レンタカーカウンターなどがある。鉄道やバス、タクシーといった移動手段を利用する場合は、サインに従って乗り場へ。

6か月までの観光ならビザは不要です

日本人が観光や商用、短期留学などでイギリスに入国する場合、6か月以内の短期滞在ならビザは原則として必要なし。帰国時まで有効なパスポートと出国用の航空券（乗車券や乗船券も可）が必要。入国目的や期間によっては、滞在費用の証明などを求められることも。

eGates（自動化ゲート）

ゲートに設置された端末でパスポートの読み取りや顔写真の撮影を行い、自動的に入国手続きができるシステム。ヒースロー空港をはじめ、イギリス国内の主要空港や駅に設置されている。
〈おもな利用条件〉
・10歳以上であること
　10～17歳はeGatesを利用できる大人の同伴が必要
・ICパスポートを持っていること
　※日本の旅券は通常すべてICパスポート
・対象国籍であること（英国、EU加盟国、米国、日本、韓国など）

イギリス入国時の免税範囲

※酒類とたばこは17歳以上

酒類	・ビール42ℓ、無発泡性ワイン18ℓ ・アルコール分22%を超える蒸留酒や酒類4ℓ、またはアルコール分22%以下の酒類（スパークリングワイン、酒精強化ワインなど）9ℓのいずれか ※ビールと無発泡性ワインはそれぞれ規定量上限まで可。それ以外は規定量内での組み合わせ可
たばこ	紙巻たばこ200本、シガリロ100本、葉巻50本、加熱式たばこ200本、その他250gのいずれか。規定量内での組み合わせ可
その他	・合計£390相当額の品物（私物またはギフト） ※販売やビジネス用途の物は免税にならない
現金・有価証券	£1万相当額以上の現金や有価証券を所持している場合、持ち込み制限や課税はないが、出入国時の税関申告が必須

おもな持ち込み禁止・制限品

規制薬物、武器、護身用スプレー、銃器、弾薬、爆発物／ダイヤモンドの原石／わいせつな本、雑誌、DVDなど／知的財産権を侵害する物品（海賊版、偽ブランド品など）／動植物とその加工品（ワシントン条約で保護されている絶滅危惧種など）／一部の食品（果物、野菜、ナッツ、種子、EU加盟国産以外の肉類や乳製品など）

英国電子渡航認証 ETA

6か月以内の短期滞在など、ビザなしでイギリスを訪れる人は、出発前にETAの取得が必要。家族や乳幼児でもそれぞれ個別に申請する。
※2024年3月時点では日本人は対象外。2025年以降に必須になる予定。
URL www.gov.uk/guidance/apply-for-an-electronic-travel-authorisation-eta

空港で楽しいショッピング

ヒースロー空港は免税店が充実しています。高級デパートのハロッズもあり、ハロッズマークのついた紅茶やテディベアなど、イギリスらしいおみやげを買うのにうってつけ。VATの払い戻しが廃止されたイギリスでは貴重な存在です。

イギリス出国の流れ

1 空港へ To Airport

時間に余裕をもって、フライトの2時間前までには出発ターミナルへ着くようにしよう。

2 チェックイン Check In

利用する航空会社のチェックイン・カウンターでパスポートと航空券を提出し、荷物を預ける。搭乗券（ボーディング・パス）と荷物の引換証をもらう。日本出国時と同じく、化粧水やクリームなど、液体物とされるものは機内への持ち込みが制限されている。またハサミなど凶器となりうる物品は持ち込み不可なので、預け荷物の中に入れておこう。モバイルバッテリーは必ず手荷物にすること。

3 セキュリティチェック Security Check

機内持ち込み手荷物のX線検査を受ける。

4 出国審査 Immigration

出国審査はとくにないので、表示にしたがって進もう。

5 出発ロビー Departure Lobby

搭乗開始時刻までにゲートへ行こう。

海外旅行傷害保険

旅行先で思わぬトラブルに遭う前に、海外旅行傷害保険に加入しておこう。海外は医療費が高く、万が一の際、搬送費用などが本人負担になる場合はかなりの額になる。クレジットカードによっては保険が付いていることもあるが、内容はまちまちで期間も限られているものが多いため、出発前に補償内容の確認を。出発時、日本国内の空港での保険加入も簡単にできるが、事前にインターネット等を通じて加入するほうが割安になる。

日本帰国時の免税範囲

※20歳未満の場合は範囲内でも免税にならない

酒類	3本（1本760㎖程度のもの）※
たばこ	紙巻たばこ200本、葉巻50本、加熱式は個装等10個（紙巻たばこ200本相当）、その他250g ※
香水	2オンス（1オンスは約28cc）オーデコロン、オードトワレは対象外
その他の品物	品物の合計額が20万円を超える場合、20万円の枠におさまる品物が免税、それ以外のものが課税対象になる。合計額1万円以下の同一品目はすべて免税

日本へのおもな持ち込み制限

ワシントン条約で規制されている絶滅危惧種の動植物やそれらの加工品（象牙、ワニ皮製品、ヘビ・トカゲ製品、ベッコウ製品、毛皮や敷物、ランなど）/家畜伝染病予防法・植物防疫法で定められた動植物（ハム・ソーセージなどの肉製品、フルーツ、野菜などの食品を含む）/麻薬類、通貨・証券の偽造品/猟銃、空気銃、刀剣など/偽造ブランド品や海賊版などの知的財産権を侵害する物品/医薬品や化粧品（数量制限）

Visit Japan Web（VJW）

日本への帰国時に必要な携帯品・別送品申告書の記入などを事前にオンラインで済ませることができるデジタル庁のWebサービス。到着空港の税関検査場に設置された専用端末にQRコードをかざすだけでスムーズに入国できる。登録は義務ではなく任意。VJW登録済の場合は紙の申告書の提出は不要（2024年3月現在）。
URL services.digital.go.jp/visit-japan-web/

〈VJW利用の流れ〉

①メールアドレスとパスワードを登録してアカウント作成
②スマホでパスポートを読みとる（または手入力）。帰国の手続き区分を選択し、日本の住所を入力
③携帯品や別送品の税関申告情報、入国日、搭乗便名、出発地などを入力
④次画面に出てくる「QRコードを表示する」をクリックすると完了
⑤日本に到着したら、空港の税関検査場にある電子申告端末にQRコードとパスポートをかざして顔認証をする。電子申告レーンを通過して入国
※免税範囲を超える物品や、肉類、野菜、果物、動植物などを持っている場合は、税関や検疫カウンターでの確認が必要になります。

空港から市内への行き方をご案内します

日本からの飛行機はヒースロー空港に到着します。
市内へはいくつかのアクセス方法がありますが、一番早いのはヒースロー・エクスプレス。
空港からロンドン西部のパディントン駅までを約15分で結びます。

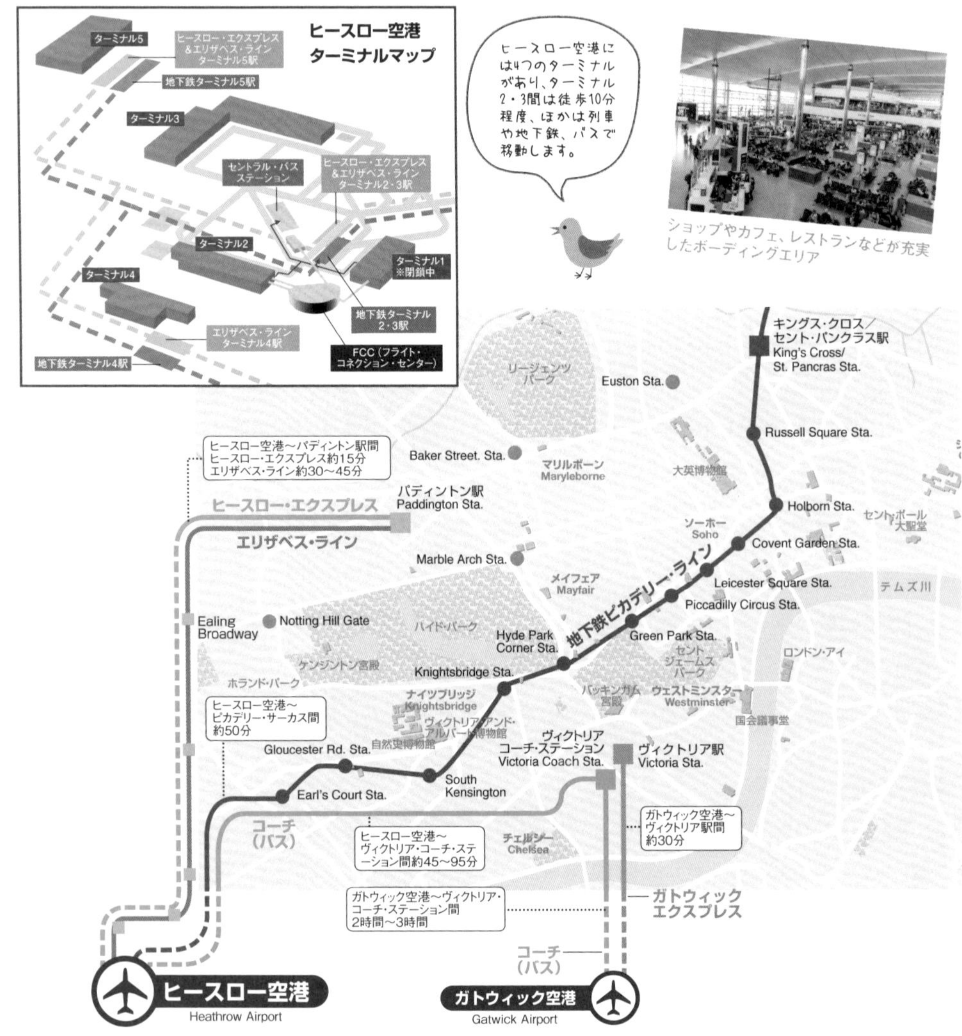

ショップやカフェ、レストランなどが充実したボーディングエリア

ガトウィック空港は欧米路線とチャーター機、格安航空会社がおもに発着しています。

ガトウィック空港から市内へ

イギリス第2の空港、ガトウィック空港からはガトウィック・エクスプレスや鉄道などが利用できます。低料金のコーチ（バス）の利用もおすすめです。アールズ・コート駅行きのバスもあり、アクセス方法は何通りかあります。

ヒースロー・エクスプレスor エリザベス・ラインで

ヒースロー・エクスプレスは空港ターミナル2・3・5とパディントン駅を、エリザベス・ラインはすべての空港ターミナルとロンドン中心部、東部を結ぶ鉄道。ヒースロー・エクスプレスがパディントン駅まで直通なのに対して、エリザベス・ラインは途中、ロンドン西部の数駅に停車する。その分所要時間も15～25分多くかかるが、料金はヒースロー・エクスプレスよりも安い。旅の目的地や予算、スケジュールに合った交通手段を選ぼう。

URL www.heathrowexpress.com

URL tfl.gov.uk

ヒースロー・エクスプレス

コーチ（長距離バス）で

空港内にあるセントラル・バス・ステーションとターミナル4・5から市内のヴィクトリア・コーチ・ステーションまで直通運行している。料金は片道£10～とお得。空港から各地方都市へのバスも運行しているので、到着後すぐに他の地方へ向かう人には便利。

URL www.nationalexpress.com

運行会社はナショナル・エクスプレス社

地下鉄で

最も安い移動方法。全ターミナルから乗車できるが、市内から空港へ向かう場合はターミナル4と5には停まらないルートもあるので注意。ピカデリー・サーカス駅まではピカデリー・ラインで約50分。コンタクトレスカードまたはオイスターカードを改札でタッチして簡単に乗車できる。駅の窓口や自動券売機（日本語あり）で1回分のチケットやトラベルカードを購入することも可能➡P.144。

URL tfl.gov.uk

地下鉄入り口への通路

タクシーで

荷物が多いときやグループの場合に便利なのがタクシー。3～4人で利用すると1人あたりの料金もヒースロー・エクスプレスとそう変わらない。メーター制のブラックキャブと定額制のミニキャブがあり、ミニキャブは渋滞の場合でも追加料金不要。ブラックキャブは専用の乗り場へ行き、ミニキャブは専用カウンターで申し込む。空港発の場合は£3.60加算される。支払い時に10～15%のチップを払うのもお忘れなく。

黒ばかりではないブラックキャブ

●市内への交通早分かり表●

交通手段	運行名	行き先	所要時間	運行	運行間隔	料金
鉄道	ヒースロー・エクスプレス Heathrow Express	パディントン駅	15分	月～金曜5:17～翌0:03、土・日曜5:17～23:32（ターミナル2&3）	15分間隔	片道£25～、早割予約£15 往復£37～
	エリザベス・ライン Elizabeth Line	パディントン駅、リバプール・ストリート駅など	30～45分	月～土曜5:21～翌0:12、日曜5:54～翌0:12（ターミナル2&3）	10～15分間隔	片道£12.80
地下鉄	ピカデリー・ライン Piccadilly Line	ラッセル・スクエア駅、ピカデリー・サーカス駅など	約50分	5:12～23:45、金・土・日曜は24時間（ターミナル2&3）	10分間隔	ゾーン1～6まで片道一律 £6.70（切符）
コーチ	ナショナル・エクスプレス National Express	ヴィクトリア・コーチ・ステーション	45～95分	1:00～23:59	5～165分間隔	片道£6.60～
タクシー	ブラックキャブやUberなど	ロンドン市内	約60分（交通状況により異なる）		随時	£70～90

ロンドンの市内交通について ご案内します

ロンドンのおもな公共交通手段は地下鉄、バス、水上バス、タクシー。観光スポットをめぐるなら市内を縦横に走る地下鉄が便利です。旅行者でも十分乗りこなせるので、積極的に利用しましょう。

地下鉄 UNDERGROUND

愛称はチューブ(Tube)！

世界最古のロンドンの地下鉄は市内に11路線、272もの駅があるロンドンのメイン交通手段。単独で切符を買うと割高に感じるが、オイスターカードやトラベルカードなど割引のあるカードもあるので賢く使いたい。始発時刻は月〜土曜は5:00頃、日曜と祝日は7:00。終電は中心地を24:00前後に発車する。また、セントラル線やヴィクトリア線などいくつかの路線では金・土曜に24時間運行をしている。

ロンドン交通局TfL（Transport for London）
URL tfl.gov.uk

1 駅の入り口を探す

地下鉄駅はUNDERGROUNDと書かれた赤丸の看板が目印。

看板は街なかでも見つけやすい

2 改札、ホームへ

ロンドン中心部の改札はすべて自動改札で、利用法は日本とほぼ同じ。カードを丸いタッチパネルにタッチすればOK。

地上階にホームがあることも

3 乗車、降車

同じホームを複数の路線が利用したり、途中で枝分かれする路線もあるので、自分が乗る電車が目的地まで行くかどうか電光掲示板などでしっかり確認してから乗車しよう。

4 乗り換え

乗り換え駅には必ず路線名と同じ色の看板がかかっているので、それに従って進む。ごく一部の駅を除いて改札内で乗り換えが可能。もし、改札外に一度出て乗り換えが必要なときでも、すぐに乗り継げばオイスターカードから課金されることはない。

5 出口へ

出口はWay OutまたはExitの表示に従って進む。出口を見つけたら、再び自動改札でカードをタッチしてゲートを出る。

コンタクトレスのクレカが便利！ 交通カードの種類

地下鉄の通常料金は移動距離にかかわらず一律£6.70だが、交通カードを使うとお得に利用できる。大ロンドン（Greater London）は9つのゾーンに分類➔ 付録P.26されていて、ゾーンによって料金が変わるので旅の予定に合ったカードを選ぼう。

コンタクトレスカード Contactless card

右のコンタクトレスのマークがついたクレジットカードなら、日本で使っているカードをそのまま、手続きなしですぐに地下鉄と市バス、DLR、ロンドン・オーバーグラウンド鉄道などの交通機関でICカードとして利用することができる。一定の価格になると、それ以上料金が加算されない上限額が自動的に適用される。カードは1人につき1枚必要で、同一のカードで複数人の支払いはできないので注意。

オイスターカード Oyster Card

コンタクトレスカードを持っていない人におすすめのプリペイドカード。地下鉄駅や観光案内所で購入（新規発行料£7）、チャージ（トップアップ）できる。使い方や料金体系はコンタクトレスカードと同じ。5〜10 歳の子どもは、ジップ・オイスター・フォトカードをオンラインで申請すると、すべての交通サービスを無料で利用できる（バスとトラムはカード不要）。

トラベルカード Travel Card

期間とゾーンの決まった乗り放題チケット。利用できる交通機関はコンタクトレスカードやオイスターカードと同じ。違いは、デポジット不要で、スタートの曜日にかかわらず7日間利用できるということ。基本は使った分だけ運賃が加算されるコンタクトレスカードやオイスターカードがおすすめだが、移動計画が決まっている場合はどちらがお得か計算してみるのも手。

ゾーン	通常料金	オイスターカード コンタクトレスカード		トラベルカード	
		1日の上限額	（月〜日曜の上限額＊）	1日券	7日間券
ゾーン1のみ ゾーン1〜2	£6.70	£8.50	£42.70	£15.90	£42.70
ゾーン1〜3		£10	£50.20		£50.20
ゾーン1〜4		£12.30	£61.40		£61.40
ゾーン1〜5		£14.60	£73	£22.60（オフピーク£15.90）	£73

＊最長7日間。水曜など週の半ばから利用した場合も日曜日でリセットされる。

ビジター・オイスターカード

日本出発前に購入できるカード。発行手数料£5で返金はないが、現地で窓口に並ぶ必要がないのが魅力的。購入は下記サイトで。
URL visitbritainshop.com/world/en

バス
BUS

2階の方がすいていることが多い

赤い車体でおなじみのダブルデッカー。あまり混雑しない路線では1階建てタイプの場合もある。675の路線があり、旅行者が乗りこなすにはちょっとしたコツが必要だが、地下鉄より料金が安く、街並みを楽しめるのが魅力的。

市バスの乗り方 ➡ P.39

●乗り方

運賃は1回の乗車につき一律£1.75で、1時間以内のバス、トラムの乗り換えは無料。車内で現金は使えないため、旅行者はコンタクトレスカードやオイスターカード、またはトラベルカードを用意すること。乗車時、乗り口にあるカードリーダーにカードをかざせば支払いは完了する。

●観光地めぐりのできる主な路線

バスは路線が多いので、上手に利用すれば観光も兼ねられる。各路線のおもな停留所は以下。

【8番】 大英博物館、ソーホー付近、オックスフォード・ストリート付近
【9番】 ハイド・パーク、ナイツブリッジ、ハロッズ、ロイヤル・アルバート・ホール
【11番】 トラファルガー広場、ウェストミンスター寺院、ホース・ガーズ
【15番】 トラファルガー広場、コヴェント・ガーデン、セント・ポール大聖堂、ロンドン塔
【159、453番など】 ピカデリー・サーカス、トラファルガー広場、ナショナル・ギャラリー、ビッグ・ベン

ウーバーボート（水上バス）
Uber Boat

地下鉄やバスと並びロンドン市民の足となっている「Uber Boat」。テムズ川の24か所に発着所があり、場所によるが平日は5:30 ~ 22:00頃、休日は8:30頃~運航している。「ウエスト」、「セントラル」、「イースト」の3つのゾーンに分かれていて、移動するゾーンによって料金が変わる。テムズ川沿いの観光地を訪れる場合はぜひ利用したい。

●切符を買う

各乗り場の窓口、券売機、オンライン、アプリで乗車券を購入できるが、コンタクトレスカード、またはオイスターカードは24%割引、トラベルカード所有者は1/3割引になるのでお得。通常料金はイースト、ウェストのみ£6.20、セントラルのみ£11.40、セントラルとイースト£13.40など組み合わせ多数。地下鉄やバスのような上限額は適用されないので、たくさん乗る場合は乗り放題チケットを。

●乗り方

RIVERと書かれた青丸の看板が目印。桟橋を進むと乗り場がある。コンタクトレスカード、オイスターカード使用の場合はカードを黄色い丸いタッチパネルにかざすだけ。船の到着前に切符のチェックがあるので5分前には到着しておこう。カード利用者は不正乗車を防ぐためにランダムで再度タッチを求められることもある。

タクシー
TAXI

大通りには流しのタクシーも多い

オースチンのユニークな車体が印象的な通称「ブラックキャブ」は、ダブルデッカーと並んでロンドン名物のひとつ。ドライバーは厳しい試験に合格したプロなので、質の高いサービスも評判。

●タクシーの乗り方

1. タクシーを見つける
大通りには流しのタクシーが走っているので、拾うのは簡単。車体上部の「TAXI」ランプが点灯しているのが空車のサイン。タクシーを止めるには手を真横に出すのがイギリス流。

2. 乗車
車が止まると窓越しに目的地の名称や住所を告げる。OKだったら自分でドアを開けて乗車する。

3. 降車
目的地に着いたら自分でドアを開けて外へ出る。降車後、窓越しに料金を支払う。10~15%のチップをプラスして渡そう。

タクシー内部

◎料金について

料金はメーター制で、初乗り（190.8mまたは41秒以内／平日の日中）料金は£3.80。深夜や週末は割り増し料金が適用される。

◎タクシー車内

通常後部座席に3人まで座ることができるが、向かい合わせになった補助シートを使えば5人、新型車では6人まで乗車できる。車内は禁煙で飲食も不可。

知っておくと便利な
ロンドン基本情報

**日本とは環境も習慣も異なるロンドン。
旅先でのトラブルを避け、快適な滞在をするために、
基本的なルールをまとめてみました。**

カード（クレジット・デビット・トラベルプリペイド）

カードは必須アイテム。国際ブランドのカードはほとんどの店やホテルで利用できる。支払い時にはPIN（暗証番号）が求められることもあるので、PINが不明な場合は出発2週間前までにカード発行会社に確認を。タッチするだけで決済できるコンタクトレスマークのついたカードなら、地下鉄やバスなど公共交通機関のICカードとして使えて便利。イギリスでは特にデビットカードが普及している。

ATM

国際ブランドのマークがついたカードなら、現地のATMから現地通貨が引き出せる。空港や街なかに多く、24時間利用できるものも多い。マシーンの上部に「Free Cash Withdrawals」と書かれてあれば、引き出し手数料は無料。渡航前にキャッシングの利用可否、暗証番号、限度額も併せて確認しておくこと。

郵便

イギリスの郵便局「ロイヤル・メール（Royal Mail）」の日本への航空便（International Standard）は手紙100gまで£2.50～、250gまで£7.05。あて先は「JAPAN」と「AIR MAIL」が英語であればほかは日本語でOK。ポストへ入れるときは「STAMPED MAIL」の投函口へ。

電圧とプラグ

220～240V、50Hz。プラグは3穴のBFタイプが一般的。100V仕様の日本国内用の電化製品はそのままでは使えないので、変圧器か変圧器内蔵の電化製品を持っていこう。またデジタルカメラやパソコン、携帯電話機は100～240Vに対応しているものが多いので確認を。

インターネット

フリー Wifiが利用できるスポットが増えているが、どこでも快適に利用するにはいろいろな方法がある。それぞれメリットとデメリットがあるので予算や利用計画にあわせて選ぼう。

無料 Wifi
個人情報の入力などセキュリティに注意だが、ホテルやカフェなどで自由に使える。

携帯電話キャリア海外利用
各キャリアの海外パケット定額プランを利用する。いつもの電話番号が使える。

Wifi ルーターレンタル
宅配や空港手渡しで手のひらサイズのルーターを借りる。1台で複数人が接続できる。

現地 SIM
SIM カードを携帯に入れるだけ。入れ替え不要の eSIM もある。いつもの電話番号が使えない。

物価

コーヒー	£4
スーパーのサンドイッチ	£2.50～
カフェ・パブのランチ	£12
パブのビール（1パイント＝約570cc）	£6.50
タクシーの初乗り	£3.80
ミネラルウォーター（500㎖）	£1

電話

日本の携帯電話やスマートフォンは、海外利用時の設定や料金の確認をしておきたい。日本出発時に「データローミング」をオフにしておくと高額請求される心配がない。公衆電話は現金、クレジットカード、テレフォンカードなどが使えるが、あまり見かけない。

イギリスから日本へかける場合

00 ＋ 81（日本の国番号） ＋ 相手の電話番号（市外局番の最初の0はとる）

※携帯電話へかける場合は識別番号の先頭の0をとる（090なら90）

日本からイギリスへかける場合

010（国際電話識別番号） ＋ 44（イギリスの国番号） ＋ 相手の電話番号（市外局番の最初の0はとる）

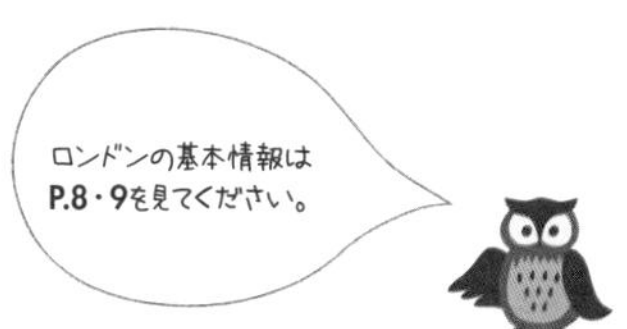

ロンドンの基本情報は
P.8・9を見てください。

値段表示に注意

ロンドンのスーパーやドラッグストアなどでは、ふたつの値段が表示されていることがあります。これは、ストアカード（会員証）の提示なしでの価格と、提示ありでの割引価格です。ストアカードを持たない旅行者の場合、高い方の値段が適用されます。

ロンドンステイのアドバイス

ショッピングのアドバイス

ショッピングでのマナー

商品を手にとって見るときや、試着をするときには必ず店員に断ること。聞き方は「Can I have a look?」や「Can I try this?」などと言えば承諾してくれる。また入店時は店員に声をかけられるが、これも無視するのではなく「Hello」などのあいさつも忘れずに。高級ブランド店には日本人のスタッフがいることもあるので、分からないことがあれば聞いてみよう。

サイズの違いに注意しよう（ブランドにより異なる）

婦人服

イギリス	6号	8号	10号	12号	14号	16号	18号
日本	7号	9号	11号	13号	15号	17号	19号

婦人靴

イギリス	3	3.5	4	4.5	5	5.5	6
日本	22	22.5	23	23.5	24	24.5	25

観光のアドバイス

観光のマナー

美術館・博物館では荷物はクロークルームやロッカーに預けることができるところが多い。ミュージアム内の撮影禁止・フラッシュ禁止場所ではそれを守り、大きな声を出さずに見学しよう。また、教会などの神聖な場所では肌の露出の多い服装は避け、静かに見学すること。オペラやクラシックコンサートへ行く場合はあまりカジュアルな服装では入れてくれないこともあるので、男性なら襟と袖のあるシャツやジャケット、女性ならワンピースなど、きちんとしたスタイルで出かけたい。

レストランのアドバイス

レストランでのマナー

大声で騒がない、食べるときに音を立てない、皿を持ち上げないといったことを守れば大丈夫。タバコに関しては、法律で屋内はすべて禁煙になっている。

服装（ドレスコード）について

高級店以外はさほどうるさく言われることはないが、きちんとした服装で行けばサービスがよくなるのも事実。ドレスコードを設けている場所では、男性はネクタイ、女性はワンピースやジャケットでのドレスアップが必要。ジーンズやスニーカーは不可。

予約について

高級レストランや人気レストランは予約が必要な店が多い。予約の際は名前、人数、日時を伝える。予約をホテルのコンシェルジュに頼む場合はチップを忘れずに。

緊急時のために

もしもの時のために、外務省海外安全情報配信サービス「たびレジ」に登録しておこう。渡航先の最新情報や緊急時の連絡が受け取れる。

URL www.ezairyu.mofa.go.jp/

困ったときの…イエローページ

●現地で役立つ緊急連絡先	
在英国日本国大使館(ロンドン)	☎(020)7465-6500
	URL www.uk.emb-japan.go.jp/itprtop_ja/
警察・救急・消防署	☎999
ジャパングリーンメディカルセンター	☎(020)7330-1750
	URL www.japangreen.co.uk
ロンドン医療センター	☎(020)8202-7272
	URL www.iryo.com
●航空会社	
ANA	☎0808-234-4131
ブリティッシュ・エアウェイズ	☎0344-493-0787
日本航空(JAL)	☎0344-856-9777

index

バタシー・ジェネラル・ストア	スーパーマーケット	バタシー	73
ハト・ストア	雑貨	カムデン	30
バラ・マーケット	マーケット	サザーク	23
ハロッズ	デパート	ナイツブリッジ	18・44・123
ブーツ	ドラッグストア	ソーホー	93
フォイルズ	本	ソーホー	97
フォートナム&メイソン	デパート	ウェストミンスター	28
プラネット・オーガニック	オーガニック・スーパー	ショーディッチ	88
プレスタ	チョコレート	ウェストミンスター	36
ブロードウェイ・マーケット	マーケット	イーストエンド	23
フロリス	香水	ウェストミンスター	37
ベーグル・ベイク	ベーカリー	ショーディッチ	81
ポートベロー・マーケット	マーケット	ノッティング・ヒル	20
ポール・スミス	ファッションブランド	メイフェア	95
ホールフーズ・マーケット	オーガニック・スーパー	ソーホー	89
ポストカード・ティーズ	紅茶	メイフェア	29
ポストマーク	雑貨	バタシー	72
マーガレット・ハウエル	ファッションブランド	マリルボーン	94
リバティ	デパート	ソーホー	18
ループ	ハンドメイド	イズリントン	74
レイ・スティッチ	ハンドメイド	イズリントン	74
レイバー&ウェイト	雑貨	ショーディッチ	80
ロンドン・ビートルズ・ストア	雑貨	マリルボーン	96
ワード・オン・ザ・ウォーター	本	カムデン	31
グルメ	**ジャンル**	**エリア**	**ページ**
アーケード・バタシー・パワー・ステーション	フードホール	バタシー	120
アクア・シャード	イギリス料理	サザーク	104
アダム&イヴ	パブ	ブルームズベリ	111
アンカー&ホープ	パブ	サザーク	110
イーグル	パブ	ブルームズベリ	110
V&Aカフェ	カフェ	ナイツブリッジ	47
ヴェランダ	アフタヌーンティー	ウェストミンスター	25
エム・マンゼー	イギリス料理	バーモンジー	118
オットレンギ	デリカフェ	ノッティング・ヒル	123
オリーヴォ	サルディニア料理	ウェストミンスター	117
カウ	アイリッシュ・パブ	ノッティング・ヒル	111
金田家	ラーメン	ソーホー	114
カルッチオズ	イタリア料理	ケンジントン	106
キッチン&バー・アット・テート・モダン	レストラン	サザーク	60
ギャラリー・バイ・スケッチ	アフタヌーンティー	メイフェア	27
グレート・コート	西洋料理	ブルームズベリ	51
ゲイルズ・アルティザン・ベーカリー	カフェ	ソーホー	102
ゴールデン・ハインド	イギリス料理	マリルボーン	113
こや・ソーホー	日本料理	ソーホー	119
シー・シェル	イギリス料理	マリルボーン	113
65a(シックスティファイブ・エー)	フランス料理	ショーディッチ	116
ジョイア	レストラン	バタシー	73
スリー・アンクルズ	中華料理	シティ	115
スワン	アフタヌーンティー	サザーク	27
セブン・ダイヤルズ・マーケット	フードホール	コヴェント・ガーデン	121
セント・ジョン	イギリス料理	シティ	98・113
セント・ジョン・ベーカリー	ドーナツ	コヴェント・ガーデン	101
タシャズ	レストラン	バタシー	103
ダックスープ	ヘルシーフード	ソーホー	106
ディナー・バイ・ヘストン・ブルメンタール	イギリス料理	ナイツブリッジ	109
デューク・オブ・ケンブリッジ	パブ、ヘルシーフード	イズリントン	107
ドーナッテリエー	ドーナツ	コヴェント・ガーデン	101
トリヴェット	レストラン	サザーク	108
ドローイング・ルーム(ブラウンズ・ホテル)	アフタヌーンティー	メイフェア	25
ドローイング・ルーム(フレミングス・メイフェア)	アフタヌーンティー	メイフェア	26

ことりっぷ co-Trip 海外版

ロンドン

STAFF
●編集
ことりっぷ編集部
オフィス・ポストイット
(末武千恵、朝倉めぐみ、佐々木あみ)
●現地ディレクション&編集協力
安田和代(KRess Europe Ltd.)
●取材・執筆・撮影
大和田茉椰、高橋侑子、鶴見朋世、川上真、
村上祥子、山内成俊、平川さやか、漆原未代、
高比良美樹、中嶋千尋、矢吹紘子、
(株) オフィス・ロトンダ
●表紙+フォーマットデザイン
GRiD
●キャラクターイラスト
スズキトモコ
●本文デザイン
杉山綾(ヒグジム)、畑中純子、大橋麻耶
ARENSKI
●DTP制作
明昌堂
●校正
光永玲子、山下さをり
●地図制作協力
周地社、安宅直子
●現地コーディネート
長南ミサ、荒見まどか、橋爪知里、村上真木、
江國まゆ
●取材・写真協力
英国政府観光庁、ミューズワークス、
斎藤美帆子、
ロンドンの取材協力先のみなさん
istock、PIXTA

2024年6月1日 3版1刷発行

発行人 川村哲也
発行所 昭文社
本社:〒102-8238 東京都千代田区麹町3-1
☎0570-002060(ナビダイヤル)
IP電話などをご利用の場合は ☎03-3556-8132
※平日9:00～17:00(年末年始、弊社休業日を除く)
ホームページ https://sp-mapple.jp/

※掲載のデータは2024年2～4月現在のものです。変更される場合がありますので、ご利用の際は事前にご確認ください。
※本書に掲載された内容により生じたトラブルや損害等については、弊社では補償しかねますので、あらかじめご了承のうえ、ご利用ください。なお、感染症に対する各施設の対応・対策により、営業日や営業時間、開業予定日、公共交通機関に変更が生じる可能性があります。おでかけになる際は、あらかじめ各イベントや施設の公式ホームページ、また各自治体のホームページなどで最新の情報をご確認ください。
※本書掲載の商品の価格は変更になる場合があります。また、売り切れる場合もありますので、ご了承ください。
※乱丁・落丁本はお取替えいたします。

ISBN978-4-398-15564-1
定価は表紙に表示してあります。

ことりっぷ co-Trip 海外版

ロンドン

とりはずせる

Map

London

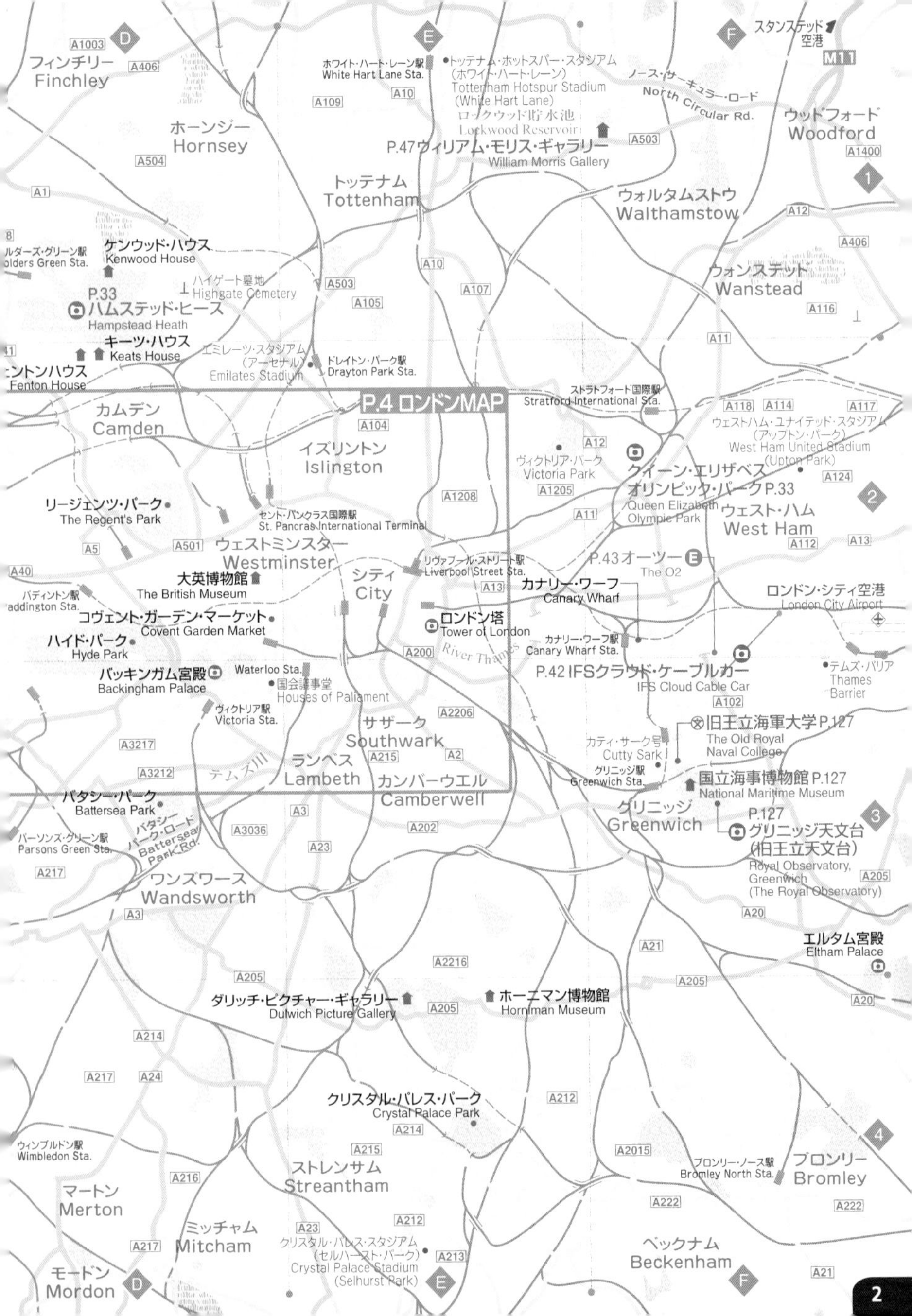

フィンチリー
Finchley
ホーンジー
Hornsey
ホワイト・ハート・レーン駅
White Hart Lane Sta.
トッテナム・ホットスパー・スタジアム
（ホワイト・ハート・レーン）
Tottenham Hotspur Stadium
(White Hart Lane)
ロックウッド貯水池
Lockwood Reservoir
P.47ウィリアム・モリス・ギャラリー
William Morris Gallery
スタンステッド空港
ノース・サーキュラー・ロード
North Circular Rd.
ウッドフォード
Woodford
トッテナム
Tottenham
ウォルタムストウ
Walthamstow
ゴルダーズ・グリーン駅
Golders Green Sta.
ケンウッド・ハウス
Kenwood House
ハイゲート墓地
Highgate Cemetery
ウォンステッド
Wanstead
P.33
ハムステッド・ヒース
Hampstead Heath
キーツ・ハウス
Keats House
エミレーツ・スタジアム
（アーセナル）
Emilates Stadium
ドレイトン・パーク駅
Drayton Park Sta.
フェントンハウス
Fenton House
P.4 ロンドンMAP
ストラトフォード国際駅
Stratford International Sta.
カムデン
Camden
イズリントン
Islington
ウェストハム・ユナイテッド・スタジアム
（アップトン・パーク）
West Ham United Stadium
(Upton Park)
ヴィクトリア・パーク
Victoria Park
クイーン・エリザベス
オリンピック・パーク P.33
Queen Elizabeth
Olympic Park
ウェスト・ハム
West Ham
リージェンツ・パーク
The Regent's Park
セント・パンクラス国際駅
St. Pancras International Terminal
ウェストミンスター
Westminster
P.43 オーツー
The O2
リヴァプール・ストリート駅
Liverpool Street Sta.
シティ
City
大英博物館
The British Museum
カナリー・ワーフ
Canary Wharf
ロンドン・シティ空港
London City Airport
パディントン駅
Paddington Sta.
コヴェント・ガーデン・マーケット
Covent Garden Market
ロンドン塔
Tower of London
ハイド・パーク
Hyde Park
River Thames
カナリー・ワーフ駅
Canary Wharf Sta.
テムズ・バリア
Thames Barrier
バッキンガム宮殿
Backingham Palace
Waterloo Sta.
国会議事堂
Houses of Paliament
P.42 IFSクラウド・ケーブルカー
IFS Cloud Cable Car
ヴィクトリア駅
Victoria Sta.
サザーク
Southwark
旧王立海軍大学 P.127
The Old Royal
Naval College
カティ・サーク号
Cutty Sark
グリニッジ駅
Greenwich Sta.
テムズ川
ランベス
Lambeth
カンバーウエル
Camberwell
国立海事博物館 P.127
National Maritime Museum
バタシー・パーク
Battersea Park
グリニッジ
Greenwich
P.127
グリニッジ天文台
(旧王立天文台)
Royal Observatory,
Greenwich
(The Royal Observatory)
パーソンズ・グリーン駅
Parsons Green Sta.
バタシー・パーク・ロード
Battersea Park Rd.
ワンズワース
Wandsworth
エルタム宮殿
Eltham Palace
ダリッチ・ピクチャー・ギャラリー
Dulwich Picture Gallery
ホーニマン博物館
Horniman Museum
クリスタル・パレス・パーク
Crystal Palace Park
ウィンブルドン駅
Wimbledon Sta.
ブロンリー・ノース駅
Bromley North Sta.
ブロンリー
Bromley
ストレンサム
Streantham
マートン
Merton
ミッチャム
Mitcham
クリスタル・パレス・スタジアム
（セルハースト・パーク）
Crystal Palace Stadium
(Selhurst Park)
ベックナム
Beckenham
モードン
Mordon

ロンドン周辺MAP
上が北
0
3km
1：140,000
凡例
見どころ
博物館・美術館
グルメ
カフェ
パブ
ショップ
ナイトスポット
エンターテインメント
ビューティー
ホテル
観光案内所
スタンモア駅
Stanmore Sta.
スタンモア
Stanmore
エッジウェア駅
Edgware Sta.
エッジウェア
Edgware
ミル・ヒル
Mill Hill
ミル・ヒル・イースト駅
Mill Hill East Sta.
王立空軍博物館
Royal Air Force Museum
ヘンドン
Hendon
ケントン
Kenton
ハロウ
Harrow
ブレント貯水池
Brent Reservoir
ウェンブリー
Wembley
ウィレスデン
Willesden
ヒリンドン
Hillingdon
グリーンフォード
Greenford
ヘイズ
Hayes
ブリストル
イーリング
Ealing
ウェストフィールド
Westfield
キュー・ブリッジ蒸気博物館
Kew Bridge Steam Museum
オスタリー・パーク・ハウス
Osterley Park House
楽器博物館
Musical Museum
チズィック・ハウス
Chiswick House
ホガース・ハウス
Hogarth's House
サイオン・ハウス
Syon House
Kew Gardens Sta.
フラム・スタジアム（クレヴァン・コテージ）
Fulham Stadium (Craven Cottage)
P.126 キュー・ガーデン
Royal Botanic Gardens, Kew
ヒースロー・エクスプレス
ターミナル1
ターミナル5
Heathrow Cen Sta.
ターミナル2
ターミナル3
ヒースロー空港
Heathrow Airport
ターミナル4
ウィンチェスター
マーブル・ヒル・ハウス
Marble Hill House
オルレアンズ・ハウス
Orleans House
ハム・ハウス
Ham House
リッチモンド・パーク
Richmond Park
ウィンブルドン風車博物館
Wimbledon Windmill Museum
リッジウェイ・ステイブルズ
Ridgway Stables
ウィンブルドン・ローン・テニス博物館
Wimbledon Lawn Tennis Museum
ウィンブルドン・センターコート
Wimbledon Centre Co
Kingston By-Pass
ウィンブルドン
Wimbledon
アシュフォード
Ashford
クイーン・メアリー貯水池
Queen Mary Res.
ブッシー・パーク
Bushy Park
サンベリー
Sunbury
ハンプトン・コート宮殿 P.127
Hampton Court Palace
ハンプトン・コート駅
Hampton Court Sta.
A5
A410
A4140
A1
M1
A404
A4006
A312
A404
A4088
A40
A4180
A407
A404
A406
A437
A40
A4020
A4127
A408
A437
A312
A4020
A406
A219
M4
A4
A4
A316
A307
A30
A205
A305
A306
A315
A30
A312
A314
A316
A244
A307
A310
A308
A308
A238
A308
A2043
A298
3
M3
A3050
A
B
C
2
3
4

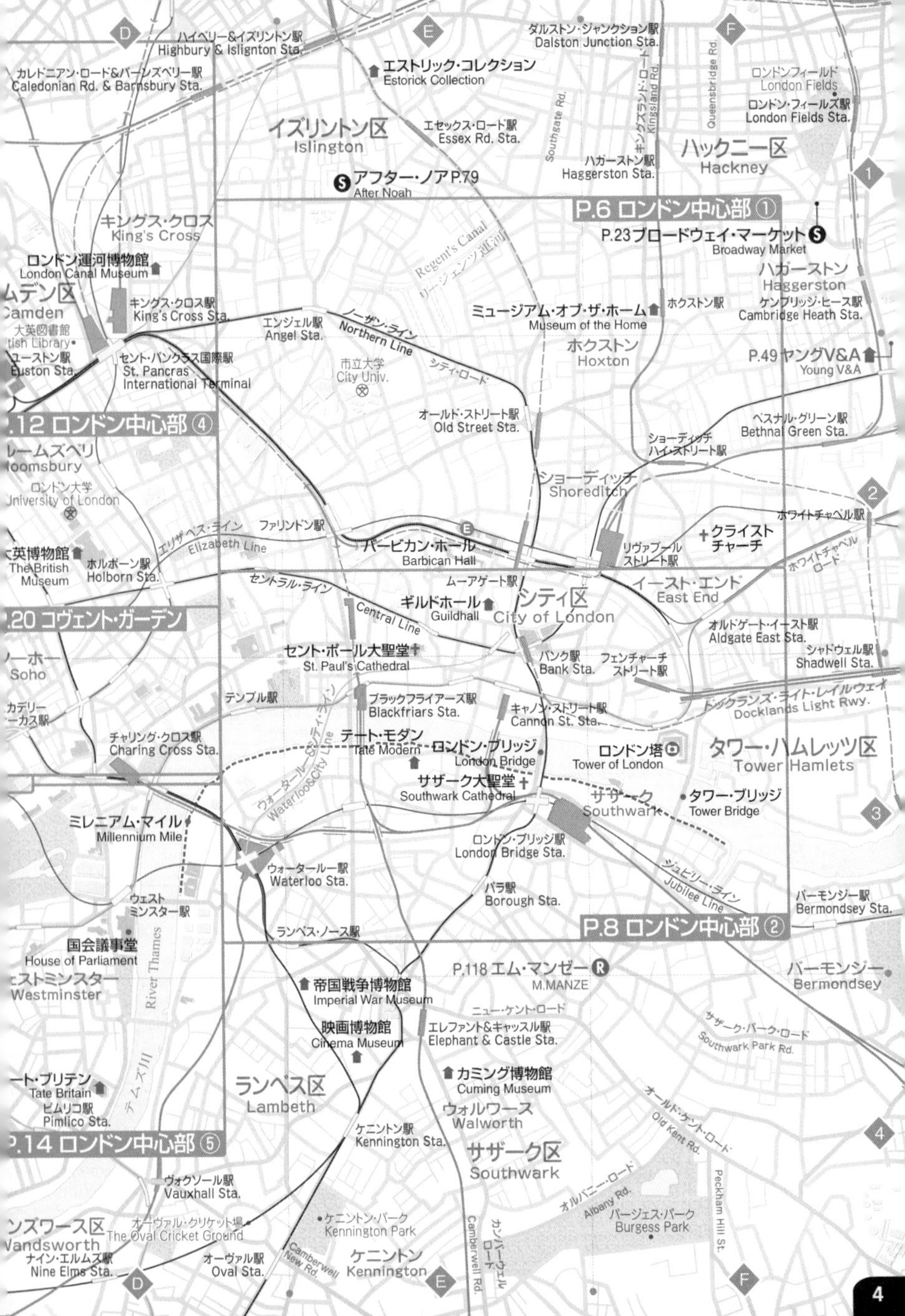

ハイベリー&イズリントン駅
Highbury & Islignton Sta.
カレドニアン・ロード&バーンズベリー駅
Caledonian Rd. & Barnsbury Sta.
エストリック・コレクション
Estorick Collection
ダルストン・ジャンクション駅
Dalston Junction Sta.
キングスランド・ロード
Kingsland Rd.
Queensbridge Rd.
Southgate Rd.
ロンドンフィールド
London Fields
ロンドン・フィールズ駅
London Fields Sta.
イズリントン区
Islington
エセックス・ロード駅
Essex Rd. Sta.
ハガーストン駅
Haggerston Sta.
ハックニー区
Hackney
アフター・ノア P.79
After Noah
キングス・クロス
King's Cross
P.6 ロンドン中心部①
P.23 ブロードウェイ・マーケット
Broadway Market
Regent's Canal
リージェンツ運河
ロンドン運河博物館
London Canal Museum
ハガーストン
Haggerston
キングス・クロス駅
King's Cross Sta.
ミュージアム・オブ・ザ・ホーム
Museum of the Home
ホクストン駅
ケンブリッジ・ヒース駅
Cambridge Heath Sta.
大英図書館
エンジェル駅
Angel Sta.
ノーザン・ライン
Northern Line
ホクストン
Hoxton
ユーストン駅
Euston Sta.
セント・パンクラス国際駅
St. Pancras International Terminal
市立大学
City Univ.
シティ・ロード
P.49 ヤングV&A
Young V&A
オールド・ストリート駅
Old Street Sta.
ベスナル・グリーン駅
Bethnal Green Sta.
.12 ロンドン中心部④
ショーディッチ ハイ・ストリート駅
ショーディッチ
Shoreditch
ロンドン大学
University of London
ファリンドン駅
エリザベス・ライン
Elizabeth Line
バービカン・ホール
Barbican Hall
リヴァプール ストリート駅
クライスト チャーチ
ホワイトチャペル駅
ホワイトチャペル ロード
大英博物館
The British Museum
ホルボーン駅
Holborn Sta.
セントラル・ライン
Central Line
ムーアゲート駅
ギルドホール
Guildhall
シティ区
City of London
イースト・エンド
East End
.20 コヴェント・ガーデン
オルドゲート・イースト駅
Aldgate East Sta.
セント・ポール大聖堂
St. Paul's Cathedral
バンク駅
Bank Sta.
フェンチャーチ ストリート駅
シャドウェル駅
Shadwell Sta.
Soho
テンプル駅
ブラックフライアーズ駅
Blackfriars Sta.
キャノン・ストリート駅
Cannon St. Sta.
ドックランズ・ライト・レイルウェイ
Docklands Light Rwy.
チャリング・クロス駅
Charing Cross Sta.
テート・モダン
Tate Modern
ロンドン・ブリッジ
London Bridge
ロンドン塔
Tower of London
タワー・ハムレッツ区
Tower Hamlets
ウォータールー&シティ・ライン
Waterloo&City Line
サザーク大聖堂
Southwark Cathedral
サザーク
Southwark
タワー・ブリッジ
Tower Bridge
ミレニアム・マイル
Millennium Mile
ロンドン・ブリッジ駅
London Bridge Sta.
ウォータールー駅
Waterloo Sta.
ジュビリー・ライン
Jubilee Line
ウェスト ミンスター駅
バラ駅
Borough Sta.
バーモンジー駅
Bermondsey Sta.
P.8 ロンドン中心部②
ランベス・ノース駅
国会議事堂
House of Parliament
River Thames
P.118 エム・マンゼー
M.MANZE
バーモンジー
Bermondsey
Westminster
帝国戦争博物館
Imperial War Museum
ニュー・ケント・ロード
サザーク・パーク・ロード
Southwark Park Rd.
映画博物館
Cinema Museum
エレファント&キャッスル駅
Elephant & Castle Sta.
テムズ川
Tate Britain
カミング博物館
Cuming Museum
ランベス区
Lambeth
ピムリコ駅
Pimlico Sta.
ウォルワース
Walworth
オールド・ケント・ロード
Old Kent Rd.
ケニントン駅
Kennington Sta.
P.14 ロンドン中心部⑤
サザーク区
Southwark
ヴォクソール駅
Vauxhall Sta.
オルバニー・ロード
Albany Rd.
Peckham Hill St.
オーヴァル・クリケット場
The Oval Cricket Ground
ケニントン・パーク
Kennington Park
カンバーウェル ロード
Camberwell Rd.
バージェス・パーク
Burgess Park
Wandsworth
ナイン・エルムズ駅
Nine Elms Sta.
オーヴァル駅
Oval Sta.
Camberwell New Rd.
ケニントン
Kennington

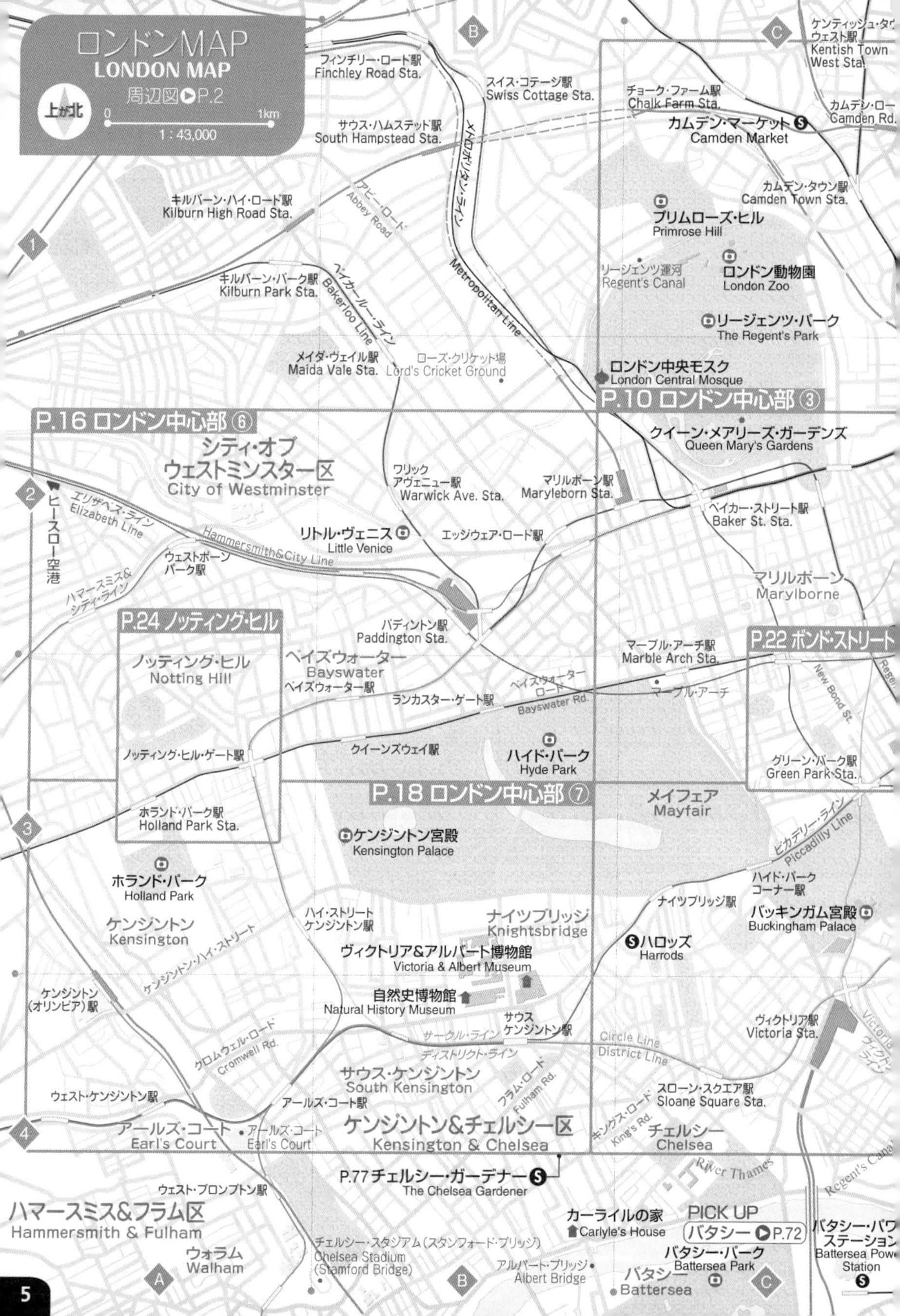
ロンドンMAP
LONDON MAP
周辺図▶P.2
上が北
0
1km
1：43,000
フィンチリー・ロード駅
Finchley Road Sta.
スイス・コテージ駅
Swiss Cottage Sta.
チョーク・ファーム駅
Chalk Farm Sta.
ケンティッシュ・タウン・ウェスト駅
Kentish Town West Sta.
カムデン・ロード駅
Camden Rd.
カムデン・マーケット
Camden Market
サウス・ハムステッド駅
South Hampstead Sta.
メトロポリタン・ライン
Metropolitan Line
アビー・ロード
Abbey Road
カムデン・タウン駅
Camden Town Sta.
キルバーン・ハイ・ロード駅
Kilburn High Road Sta.
プリムローズ・ヒル
Primrose Hill
リージェンツ運河
Regent's Canal
ロンドン動物園
London Zoo
キルバーン・パーク駅
Kilburn Park Sta.
ベイカールー・ライン
Bakerloo Line
リージェンツ・パーク
The Regent's Park
メイダ・ヴェイル駅
Maida Vale Sta.
ローズ・クリケット場
Lord's Cricket Ground
ロンドン中央モスク
London Central Mosque
P.10 ロンドン中心部 ③
P.16 ロンドン中心部 ⑥
クイーン・メアリーズ・ガーデンズ
Queen Mary's Gardens
シティ・オブ・ウェストミンスター区
City of Westminster
ワリック・アヴェニュー駅
Warwick Ave. Sta.
マリルボーン駅
Maryleborn Sta.
ベイカー・ストリート駅
Baker St. Sta.
ヒースロー空港
エリザベス・ライン
Elizabeth Line
Hammersmith&City Line
リトル・ヴェニス
Little Venice
エッジウェア・ロード駅
ウェストボーン・パーク駅
ハマースミス&シティ・ライン
マリルボーン
Marylborne
P.24 ノッティング・ヒル
パディントン駅
Paddington Sta.
マーブル・アーチ駅
Marble Arch Sta.
P.22 ボンド・ストリート
ノッティング・ヒル
Notting Hill
ベイズウォーター
Bayswater
ベイズウォーター駅
ランカスター・ゲート駅
ベイズウォーター・ロード
Bayswater Rd.
マーブル・アーチ
New Bond St.
ノッティング・ヒル・ゲート駅
クイーンズウェイ駅
ハイド・パーク
Hyde Park
グリーン・パーク駅
Green Park Sta.
P.18 ロンドン中心部 ⑦
メイフェア
Mayfair
ホランド・パーク駅
Holland Park Sta.
ケンジントン宮殿
Kensington Palace
ピカデリー・ライン
Piccadilly Line
ホランド・パーク
Holland Park
ハイド・パーク・コーナー駅
ナイツブリッジ駅
ケンジントン
Kensington
ハイ・ストリート・ケンジントン駅
ナイツブリッジ
Knightsbridge
バッキンガム宮殿
Buckingham Palace
ハロッズ
Harrods
ケンジントン・ハイ・ストリート
ヴィクトリア&アルバート博物館
Victoria & Albert Museum
ケンジントン（オリンピア）駅
自然史博物館
Natural History Museum
サウス・ケンジントン駅
ヴィクトリア駅
Victoria Sta.
クロムウェル・ロード
Cromwell Rd.
サークル・ライン
Circle Line
ディストリクト・ライン
District Line
サウス・ケンジントン
South Kensington
フラム・ロード
Fulham Rd.
スローン・スクエア駅
Sloane Square Sta.
ウェスト・ケンジントン駅
アールズ・コート駅
キングス・ロード
King's Rd.
アールズ・コート
Earl's Court
ケンジントン&チェルシー区
Kensington & Chelsea
チェルシー
Chelsea
River Thames
Regent's Canal
P.77 チェルシー・ガーデナー
The Chelsea Gardener
ウェスト・ブロンプトン駅
ハマースミス&フラム区
Hammersmith & Fulham
カーライルの家
Carlyle's House
PICK UP
バタシー▶P.72
バタシー・パワーステーション
Battersea Power Station
チェルシー・スタジアム（スタンフォード・ブリッジ）
Chelsea Stadium (Stamford Bridge)
ウォラム
Walham
アルバート・ブリッジ
Albert Bridge
バタシー・パーク
Battersea Park
バタシー
Battersea
A
B
C
1
2
3
4

ロンドン中心部①
周辺図▶P.4
上が北
0 300m
1：14,000
P.10
P.6
P.16
P.12
24
22 20
P.8
P.18
P.14
ホクストン
Hoxton
ハガーストン
Haggerston
ハックニー区
Hackney
タワー・ハムレッツ区
Tower Hamlets
ショーディッチ
Shoreditch
スピタルフィールズ
Spitalfields
ホクストン駅
Hoxton Sta.
オールド・ストリート
Old Street
ショーディッチ・ハイ・ストリート駅
Shoreditch High Street Sta.
リヴァプール・ストリート駅
Liverpool Street Sta.
ムーアゲート
Moorgate
ロンドン・オーバーグラウンド鉄道
London Overground
セントラル・ライン
Central Line
ハマースミス＆シティ・ライン
Hammersmith & City Line
ディストリクト・ライン
District Line
ミュージアム・オブ・ザ・ホーム
Museum of the Home
ミェン・タイ
Mien Tay
P.119
ヴェト・グリル
Viet Grill
ドリーム・バッグス・ジャガー・シューズ
Dream Bags Jaguar Shoes
ブルー
Bluu
ホワイト・キューブ
White Cube
エス・シー・ピー
SCP
P.81 バンクシーのストリートアート
Banksy Street Art
ホクストン・セブン
Hoxton Seven
ラスコー・セント マイケルズ
Lassco St.Michaels
P.81 コロンビア・ロード フラワー・マーケット
Columbia Road Flower Market
ジョーンズ・デイリー
Jones Dairy
マルコス&トランプ
Marcos & Trump
P.81 アンジェラ・フランダース パフューマリー
Angela Flanders Perfumery
ヴィンテージ・ヘヴン P.79
Vintage Heaven
トゥ・コロンビア・ロード
Two Columbia Road
ララシェ
Larache
バーンストック スペアーズ
Bernstock Speirs
P.80 レイバー&ウェイト
Labour & Wait
レ・トロワ・ギャルソン
Les Trois Garçons
ベーグル・ベイク P.81
Beigel Bake
ブリック・レーン
Brick Lane
ロキット
Rokit
P.88 プラネット オーガニック
Planet Organic
バックヤード・マーケット
Backyard Market
ティー・ルームズ P.22
The Tea Rooms
デニス・シヴァーズ・ハウス
Dennis Severs House
P.22 アップマーケット
Upmarket
ヌード・エスプレッソ P.102
Nude Espresso
プリーム
Preem
ロンドン・ジャム・マスジット・モスク
P.21 オールド・スピタルフィールズ・マーケット
Old Spitalfields Market
P.116 65a
65a
クライスト・チャーチ
Christ Church, Spitalfields
シナゴーグ
Synagogue
PICK UP
ショーディッチ▶P.80
ロンドン ツーリスト・ボード
アンジェラ・フランダース・パフューマー・スピタルフィールズ店
Angela Flanders Perfumer Spitalfields
アンダーズ
ANdAZ
P.55
ホワイトチャペル・ギャラリー
Whitechapel Gallery
レジャー・センター
Leisure Centre
ワイトモア小学校
Whitmore Prim. Sch.
ショーディッチ パーク
Shoreditch Park
セント・アネス教会
セント・コランバ教会
St. Columba Church
小学校
Primary School
ハックニー 教員センター
聖ジョン ザ・バプティスト教会
ハックニー コミュニティ・カレッジ
Hackney Community Collage
ホクストンスクエア
Hoxton Sq.
チャールズ スクエア
ヴィクトリア 工科大学
ショーディッチ教会
Shoreditch Church
アーノルド・サーカス
Arnold Circus
中央財団 学校
裁判所
ウェズリー・ハウス &チャペル
ムーアフィールズ 眼科病院
バンヒル墓地
Bunhill Fields
H. A. C. グラウンド
ロンドン・メトロポリタン大学
London Metropolitan University
フィンズベリー スクエア
フィンズベリー サーカス
オール ハローズ教会
ペティコート・レーン マーケット
Haggerston Park
Shepperton Rd.
Baring St.
Bridport Place
Poole St.
Penn St.
Whitmore Rd.
De Beauvoire Cres.
Orsman Rd.
Wilmer Gardens
Stean St.
Dunston Rd.
Laburnum St.
Whiston Rd.
Ivy St.
Purcell St.
Buckland St.
Hoxton St.
Stanway St.
Kingsland Rd.
New North Rd.
Wenlock St.
Provost St.
East Rd.
Crondall St.
Falkirk St.
Bevenden St.
Fanshaw St.
Pitfield St.
Hackney Rd. ハックニー・ロード
Squirries St.
Bethnal Green Rd. ベスナル・グリーン・ロード
オールド・ストリート
Shoreditch High St.
Curtain Rd.
Great Eastern St. グレート・イースタン・ストリート
Leonard St.
Chilton St.
Sclater St.
City Rd.
Tabernacle St.
Paul St.
Clifton St.
Scrutton St.
Worship St.
Christpher St.
Bunhill Row
Commercial St.
Brick Lane
Buxton St.
Appold St.
Primrose St.
Bell Lane
Middlesex St.
Wentworth St.
Whitechapel Rd.
Liverpool Street リヴァプール・ストリート
Wormwood St.
Moorgate
D
E
F
1
2
3
4

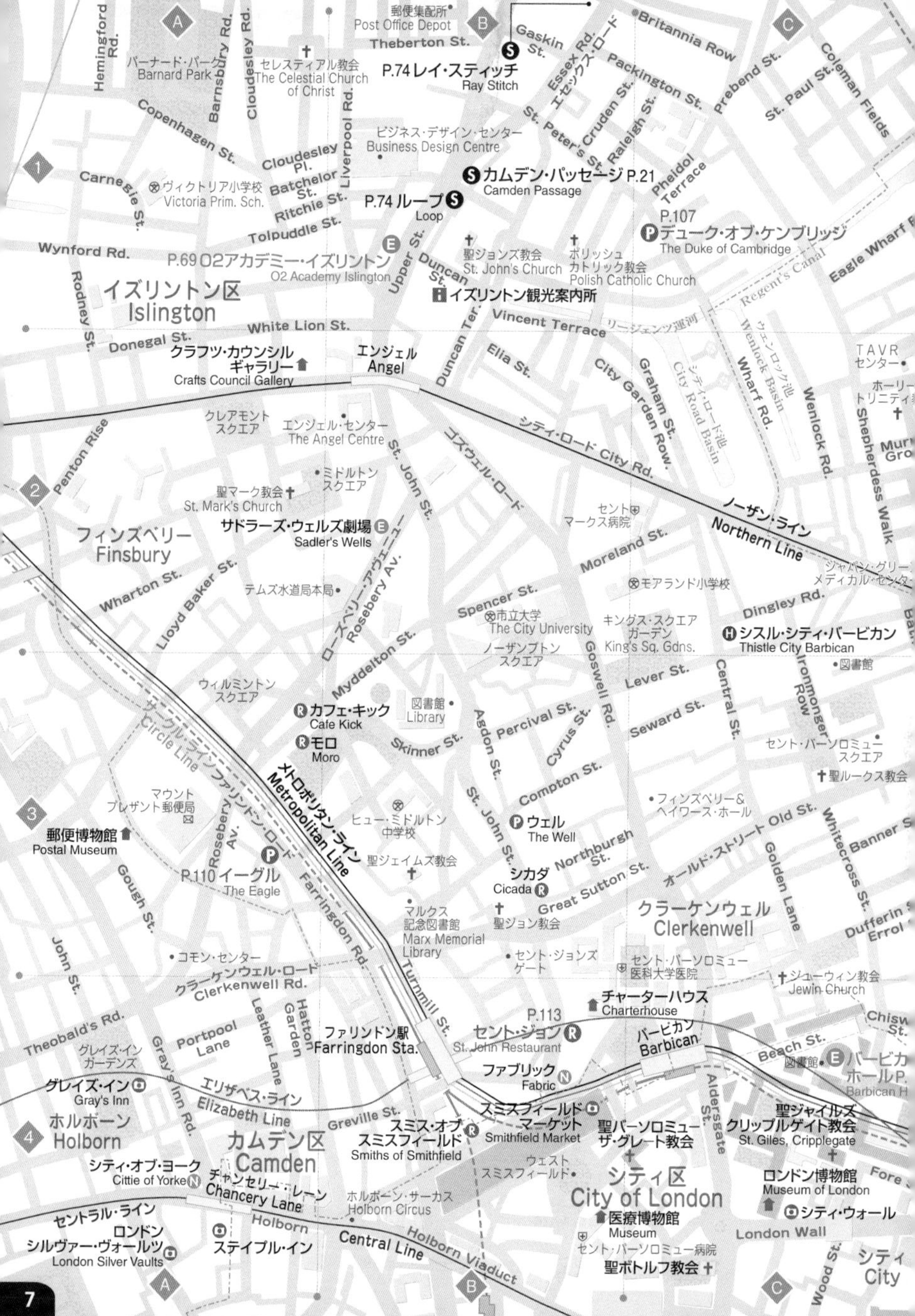

郵便集配所
Post Office Depot
Theberton St.
バーナード・パーク
Barnard Park
セレスティアル教会
The Celestial Church of Christ
P.74 レイ・スティッチ
Ray Stitch
Gaskin St.
Essex Rd.
エセックス・ロード
Britannia Row
Packington St.
Prebend St.
St. Paul St.
Coleman Fields
Hemingford Rd.
Barnsbury Rd.
Cloudesley Rd.
Liverpool Rd.
Copenhagen St.
ビジネス・デザイン・センター
Business Design Centre
Cloudesley Pl.
Batchelor St.
St. Peter's St.
Cruden St.
Raleigh St.
Pheidol Terrace
Carnegie St.
ヴィクトリア小学校
Victoria Prim. Sch.
カムデン・パッセージ P.21
Camden Passage
Ritchie St.
P.74 ループ
Loop
P.107
デューク・オブ・ケンブリッジ
The Duke of Cambridge
Tolpuddle St.
Wynford Rd.
P.69 O2アカデミー・イズリントン
O2 Academy Islington
Upper St.
聖ジョンズ教会
St. John's Church
ポリッシュ・カトリック教会
Polish Catholic Church
Duncan St.
Eagle Wharf Rd.
Regent's Canal
イズリントン区
Islington
Rodney St.
イズリントン観光案内所
White Lion St.
Vincent Terrace
リージェンツ運河
ウェンロック池
Wenlock Basin
Donegal St.
クラフツ・カウンシル・ギャラリー
Crafts Council Gallery
エンジェル
Angel
Duncan Ter.
Elia St.
City Garden Row
Graham St.
シティ・ロード池
City Road Basin
Wharf Rd.
TAVR センター
ホーリー・トリニティ
クレアモント・スクエア
エンジェル・センター
The Angel Centre
シティ・ロード City Rd.
Wenlock Rd.
Shepherdess Walk
Penton Rise
ミドルトン・スクエア
St. John St.
ゴズウェル・ロード
聖マーク教会
St. Mark's Church
セント・マークス病院
ノーザン・ライン
Northern Line
フィンズベリー
Finsbury
サドラーズ・ウェルズ劇場
Sadler's Wells
ローズベリー・アヴェニュー
Rosebery Av.
Moreland St.
Wharton St.
Lloyd Baker St.
テムズ水道局本局
モアランド小学校
ジャパン・グリーン・メディカル・センター
Spencer St.
Dingley Rd.
市立大学
The City University
キングス・スクエア・ガーデン
King's Sq. Gdns.
シスル・シティ・バービカン
Thistle City Barbican
Myddelton St.
ノーザンプトン・スクエア
Goswell Rd.
Lever St.
Central St.
Ironmonger Row
図書館
ウィルミントン・スクエア
カフェ・キック
Cafe Kick
図書館
Library
Agdon St.
Percival St.
Cyrus St.
Seward St.
サークル・ライン
Circle Line
モロ
Moro
Skinner St.
セント・バーソロミュー・スクエア
メトロポリタン・ライン
Metropolitan Line
ファリンドン・ロード
Compton St.
聖ルークス教会
マウント・プレザント郵便局
ヒュー・ミドルトン中学校
フィンズベリー&ヘイワース・ホール
Old St.
オールド・ストリート
Whitecross St.
Banner St.
郵便博物館
Postal Museum
Rosebery Av.
ウェル
The Well
St. John St.
Northburgh St.
P.110 イーグル
The Eagle
聖ジェイムズ教会
シカダ
Cicada
Golden Lane
Gough St.
Farringdon Rd.
Great Sutton St.
マルクス記念図書館
Marx Memorial Library
聖ジョン教会
クラーケンウェル
Clerkenwell
Dufferin St.
Errol St.
John St.
コモン・センター
セント・ジョンズ・ゲート
セント・バーソロミュー医科大学医院
クラーケンウェル・ロード
Clerkenwell Rd.
Turnmill St.
ジューウィン教会
Jewin Church
Hatton Garden
Leather Lane
チャーターハウス
Charterhouse
Theobald's Rd.
Portpool Lane
P.113
ファリンドン駅
Farringdon Sta.
セント・ジョン
St. John Restaurant
バービカン
Barbican
Chiswell St.
グレイズ・イン・ガーデンズ
Gray's Inn Rd.
Beach St.
図書館
バービカン・ホール
Barbican Hall
ファブリック
Fabric
グレイズ・イン
Gray's Inn
エリザベス・ライン
Elizabeth Line
Aldersgate St.
スミスフィールド・マーケット
Smithfield Market
聖ジャイルズ・クリップルゲイト教会
St. Giles, Cripplegate
Greville St.
スミス・オブ・スミスフィールド
Smiths of Smithfield
聖バーソロミュー・ザ・グレート教会
ホルボーン
Holborn
カムデン区
Camden
ウェスト・スミスフィールド
シティ区
City of London
ロンドン博物館
Museum of London
Fore St.
シティ・オブ・ヨーク
Cittie of Yorke
チャンセリー・レーン
Chancery Lane
ホルボーン・サーカス
Holborn Circus
シティ・ウォール
医療博物館
Museum
セントラル・ライン
Central Line
Holborn
Holborn Viaduct
London Wall
ロンドン・シルヴァー・ヴォールツ
London Silver Vaults
ステイプル・イン
セント・バーソロミュー病院
聖ボトルフ教会
Wood St.
シティ
City

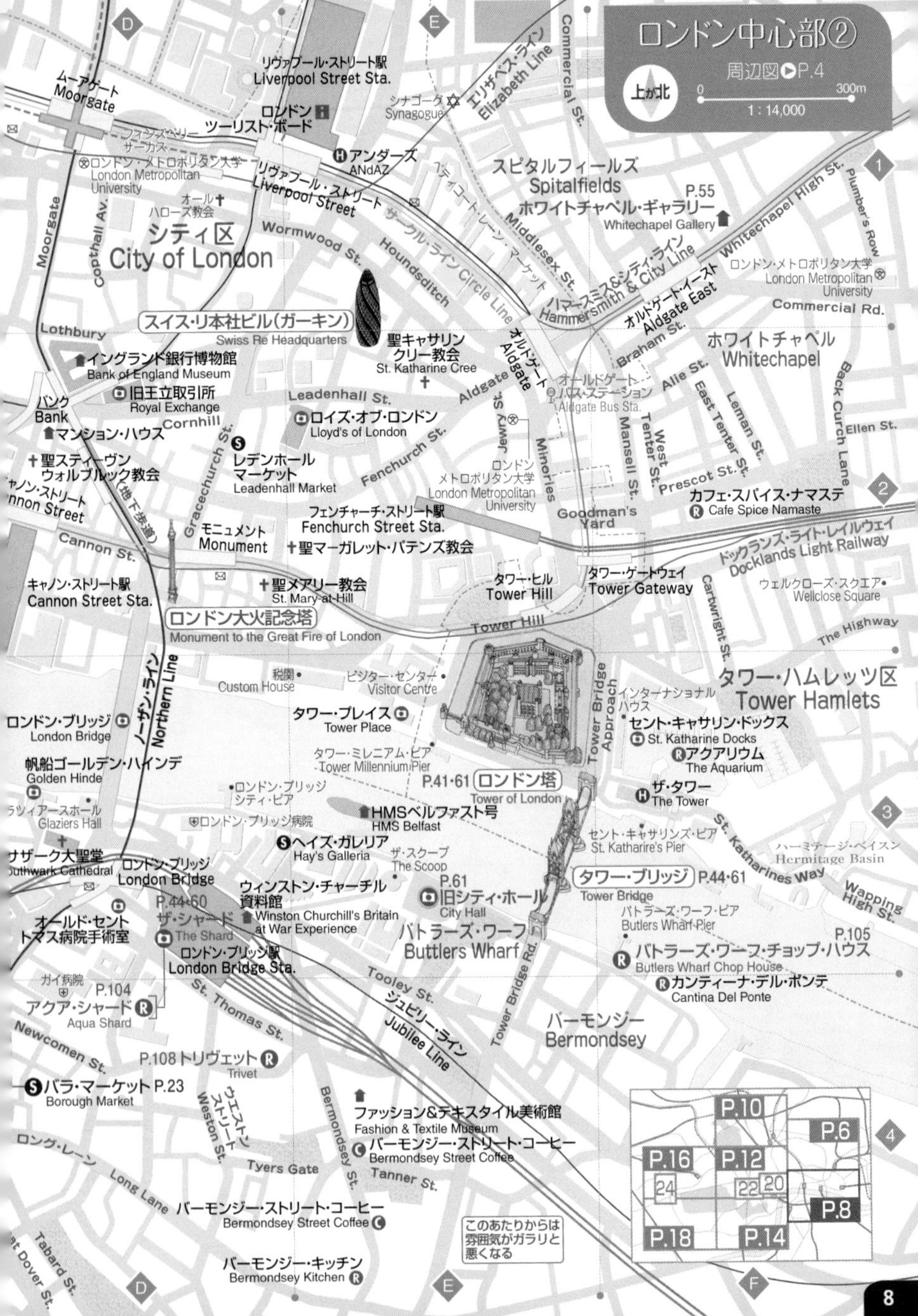
ロンドン中心部②
周辺図▶P.4
上が北
0 300m
1：14,000
リヴァプール・ストリート駅
Liverpool Street Sta.
ロンドン ツーリスト・ボード
アンダーズ
ANdAZ
ムーアゲート
Moorgate
シナゴーグ
Synagogue
エリザベス・ライン
Elizabeth Line
Commercial St.
ロンドン・メトロポリタン大学
London Metropolitan University
オール・ハローズ教会
シティ区
City of London
リヴァプール・ストリート
Liverpool Street
スピタルフィールズ
Spitalfields
P.55
ホワイトチャペル・ギャラリー
Whitechapel Gallery
Whitechapel High St.
Plumber's Row
Moorgate
Copthall Av.
Wormwood St.
Houndsditch
サークル・ライン
Circle Line
Middlesex St.
ハマースミス&シティ・ライン
Hammersmith & City Line
オルドゲート・イースト
Aldgate East
Commercial Rd.
スイス・リ本社ビル（ガーキン）
Swiss Re Headquarters
聖キャサリン・クリー教会
St. Katharine Cree
Lothbury
イングランド銀行博物館
Bank of England Museum
旧王立取引所
Royal Exchange
バンク
Bank
マンション・ハウス
Cornhill
Leadenhall St.
ロイズ・オブ・ロンドン
Lloyd's of London
オルドゲート
Aldgate
Braham St.
ホワイトチャペル
Whitechapel
オールドゲート・バス・ステーション
Aldgate Bus Sta.
Alie St.
Back Church Lane
Ellen St.
聖スティーヴン・ウォルブルック教会
レデンホール・マーケット
Leadenhall Market
Gracechurch St.
Fenchurch St.
Jewry St.
Minories
ロンドン メトロポリタン大学
London Metropolitan University
Mansell St.
West Tenter St.
East Tenter St.
Leman St.
Prescot St.
カフェ・スパイス・ナマステ
Cafe Spice Namaste
Cannon Street
（地下抜道）
フェンチャーチ・ストリート駅
Fenchurch Street Sta.
Goodman's Yard
Cannon St.
モニュメント
Monument
聖マーガレット・パテンズ教会
ドックランズ・ライト・レイルウェイ
Docklands Light Railway
キャノン・ストリート駅
Cannon Street Sta.
聖メアリー教会
St. Mary-at-Hill
タワー・ヒル
Tower Hill
タワー・ゲートウェイ
Tower Gateway
Cartwright St.
ウェルクローズ・スクエア
Wellclose Square
ロンドン大火記念塔
Monument to the Great Fire of London
Tower Hill
The Highway
ノーザン・ライン
Northern Line
税関
Custom House
ビジター・センター
Visitor Centre
タワー・ハムレッツ区
Tower Hamlets
Tower Bridge Approach
インターナショナル ハウス
ロンドン・ブリッジ
London Bridge
タワー・プレイス
Tower Place
セント・キャサリン・ドックス
St. Katharine Docks
アクアリウム
The Aquarium
帆船ゴールデン・ハインデ
Golden Hinde
タワー・ミレニアム・ピア
Tower Millennium Pier
P.41・61
ロンドン塔
Tower of London
ザ・タワー
The Tower
ロンドン・ブリッジ シティ・ピア
グラツィアースホール
Glaziers Hall
ロンドン・ブリッジ病院
HMSベルファスト号
HMS Belfast
セント・キャサリンズ・ピア
St. Katharine's Pier
ハーミテージ・ベイスン
Hermitage Basin
サザーク大聖堂
Southwark Cathedral
ヘイズ・ガレリア
Hay's Galleria
ザ・スクープ
The Scoop
St. Katharines Way
ロンドン・ブリッジ
London Bridge
ウィンストン・チャーチル資料館
Winston Churchill's Britain at War Experience
P.61
旧シティ・ホール
City Hall
タワー・ブリッジ
P.44・61
Tower Bridge
Wapping High St.
オールド・セント トマス病院手術室
P.44・60
ザ・シャード
The Shard
バトラーズ・ワーフ
Buttlers Wharf
バトラーズ・ワーフ・ピア
Butlers Wharf Pier
P.105
バトラーズ・ワーフ・チョップ・ハウス
Butlers Wharf Chop House
ロンドン・ブリッジ駅
London Bridge Sta.
Tooley St.
カンティーナ・デル・ポンテ
Cantina Del Ponte
ガイ病院
P.104
アクア・シャード
Aqua Shard
St. Thomas St.
ジュビリー・ライン
Jubilee Line
Tower Bridge Rd.
バーモンジー
Bermondsey
Newcomen St.
P.108 トリヴェット
Trivet
バラ・マーケット P.23
Borough Market
ウエストン ストリート
Weston St.
Bermondsey St.
ファッション&テキスタイル美術館
Fashion & Textile Museum
バーモンジー・ストリート・コーヒー
Bermondsey Street Coffee
ロング・レーン
Long Lane
Tyers Gate
Tanner St.
バーモンジー・ストリート・コーヒー
Bermondsey Street Coffee
このあたりからは雰囲気がガラリと悪くなる
バーモンジー・キッチン
Bermondsey Kitchen
Tabard St.
Great Dover St.
P.10
P.6
P.16
P.12
24
22
20
P.8
P.18
P.14
D
E
F
1
2
3
4

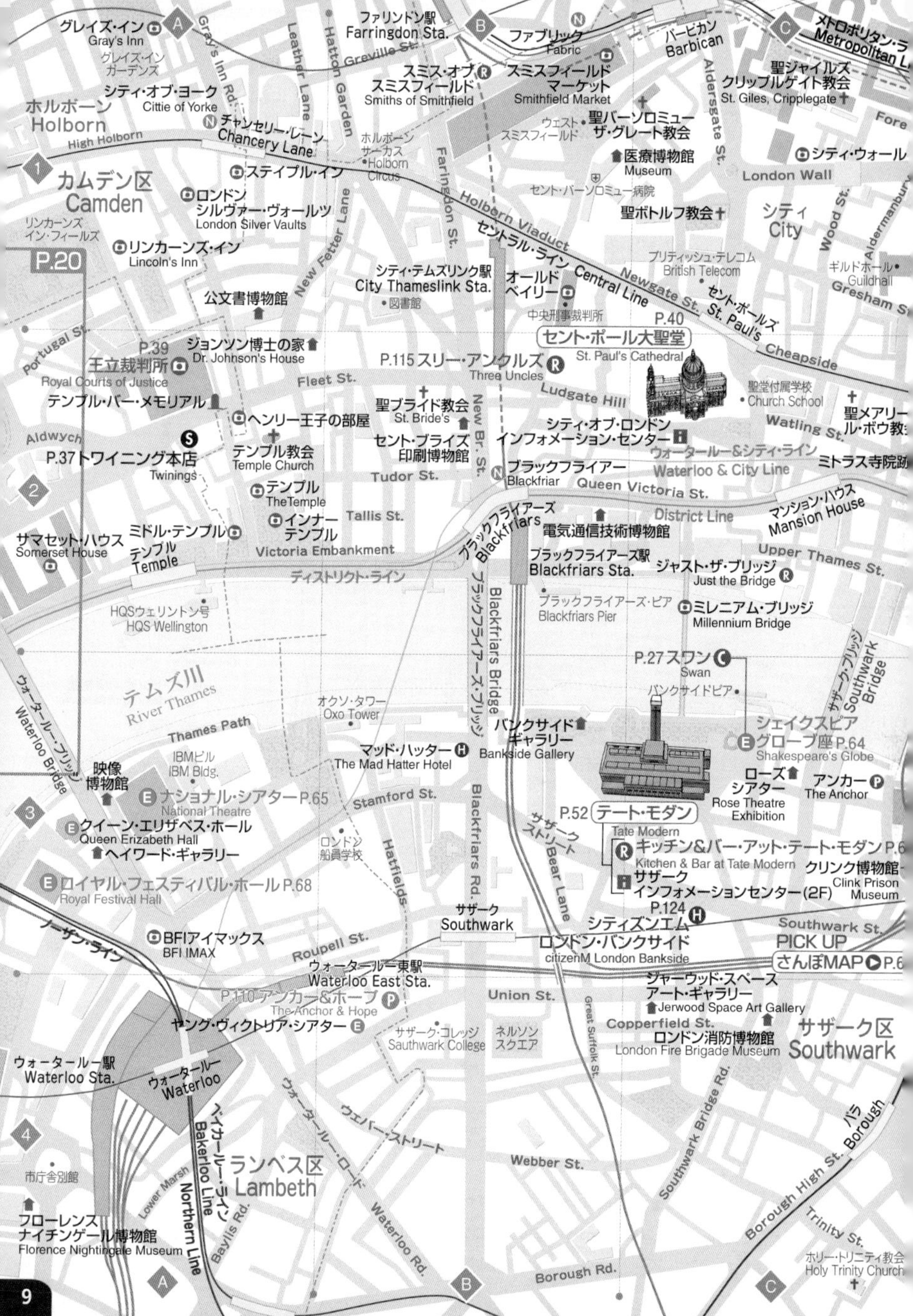
グレイズ・イン
Gray's Inn
グレイズ・イン・ガーデンズ
ファリンドン駅
Farringdon Sta.
ファブリック
Fabric
バービカン
Barbican
メトロポリタン・ライン
Metropolitan Line
シティ・オブ・ヨーク
Cittie of Yorke
ホルボーン
Holborn
スミス・オブ・スミスフィールド
Smiths of Smithfield
スミスフィールド・マーケット
Smithfield Market
聖ジャイルズ・クリップルゲイト教会
St. Giles, Cripplegate
チャンセリー・レーン
Chancery Lane
聖バーソロミュー・ザ・グレート教会
医療博物館
Museum
シティ・ウォール
London Wall
カムデン区
Camden
ステイプル・イン
ロンドン・シルヴァー・ヴォールツ
London Silver Vaults
セント・バーソロミュー病院
聖ボトルフ教会
シティ
City
リンカーンズ・イン・フィールズ
リンカーンズ・イン
Lincoln's Inn
P.20
シティ・テムズリンク駅
City Thameslink Sta.
オールド・ベイリー
中央刑事裁判所
セントラル・ライン
Central Line
ブリティッシュ・テレコム
British Telecom
ギルドホール
Guildhall
公文書博物館
P.40
セント・ポール大聖堂
St. Paul's Cathedral
ジョンソン博士の家
Dr. Johnson's House
P.39
王立裁判所
Royal Courts of Justice
P.115 スリー・アンクルズ
Three Uncles
聖堂付属学校
Church School
テンプル・バー・メモリアル
聖ブライド教会
St. Bride's
聖メアリー・ル・ボウ教会
ヘンリー王子の部屋
シティ・オブ・ロンドン・インフォメーション・センター
セント・ブライズ印刷博物館
テンプル教会
Temple Church
P.37 トワイニング本店
Twinings
ブラックフライアー
Blackfriar
ウォータールー&シティ・ライン
Waterloo & City Line
ミトラス寺院跡
テンプル
The Temple
インナー・テンプル
ブラックフライアーズ
Blackfriars
電気通信技術博物館
District Line
マンション・ハウス
Mansion House
サマセット・ハウス
Somerset House
ミドル・テンプル
テンプル
Temple
ブラックフライアーズ駅
Blackfriars Sta.
ジャスト・ザ・ブリッジ
Just the Bridge
ディストリクト・ライン
HQSウェリントン号
HQS Wellington
ブラックフライアーズ・ピア
Blackfriars Pier
ミレニアム・ブリッジ
Millennium Bridge
P.27 スワン
Swan
バンクサイドピア
テムズ川
River Thames
オクソ・タワー
Oxo Tower
ブラックフライアーズ・ブリッジ
Blackfriars Bridge
サザーク・ブリッジ
Southwark Bridge
ウォータールー・ブリッジ
Waterloo Bridge
バンクサイド・ギャラリー
Bankside Gallery
シェイクスピア・グローブ座 P.64
Shakespeare's Globe
マッド・ハッター
The Mad Hatter Hotel
IBMビル
IBM Bldg.
映像博物館
ローズ・シアター
Rose Theatre Exhibition
アンカー
The Anchor
ナショナル・シアター P.65
National Theatre
P.52 テート・モダン
Tate Modern
クイーン・エリザベス・ホール
Queen Erizabeth Hall
ヘイワード・ギャラリー
ロンドン船員学校
キッチン&バー・アット・テート・モダン
Kitchen & Bar at Tate Modern
クリンク博物館
Clink Prison Museum
ロイヤル・フェスティバル・ホール P.68
Royal Festival Hall
サザーク・インフォメーションセンター (2F)
サザーク
Southwark
P.124 シティズンエム・ロンドン・バンクサイド
citizenM London Bankside
ノーザン・ライン
BFIアイマックス
BFI IMAX
ウォータールー東駅
Waterloo East Sta.
PICK UP さんぽMAP P.6
P.110 アンカー&ホープ
The Anchor & Hope
ジャーウッド・スペース・アート・ギャラリー
Jerwood Space Art Gallery
ヤング・ヴィクトリア・シアター
サザーク・コレッジ
Southwark College
ネルソン・スクエア
ロンドン消防博物館
London Fire Brigade Museum
サザーク区
Southwark
ウォータールー駅
Waterloo Sta.
ウォータールー
Waterloo
ベイカールー・ライン
Bakerloo Line
ウォータールー・ロード
ウェバー・ストリート
ランベス区
Lambeth
市庁舎別館
フローレンス・ナイチンゲール博物館
Florence Nightingale Museum
Northern Line
バラ
Borough
ホリー・トリニティ教会
Holy Trinity Church
Greville St.
Leather Lane
Hatton Garden
Gray's Inn Rd.
High Holborn
Farringdon St.
Aldersgate St.
Holborn Viaduct
New Fetter Lane
Newgate St.
Cheapside
Portugal St.
Fleet St.
Ludgate Hill
Watling St.
Aldwych
Tudor St.
Queen Victoria St.
Tallis St.
Victoria Embankment
Upper Thames St.
Thames Path
Stamford St.
Hatfields
Bear Lane
Southwark St.
Roupell St.
Union St.
Copperfield St.
Great Suffolk St.
Webber St.
Southwark Bridge Rd.
Borough High St.
Trinity St.
Waterloo Rd.
Baylis Rd.
Lower Marsh
Borough Rd.
Blackfriars Rd.
New Br. St.
Wood St.
Aldermanbury
Gresham St.
Fore St.

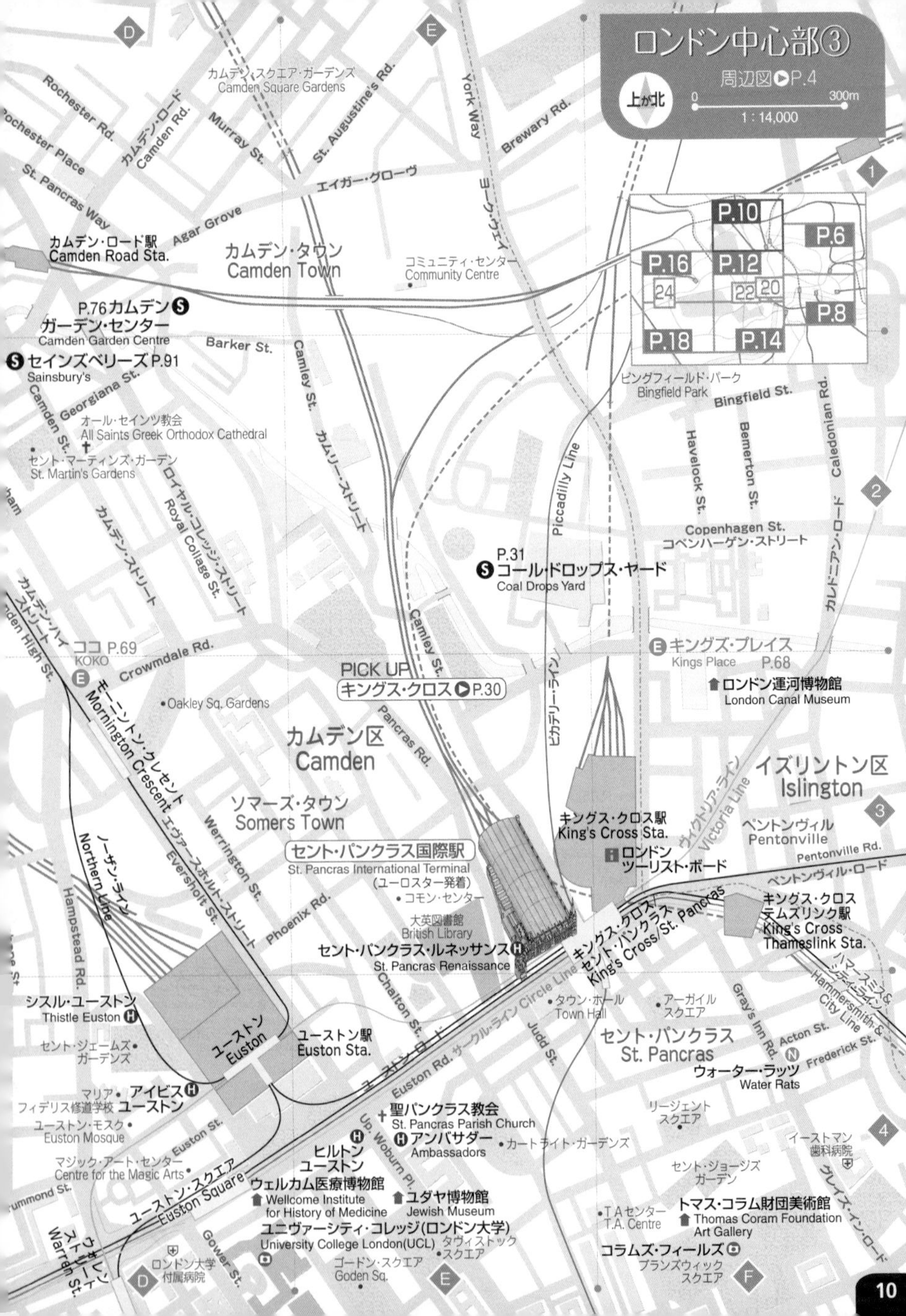
ロンドン中心部③
周辺図▶P.4
上が北
0
300m
1 : 14,000
P.10
P.6
P.16
P.12
24
22
20
P.8
P.18
P.14
カムデン・スクエア・ガーデンズ
Camden Square Gardens
Rochester Rd.
Rochester Place
St. Pancras Way
カムデン・ロード
Camden Rd.
Murray St.
St. Augustine's Rd.
York Way
ヨーク・ウェイ
Brewary Rd.
エイガー・グローヴ
Agar Grove
カムデン・ロード駅
Camden Road Sta.
カムデン・タウン
Camden Town
コミュニティ・センター
Community Centre
P.76 カムデン・ガーデン・センター
Camden Garden Centre
Barker St.
セインズベリーズ P.91
Sainsbury's
Georgiana St.
Camden St.
Camley St.
カムリー・ストリート
オール・セインツ教会
All Saints Greek Orthodox Cathedral
セント・マーティンズ・ガーデン
St. Martin's Gardens
ロイヤル・コレッジ・ストリート
Royal Collage St.
カムデン・ストリート
カムデン・ハイ・ストリート
Camden High St.
Piccadilly Line
ピカデリー・ライン
ビングフィールド・パーク
Bingfield Park
Bingfield St.
Havelock St.
Bemerton St.
Caledonian Rd.
カレドニアン・ロード
Copenhagen St.
コペンハーゲン・ストリート
P.31
コール・ドロップス・ヤード
Coal Drops Yard
ココ P.69
KOKO
Crowmdale Rd.
キングズ・プレイス
Kings Place
P.68
ロンドン運河博物館
London Canal Museum
PICK UP
キングズ・クロス▶P.30
Oakley Sq. Gardens
モーニントン・クレセント
Mornington Crescent
カムデン区
Camden
Pancras Rd.
イズリントン区
Islington
ヴィクトリア・ライン
Victoria Line
ソマーズ・タウン
Somers Town
キングス・クロス駅
King's Cross Sta.
ロンドン ツーリスト・ボード
ペントンヴィル
Pentonville
Pentonville Rd.
ペントンヴィル・ロード
セント・パンクラス国際駅
St. Pancras International Terminal
(ユーロスター発着)
コモン・センター
ノーザン・ライン
Northern Line
エヴァースホルト・ストリート
Eversholt St.
Werrington St.
Phoenix Rd.
大英図書館
British Library
セント・パンクラス・ルネッサンス
St. Pancras Renaissance
キングズ・クロス/セント・パンクラス
King's Cross/St. Pancras
キングズ・クロス テムズリンク駅
King's Cross Thameslink Sta.
ハマースミス&シティ・ライン
Hammersmith & City Line
Hampstead Rd.
シスル・ユーストン
Thistle Euston
Chalton St.
Circle Line
サークル・ライン
タウン・ホール
Town Hall
アーガイル スクエア
セント・ジェームズ・ガーデンズ
ユーストン
Euston
ユーストン駅
Euston Sta.
Judd St.
Gray's Inn Rd.
Acton St.
Frederick St.
セント・パンクラス
St. Pancras
ウォーター・ラッツ
Water Rats
Euston Rd.
ユーストン・ロード
マリア・フィデリス修道学校
アイビス ユーストン
ユーストン・モスク
Euston Mosque
聖パンクラス教会
St. Pancras Parish Church
リージェント スクエア
アンバサダー
Ambassadors
カートライト・ガーデンズ
イーストマン歯科病院
マジック・アート・センター
Centre for the Magic Arts
Euston St.
ヒルトン ユーストン
Up. Woburn Pl.
セント・ジョージズ ガーデン
Drummond St.
ユーストン・スクエア
Euston Square
ウェルカム医療博物館
Wellcome Institute for History of Medicine
ユダヤ博物館
Jewish Museum
T.A センター
T.A. Centre
トマス・コラム財団美術館
Thomas Coram Foundation Art Gallery
グレイズ・イン・ロード
ユニヴァーシティ・コレッジ(ロンドン大学)
University College London(UCL)
タヴィストック スクエア
ウォレン・ストリート
Warren St.
ロンドン大学付属病院
Gower St.
ゴードン・スクエア
Goden Sq.
コラムズ・フィールズ
ブランズウィック スクエア
D
E
F
1
2
3
4

Eton Av.
Fellows Rd.
Adelaide Rd.
アデレード・ロード
Primrose Hill Rd.
シナゴーグ
Synagogue
Eton Rd.
ハーヴァーストック校
Haverstock School
マリーン・アイス
Marine Ice
Crossland Rd.
チョーク・ファーム
Chalk Farm
Chalk Farm Rd.
チョーク・ファーム・ロード
Ferdinand St.
Harmoo St.
Castle Rd.
Castlehaven Rd.
Hartland Rd.
ケンティッシュ・タウン・ロード
マイ・ヴィレッジ・カフェ
My Village Café
ラウンドハウス
The Roundhouse
King Henry's Rd.
セント・メアリー教会
St. Mary's Church
Elsworthy Rise
Lower Merton Rise
Elsworthy Rd.
トロイカ
Trojka
ペンブローク
The Penbroke
チョーク・ファーム
Chalk Farm
ステイブルズ・マーケット
Stables Market
ヴィレッジ・マーケット
Village Market
Kentish Town Rd.
Ainger Rd.
フィッツロイズ・フラワーズ&アンティークス
Fitzroy's Flowers & Antiques
ランカ
Lanka
オデッツ
Odette's
プリムローズ・ヒル・ロード
P.21カムデン・マーケット
Camden Market
Gloucester Av.
プリムローズ・ベーカリー
Primrose Bakery
Jamestown Rd.
プリムローズ・ヒル
Primrose Hill
Regent's Park Rd.
Fitzroy Rd.
Chalcot Rd.
Princess Rd.
エンジニア
The Engineer
Oval Rd.
ハッシュ
Hache
カムデン・タウン
Camden Town
ラ・コリーナ
La Collina
P.32プリムローズ・ヒル
Primrose Hill
リージェンツ・パーク・ロード
セント・マーク教会
St. Mark's Church
P.69 ダブリン・キャッスル
The Dublin Castle
パークウェイ
ジャズ・カフェ
Jazz Cafe
ホール・フーズ・マーケット
Whole Foods Market
Parkway
Delancy St.
Arlington
エディンバラ・キャッスル
Edinboro Castle
Park Village East
Regent's Canal
Prince Albert Rd.
Outer Circle
ロンドン動物園
ZSL London Zoo
シティ・オブ・ウェストミンスター区
City of Westminster
P.32リージェンツ・パーク
The Regent's Park
リージェンツ・パーク・バラックス
Regent's Park Barracks
カンバーランド・テラス
Cumberland Terrace
ブロード・ウォーク
Broad Walk
リージェンツ・パーク
Regent's Park
カンバーランド・ゲート
Cumberland Gate
アウター・サークル
オルバニー・ストリート
セント・ジョンズ・ロッジ
St. John's Lodge
パークス・デパートメント
Parks Department
Chester Rd.
チェスター・ロード
Robert
ロンドン中央モスク
London Central Mosque
ジュビリー・ライン
Jubilee Line
メトロポリタン・ライン
Metropolitan Line
野外シアター
Regent's Park Open Air Theatre
ボート池
Boating Lake
Outer Circle
アヴェニュー・ガーデンズ
Avenue Gardens
クイーン・メアリーズ・ガーデンズ
Queen Mary's Gardens
イングリッシュ・ガーデンズ
English Gardens
Outer Circle
Albany St.
ロンドン・ビジネス・スクール
London Business School
Inner Circle
リージェンツ・カレッジ
Regents College
テニスコート
Tennis Courts
王立医科大学
Royal College of Physicians
メリア・ホワイト・ハウス
Melia White House
パーク・ロード
Park Rd.
クラレンス・ゲート
Clarence Gate
パーク・スクエア・ガーデンズ
Park Square Gardens

ロンドン中心部④
上が北
周辺図▶P.4
0 300m
1：14,000
ユーストン駅
Euston Sta.
シスル・ユーストン
Thistle Euston
ロンドン・ツーリスト・ボード
マークス&スペンサー
ユーストン
Euston
Euston Rd.
Circle Line
サークル・ライン
タウン・ホール
Town Hall
Chalton St.
Hampstead Rd.
セント・ジェイムズ・ガーデンズ
マリア・フィデリス修道学校
アイビス・ユーストン
ユーストン・モスク
Euston Mosque
Euston St.
聖パンクラス教会
St. Pancras Parish Church
アンバサダー
Ambassadors
カートライト・ガーデンズ
ヒルトン・ユーストン
Up Woburn Pl.
マジック・アート・センター
Centre for the Magic Arts
ユーストン・スクエア
Euston Square
ウェルカム医療博物館
Wellcome Institute for History of Medicine
ユダヤ博物館
Jewish Museum
タヴィストック・スクエア
P.124
ジェネレーター・ロンドン
Generator London
リージェント・スクエア
セント・ジョージズ・ガーデン
グレイズ・イン・ロード
Gray's Inn Rd.
トマス・コラム財団美術館
Thomas Coram Foundation Art Gallery
T.A センター
T.A. Centre
ブランズウィック・スクエア
コラムズ・フィールズ
ロンドン大学付属病院
ユニヴァーシティ・カレッジ(ロンドン大学)
University College London(UCL)
ウォレン・ストリート
Warren St.
ゴードン・スクエア
Goden Sq.
パーシヴァル・ディヴィッド中国美術財団美術館
Percival David Foundation of Chinese Art
ブランズウィック・センター
ディケンズ・ハウス博物館
Dickens House Museum
ルノワール映画館
Renoir Cinema
Guilford St.
Doughty St.
フィッツロヴィア
Fitzrovia
Gower St.
古代エジプト博物館
Petrie Museum of Egyptian Archaeology
ラッセル・スクエア
Russell Square
ブルームズベリ
Bloomsbury
フィッツロイ・スクエア
サルド
Sardo
ロイヤル・ナショナル
Royal National
ラッセル
Russell
小児病院
Great Ormond St. Hospital for Children
BTタワー
BT Tower
ガース
Garth
セナート・ハウス
Senate House
Russell Sq.
ラッセル・スクエア・ガーデンズ
Southampton Row
インペリアル
The Imperial
Great Ormond St.
コモン・センター
Common Centre
ヒールズ
Heal's
ミドルセックス病院
Middlesex Hospital
ブルネイ・ギャラリー
Burnei Gallery
ウェーヴァリー・ハウス
アカデミー
Academy
ロイヤル・アカデミー・オブ・ドラマティック・アート
ブルームズベリ・パーク
ウェストミンスター大学
Univ. of Westminster
P.50
大英博物館
The British Museum
グレート・コート P.51
Great Court Restaurant
Theobald's Rd.
ポロックおもちゃ博物館
グッジ・ストリート
Goodge Street
グランジ・ブルームス
Grange Blooms Hotel
キャンディ・ケーキ
Candy Cakes
P.115
ブサバ・イータイ
Busaba Eathai
ブルームズベリ・スクエア
ジャネッタ・コクレーン・シアター
Jeannetta Cochrane Theatre
P.108 ピエダ・テレ
Pied à Terre
マイ・ホテル・ブルームズベリ
Myhotel Bloomsbury
漫画博物館
Cartoon Museum
ロンドン・レビュー・ケーキ・ショップ
London Review Cake Shop
Eagle St.
P.93 スーパードラッグ
Superdrug
Tottenham Court Rd.
ケニルワース
The Kenilworth
ホルボーン
Holborn
セントラル・ライン
Central Line
High Holborn
サンダーソン
Sanderson
Newman St.
聖ジョージ教会
トッテナム・コート・ロード
Tottenham Court Road
ハッカサン
Hakkasan
インフォメーション・キオスク
ソーシャル
The Social
Wells St.
Margret St.
Eastcastle St.
New Oxford St.
P.111
アダム&イヴ
The Adam & Eve
P.20 コヴェント・ガーデン
オックスフォード・ストリート
P.22 ボンド・ストリート
Shaftesbury Av.
High Holborn
ホルボーン
Holborn
Great Queen St.
Kingsway
リンカーンズ・イン・フィールズ
ソーホー・スクエア
Charing Cross Rd.
ノーザン・ライン
Northern Line
Drury Lane
フリーメイソンズ・ホール
Wild St.
Portugal St.
ソーホー
Soho
Greek St.
Monmouth St.
Endell St.
Neal St.
Kemble St.
リバティ
Liberty
Dean St.
Wardour St.
Broadwick St.
Berwick St.
コヴェント・ガーデン
Covent Garden
ロイヤル・オペラ・ハウス
Royal Opera House
Aldwych
Bakerloo Line
Carnaby St.
リージェント・ストリート
Lexington St.
Shaftesbury Av.
聖メアリー・ル・ストランド教会
Beak St.
チャイナタウン
Chinatown
レスター・スクエア
Leicester Square
Long Acre
コヴェント・ガーデン・マーケット
Covent Garden Market
Garrick St.
Brewer St.
New Row
Bedford St.
サマセット・ハウス
Somerset House
Regent St.
ピカデリー・サーカス
Piccadilly Circus
レスタースクエア
ストランド
Strand
ピカデリー・サーカス
Piccadilly Circus
サヴォイ
The Savoy
ロイヤル・アカデミー・オブ・アーツ
ピカデリー・ライン
Piccadilly Line
William IV St.
Adam St.
Savoy Pl.
Victoria Embankment
ディストリクト・ライン
District Line
ウォータールー・ブリッジ
Waterloo Bridge
ナショナル・ギャラリー
The National Gallery
聖マーティン教会
サヴォイ・ピア
Piccadilly
Jermyn St.
チャリング・クロス
Charing Cross
テムズ川
River Thames
D
E
F
1
2
3
4

P.10
P.6
P.16
P.12
P.8
P.18
P.14
セント・ジョンズ・ロッジ
St. John's Lodge
P.32
リージェンツ・パーク
The Regent's Park
パークス・デパートメント
Parks Department
野外シアター
Regent's Park
Open Air Theatre
チェスター・ロード
Chester Rd.
Broad Walk
アウター・サークル
Outer Circle
オルバニー・ストリート
Albany St.
ボート池
Boating Lake
アヴェニュー・ガーデンズ
Avenue Gardens
クイーン・メアリーズ・ガーデンズ
Queen Mary's Gardens
イングリッシュ・ガーデンズ
English Gardens
カムデン
Inner Circle
リッスン・グリーン・エステート
Lisson Green Estate
リージェンツ・コレッジ
Regents College
テニスコート
Tennis Courts
王立医科大学
Royal College of Physicians
メトロポリタン・ライン
Metropolitan Line
パーク・ロード
Park Rd.
シティ・オブ・ウェストミンスター区
City of Westminster
メリア・ホワイト・ハウス
Melia White House
クラレンス・ゲート
Clarence Gate
パーク・スクエア・ガーデンズ
Park Square Gardens
グレート・ポートランド・ストリート
聖ポール教会
St. Paul's Church
ロンドン・ビートルズ・ストア P.96
London Beatles Store
P.55
シャーロック・ホームズ博物館
The Sherlock Holmes Museum
ロイヤル・アカデミー・オブ・ミュージック
Royal Academy of Music
Great Portland St.
聖エドワード修道院
St. Edward's Convent
マリルボーン駅
Marylebone Sta.
ドーセット・スクエア
プラネタリウム
マダム・タッソーろう人形館 P.55
Madame Tussauds London
リージェンツ・パーク
Regent's Park
ホリデイ・イン
Holiday Inn
P.113
シー・シェル
Sea Shell
マリルボーン
Marylebone
ベイカー・ストリート
Baker Street
コンラン・ショップ P.87
THE CONRAN SHOP
ランドマーク・ロンドン
The Landmark London
シャーロック・ホームズ
Sherlock Holmes Hotel
タウンホール
Marylebone Rd.
Marylebone High St.
Devonshire St.
ベイカールー・ライン
Portland Pl.
ハマースミス&シティ・ライン
Hammersmith & City Line
Gloucester Place
ピンポン
Ping Pong
マリルボーン
Marylebone
Baker St.
P.98 ドーント・ブックス
Daunt Books
ラ・フロマジェリー
La Fromagerie
New Cavendish
セント・メアリー教会
St. Mary's Church
ウェイトローズ
Waitrose
BBC
Crawford St.
スイス大使館
Embassy of Switzerland
Dorset St.
ロココ・チョコレート
Rococo Chocolates
オール・ソウルズ・ランガム・プレイス教会
シーモア・レジャー・センター
ゴールデン・ハインド P.113
The Golden Hind
モンタギュー・スクエア
Blandford St.
聖ジェームズ教会
Queen Anne St.
ランガム
The Langham
Langham Pl.
ブライアンスタン・スクエア
リンカーン・ハウス
Lincoln House Hotel
ウォレス・コレクション
The Wallace Collection
メソジスト教会
VVルーロー P.75
V V Rouleaux
Edgware Rd.
Seymour Pl.
P.27 リフォーム・ソーシャル&グリル
Reform Social & Grill
マーガレット・ハウエル P.94
MARGARET HOWELL
Montagu St.
Portman Cl.
マンデヴィル
The Mandeville
Welbeck St.
ウィグモア・ホール
Wigmore Hall
キャヴェンディッシュ・スクエア
Geoege St.
ラディソンSASポートマン
Wigmore St.
ウェスト・ロンドン・シナゴーグ
チャーチル・ハイアット・リージェンシー
ポートマン・スクエア
Henrietta Pl.
P.124 サムナー
The Sumner
ロカンダ・ロカテリ
Locanda Locatelli
Oxford St.
オックスフォード・サーカス
Oxford Circus
モントカーム
Seymour St.
ベスト・ウェスタン・モスティン
セルフリッジズ
Selfridges
コンノート・スクエア
スーパードラッグ
マークス&スペンサー
Marks & Spencer
ボンド・ストリート
Bond Street
ハノーヴァー・スクエア
アンバ・マーブルアーチ
プライマーク
Primark
North Row
マーブル・アーチ
Marble Arch
マリオット・ホテル・パークレーン
Marriott Hotel Park Lane
メルカート・メイフェア P.121
Mercato Mayfair
マーブル・アーチ
Marble Arch
Green St.
New Bond St.
Madox St.
Bayswater Rd.
Brook St.
クラリッジス
Claridges
North Carriage Drive
Elizabeth Line
スピーカーズ・コーナー
マリオット・グロヴナー・スクエア
London Marriott Hotel Grosvenor Square
Grosvenor St.
エリザベス・ライン
Woods Mews
Park St.
U. Brook St.
ジュビリー・ライン
Jubilee Line
Davies St.
グランド・レジデンス
Grand Residences
グロヴナー・スクエア
Grosvenor Square
Culross St.
メイフェア
Mayfair
パレード・グラウンド
Parade Ground
Park Lane
Upper Grosvenor St.
Bruton St.
P.33 ハイド・パーク
Hyde Park
Adam's Row
地下駐車場
グロヴナー・ハウス
Grosvenor House
コンノート
The Connaugt
バークリー・スクエア
Berkeley Square
ヴィクトリア・ライン
Victoria Line
パーク・レーン
Mount St.
ブラウンズ
Browns
ダイアナ・メモリアル・ウォーク
Diana Memorial Walk
Hill St.
Berkeley St.

ロンドン中心部⑤
周辺図▶P.4
上が北
0
300m
1：14,000
ナショナルギャラリー
トラファルガー広場
チャリング・クロス
Charing Cross
ストランド
Jermyn St.
Regent St.
ロイヤル・アカデミー・オブ・アーツ
聖ジェームス教会
St. James's Church
P.20
ホリデイ・イン・メイフェア
Holiday Inn Mayfair
リッツ
Pall Mall
スコティッシュ・ツーリスト・ボード
チャリング・クロス駅
Charing Cross Sta.
エンバンクメント
Embankment
エンバンクメント・ピア
Embankment Pier
ハンガーフォード・ブリッジ
Hungerford Bridge
アイ・シー・エー
ICA
アドミラルティ・アーチ
Admiralty Arch
グリーン・パーク
Green Park
King St.
スタッフォード
The Stafford
P.109 マウロ・コラグレコ・アット・ラッフルズ・ロンドン
Mauro CoLagreco at Raffles London at the OWO
ヒスパニョラ号
P.68 ロイヤル・フェスティバル・ホール
Royal Festival Hall
デュークス
Duke's
クイーンズ・チャペル
カールトン・ハウス・テラス
ラッフルズ・ロンドン・アット・OWO
Raffles London at OWO
Horse Guards Av.
P.S.タターシャル・キャッスル号
スペンサー・ハウス
Spencer House
マルボロ・ハウス
Marlborough House
衛兵博物館
Guards Museum
Whitehall
バンケティング・ハウス
Banqueting House
ジュビリー・ガーデンズ
Jubilee Gardens
セント・ジェームス宮殿
St. James's Palace
P.59 ホース・ガーズ
Horse Guards
国防省
P.44・60 ロンドン・アイ
The lastminute.com London Eye
クラレンス・ハウス
Clarence House
首相官邸
10 Downing Street
ザ・マル
The Mall
ポートカレス・ハウス
Portcullis House
ウォータールー・ミレニアム・ピア
ダリ・ユニバース
Dali Universe
Horse Guards Rd.
戦没兵士記念碑
ウェストミンスター・ピア
Westminster Pier
P.55
政府庁舎
戦時内閣執務室博物館
ロンドン・ダンジョン
The London Dungeon
ヴィクトリア・メモリアル
Queen Victoria Memorial
P.58 セント・ジェームス・パーク
St. James's Park
ウェストミンスター
Westminster
P.59 ロンドン水族館
Sea Life London Aquarium
Birdcage Walk
Spur Rd.
ウェストミンスター・ブリッジ
ビッグ・ベン
PICK UP さんぽMAP▶P.58
ミドルセックス市庁舎
ウェリントン・バラック
Wellington Barracks
セント・マーガレット教会
フローレンス・ナイチンゲール博物館
Florence Nightingale Museum
バッキンガム宮殿 P.34・58
Buckingham Palace
セント・ジェームス・パーク
St. James's Park
St. Margaret's St.
セント・トーマス病院
P.44・58 ウェストミンスター寺院
Westminster Abbey
P.41・44・59
セント・ジェームズ・コート
ニュー・スコットランド・ヤード
ディーンズ・ヤード
ジュウェル・タワー
Jewel Tower
国会議事堂（ウェストミンスター宮殿）
The House of Parliament
(The Palace of Westminster)
大主教公園
ウェストミンスター区シティ・ホール
Victoria St.
Old Pye St.
キングス・コレッジ医学校
Kings College London School of Medicine
ヴィクトリア・タワー・ガーデン
セインズベリーズ
Sainsbury's
Millbank
ヴィクトリア・ストリート
ウェストミンスター
Westminster
Great Peter St.
テムズ川
River Thames
Lambeth Palace Rd.
Ashley Place
スミス・スクエア
Smith Square
ウェストミンスター大聖堂
内務省
Home Office
ランベス宮殿
ヴィクトリア・パレス・シアター
Victoria Palace Theatre
Horseferry Rd.
環境局
Dept. for Environment
庭園史博物館
Museum of Garden History
アポロ・ヴィクトリア・シアター P.63
Apollo Victoria Theatre
ランベス・ピア
Lambeth Pier
Greencoat Place
Rochester Row
ウェストミンスター大学
Westminster College
Hoseferry Rd.
ランベス・ブリッジ
Lambeth Bridge
グランジ・ロチェスター
Grange Rochester Hotel
北アイルランド局
Northern Ireland Office
Lambeth High St.
Albert Embankment
Page St.
クイーン・マザー・スポーツ・センター
ウェストミンスター学園運動場
Regency St.
Marsham St.
John Islip St.
ダブル・ツリー
Double Tree
Newport St.
シェパーズ P.85
Shepherds
Vincent St.
ミルバンク・タワー
Millbank Tower
ランベス区
Lambeth
シーフレッシュ・フィッシュ
Seafresh Fish Restaurant
Hide Place
Erasmus St.
Herrick St.
Black Prince Rd.
ヴォクソール・ブリッジ・ロード
Vauxhall Bridge Rd.
Douglas St.
Causton St.
ベスト・ウエスタン・ヴィクトリア・パレス
Best Western Victoria Palace
P.52 テート・ブリテン
Tate Britain
ウォリック・スクエア
Belgrave Rd.
ヴィクトリア・ライン
Victoria Line
ミルバンク
St. George's Dr.
ピムリコ
Pimlico
Moreton St.
Cambridge St.
Lupus St.
ラパス・ストリート
ピムリコ
Pimlico
Alderney St.
P.10
P.6
P.16
P.12
24
22
20
P.8
P.18
P.14
D
E
F
1
2
3
4

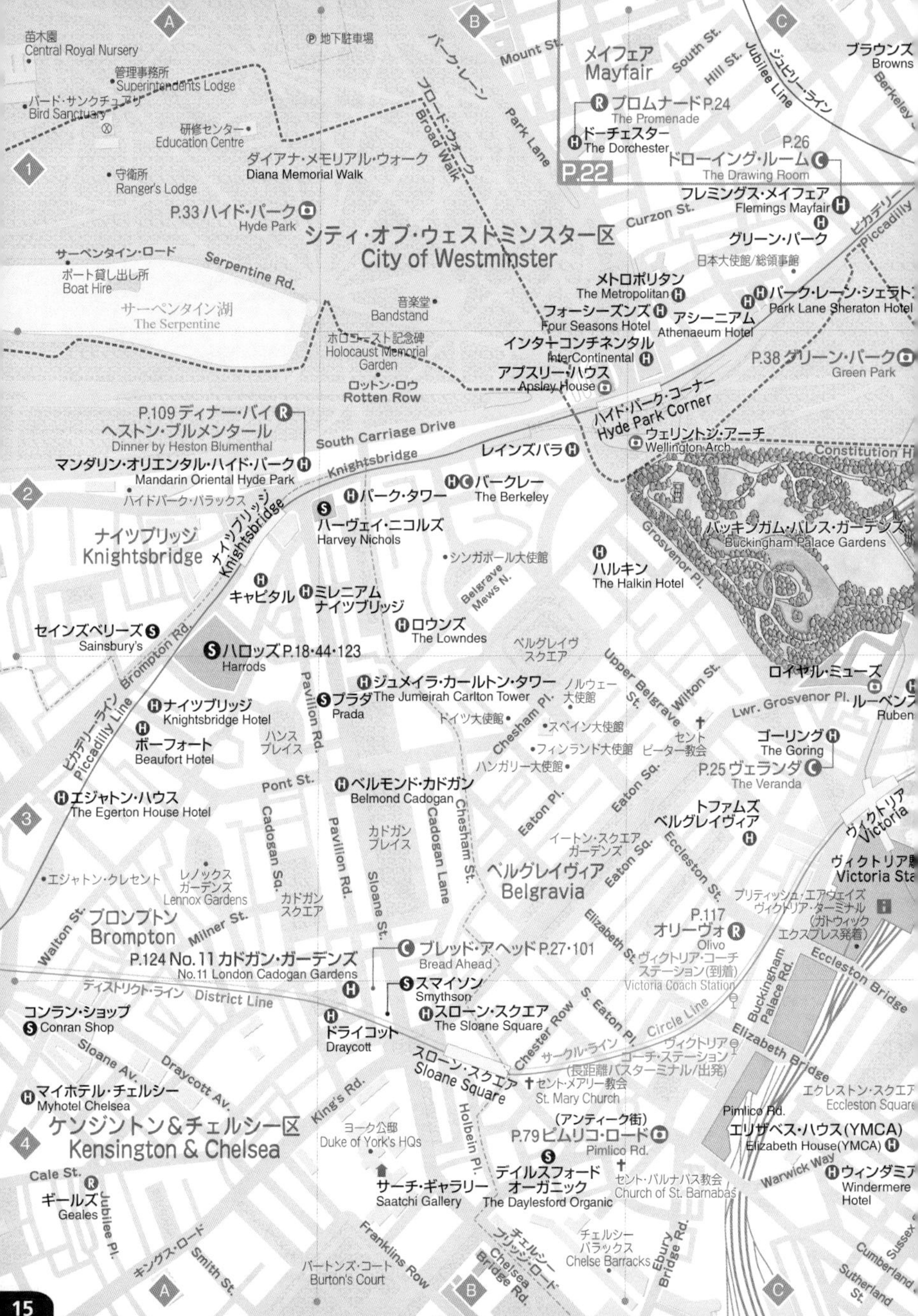

苗木園
Central Royal Nursery
管理事務所
Superintendents Lodge
バード・サンクチュアリ
Bird Sanctuary
研修センター
Education Centre
守衛所
Ranger's Lodge
ダイアナ・メモリアル・ウォーク
Diana Memorial Walk
P.33 ハイド・パーク
Hyde Park
地下駐車場
パーク・レーン
Park Lane
ブロード・ウォーク
Broad Walk
Mount St.
メイフェア
Mayfair
South St.
Hill St.
Jubilee Line
ジュビリー・ライン
ブラウンズ
Browns
Berkeley
プロムナード P.24
The Promenade
ドーチェスター
The Dorchester
P.26
ドローイング・ルーム
The Drawing Room
P.22
フレミングス・メイフェア
Flemings Mayfair
Curzon St.
ピカデリー
Piccadilly
グリーン・パーク
日本大使館/総領事館
シティ・オブ・ウェストミンスター区
City of Westminster
サーペンタイン・ロード
Serpentine Rd.
ボート貸し出し所
Boat Hire
サーペンタイン湖
The Serpentine
音楽堂
Bandstand
ホロコースト記念碑
Holocaust Memorial Garden
ロットン・ロウ
Rotten Row
メトロポリタン
The Metropolitan
フォーシーズンズ
Four Seasons Hotel
アシーニアム
Athenaeum Hotel
パーク・レーン・シェラトン
Park Lane Sheraton Hotel
インターコンチネンタル
InterContinental
アプスリー・ハウス
Apsley House
P.38 グリーン・パーク
Green Park
ハイド・パーク・コーナー
Hyde Park Corner
ウェリントン・アーチ
Wellington Arch
Constitution H
South Carriage Drive
P.109 ディナー・バイ・ヘストン・ブルメンタール
Dinner by Heston Blumenthal
マンダリン・オリエンタル・ハイド・パーク
Mandarin Oriental Hyde Park
Knightsbridge
レインズバラ
バークレー
The Berkeley
パーク・タワー
ハイドパーク・バラックス
ナイツブリッジ
Knightsbridge
ハーヴェイ・ニコルズ
Harvey Nichols
シンガポール大使館
Belgrave Mews N.
Grosvenor Pl.
バッキンガム・パレス・ガーデンズ
Buckingham Palace Gardens
ハルキン
The Halkin Hotel
キャピタル
ミレニアム ナイツブリッジ
ロウンズ
The Lowndes
セインズベリーズ
Sainsbury's
Brompton Rd.
ハロッズ P.18・44・123
Harrods
ベルグレイヴ スクエア
Upper Belgrave St.
Wilton St.
ロイヤル・ミューズ
ジュメイラ・カールトン・タワー
The Jumeirah Carlton Tower
ノルウェー大使館
ドイツ大使館
スペイン大使館
Chesham Pl.
セント・ピーター教会
Lwr. Grosvenor Pl.
ルーベンス
Ruben
プラダ
Prada
Pavilion Rd.
ナイツブリッジ
Knightsbridge Hotel
ボーフォート
Beaufort Hotel
ハンス プレイス
フィンランド大使館
ハンガリー大使館
ゴーリング
The Goring
P.25 ヴェランダ
The Veranda
ピカデリー・ライン
Piccadilly Line
Pont St.
ベルモンド・カドガン
Belmond Cadogan
Eaton Sq.
Eaton Pl.
エジャトン・ハウス
The Egerton House Hotel
トファムズ ベルグレイヴィア
ヴィクトリア
Victoria
Cadogan Sq.
Pavilion Rd.
カドガン プレイス
Cadogan Lane
Chesham St.
イートン・スクエア ガーデンズ
Eaton Sq.
Eccleston St.
ヴィクトリア駅
Victoria Sta
エジャトン・クレセント
レノックス ガーデンズ
Lennox Gardens
Sloane St.
カドガン スクエア
ベルグレイヴィア
Belgravia
ブリティッシュ・エアウェイズ ヴィクトリア・ターミナル (ガトウィック エクスプレス発着)
Walton St.
ブロンプトン
Brompton
Milner St.
Elizabeth St.
P.117
オリーヴォ
Olivo
P.124 No.11 カドガン・ガーデンズ
No.11 London Cadogan Gardens
ブレッド・アヘッド P.27・101
Bread Ahead
ヴィクトリア・コーチ ステーション(到着)
Victoria Coach Station
Eccleston Bridge
Buckingham Palace Rd.
ディストリクト・ライン
District Line
スマイソン
Smythson
コンラン・ショップ
Conran Shop
スローン・スクエア
The Sloane Square
ドライコット
Draycott
Chester Row
S. Eaton Pl.
Circle Line
サークル・ライン
ヴィクトリア コーチ・ステーション (長距離バスターミナル/出発)
Elizabeth Bridge
Sloane Av.
Draycott Av.
スローン・スクエア
Sloane Square
セント・メアリー教会
St. Mary Church
エクレストン・スクエア
Eccleston Square
マイホテル・チェルシー
Myhotel Chelsea
King's Rd.
Holbein Pl.
ケンジントン&チェルシー区
Kensington & Chelsea
ヨーク公邸
Duke of York's HQs
(アンティーク街)
P.79 ピムリコ・ロード
Pimlico Rd.
Pimlico Rd.
エリザベス・ハウス(YMCA)
Elizabeth House(YMCA)
Cale St.
ギールズ
Geales
Jubilee Pl.
サーチ・ギャラリー
Saatchi Gallery
デイルスフォード オーガニック
The Daylesford Organic
セント・バルナバス教会
Church of St. Barnabas
Warwick Way
ウィンダミア
Windermere Hotel
キングス・ロード
Smith St.
Franklins Row
Chelsea Bridge Rd.
チェルシー ブリッジ・ロード
チェルシー バラックス
Chelse Barracks
Ebury Bridge Rd.
Sussex
Cumberland
Sutherland St.
バートンズ・コート
Burton's Court

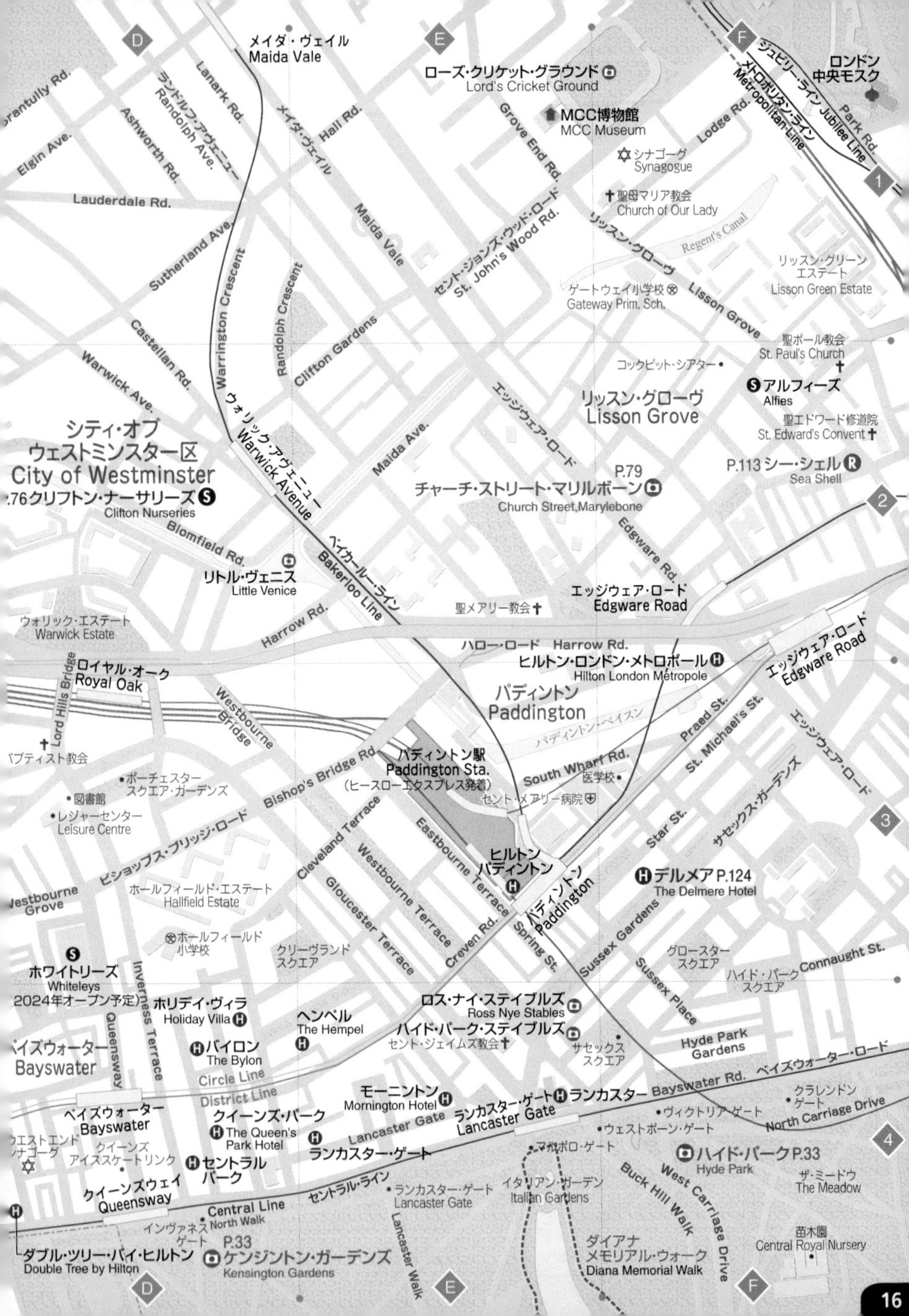

メイダ・ヴェイル
Maida Vale
ローズ・クリケット・グラウンド
Lord's Cricket Ground
MCC博物館
MCC Museum
シナゴーグ
Synagogue
聖母マリア教会
Church of Our Lady
ロンドン
中央モスク
ジュビリー・ライン Jubilee Line
メトロポリタン・ライン
Metropolitan Line
Park Rd.
Lodge Rd.
Grove End Rd.
Hall Rd.
Lanark Rd.
ランドルフ・アヴェニュー
Randolph Ave.
Ashworth Rd.
Elgin Ave.
Lauderdale Rd.
Sutherland Ave.
Warrington Crescent
Randolph Crescent
Clifton Gardens
Castellan Rd.
Warwick Ave.
メイダ・ヴェイル
Maida Vale
セント・ジョンズ・ウッド・ロード
St. John's Wood Rd.
リッスン・グローヴ
Regent's Canal
リッスン・グリーン
エステート
Lisson Green Estate
ゲートウェイ小学校
Gateway Prim. Sch.
Lisson Grove
聖ポール教会
St. Paul's Church
コックピット・シアター
アルフィーズ
Alfies
聖エドワード修道院
St. Edward's Convent
P.113 シー・シェル
Sea Shell
リッスン・グローヴ
Lisson Grove
エッジウェア・ロード
Maida Ave.
シティ・オブ
ウェストミンスター区
City of Westminster
P.76 クリフトン・ナーサリーズ
Clifton Nurseries
ウォリック・アヴェニュー
Warwick Avenue
P.79
チャーチ・ストリート・マリルボーン
Church Street,Marylebone
Edgware Rd.
Blomfield Rd.
ベイカールー・ライン
Bakerloo Line
リトル・ヴェニス
Little Venice
エッジウェア・ロード
Edgware Road
聖メアリー教会
Harrow Rd.
ウォリック・エステート
Warwick Estate
ハロー・ロード Harrow Rd.
ヒルトン・ロンドン・メトロポール
Hilton London Metropole
ロイヤル・オーク
Royal Oak
Lord Hills Bridge
Westbourne Bridge
パディントン
Paddington
パディントン・ベイスン
エッジウェア・ロード
Edgware Road
バプティスト教会
Bishop's Bridge Rd.
パディントン駅
Paddington Sta.
（ヒースローエクスプレス発着）
South Wharf Rd.
医学校
Praed St.
St. Michael's St.
エッジウェア・ロード
ポーチェスター
スクエア・ガーデンズ
図書館
レジャーセンター
Leisure Centre
ビショップス・ブリッジ・ロード
セント・メアリー病院
サセックス・ガーデンズ
Star St.
Cleveland Terrace
Eastbourne Terrace
ヒルトン
パディントン
パディントン
Paddington
デルメア P.124
The Delmere Hotel
Westbourne Grove
ホールフィールド・エステート
Hallfield Estate
Westbourne Terrace
Gloucester Terrace
ホールフィールド
小学校
クリーヴランド
スクエア
Creven Rd.
Spring St.
Sussex Gardens
Sussex Place
グロースター
スクエア
ハイド・パーク
スクエア
Connaught St.
ホワイトリーズ
Whiteleys
（2024年オープン予定）
Inverness Terrace
ホリデイ・ヴィラ
Holiday Villa
ヘンペル
The Hempel
ロス・ナイ・ステイブルズ
Ross Nye Stables
ハイド・パーク・ステイブルズ
セント・ジェイムズ教会
サセックス
スクエア
ベイズウォーター
Bayswater
Queensway
バイロン
The Bylon
Circle Line
District Line
Hyde Park
Gardens
ベイズウォーター・ロード
Bayswater Rd.
モーニントン
Mornington Hotel
ランカスター・ゲート
ランカスター
クラレンドン
ゲート
ベイズウォーター
Bayswater
クイーンズ・パーク
The Queen's
Park Hotel
Lancaster Gate
ランカスター・ゲート
Lancaster Gate
ヴィクトリア・ゲート
ウェストボーン・ゲート
North Carriage Drive
ウエストエンド
シナゴーグ
クイーンズ
アイススケートリンク
ランカスター・ゲート
セントラル
パーク
マルボロ・ゲート
ハイド・パーク P.33
Hyde Park
Buck Hill Walk
West Carriage Drive
ザ・ミードウ
The Meadow
クイーンズウェイ
Queensway
セントラル・ライン
Central Line
ランカスター・ゲート
Lancaster Gate
イタリアン・ガーデン
Italian Gardens
North Walk
インヴァネス
ゲート
P.33
ケンジントン・ガーデンズ
Kensington Gardens
Lancaster Walk
ダイアナ
メモリアル・ウォーク
Diana Memorial Walk
苗木園
Central Royal Nursery
ダブル・ツリー・バイ・ヒルトン
Double Tree by Hilton
D
E
F
1
2
3
4

ロンドン中心部⑥
周辺図▶P.5
上が北
0
300m
1：14,000
P.10
P.6
P.16
P.12
24
22
20
P.8
P.18
P.14
Bravington Rd.
Portnall Rd.
Ashmore Rd.
Fernhead Rd.
Saltram Crescent
マルヴァーン・ロード
Malvern Rd.
キルバーン・パーク・ロード
Kilburn Park Rd.
パディントン
レクリエーション
グラウンド
Paddington Recreation Ground
Morshead
シャーランド・ロード
フェーンヘッド・ロード
Walterton Rd.
Chippenham Rd.
Delaware Rd.
Shirland Rd.
Kensal Rd.
グランド・ユニオン運河
エルギン・アヴェニュー
Marylands Rd.
ハロー・ロード
サザランド・アヴェニュー
Harrow Rd.
エリザベス・ライン
Erizabeth Line
Elkstone Rd.
Grand Union Canal
ラドブローク・グローヴ
St. Charles Square
ケンジントン＆
チェルシー区
Kensington & Chelsea
セント・パイアス教会
Church of St. Pius X
カルメル会修道院
Carmelite Monastery
ノース・ケンジントン
North Kensington
ウェストウェイ
Portobello Rd.
ハマースミス&シティ・ライン
ウェストボーン・パーク
Westbourne Park
Hammersmith & City Line
パディントン病
Westway
Great Ivestern Rd.
St. Charles Square
チェスタートン・ロード
Chesterton Rd.
Bassett Rd.
Tavistock Rd.
ウェストボーン
青少年活動センター
ブルネル・エステート
Brunel Estate
カウ P.111
The Cow
P.75 ウェイワード
Wayward
Oxford Gardens
St. Luke's Rd.
P.24 ノッティング・ヒル
聖スティーブン教会
St. Stephen's Church
Westbourne Park Rd.
Cambridge Gardens
St. Mark's Rd.
Lancaster Rd.
Westbourne Park Rd.
Chepstow Rd.
Kildare Terrace
オール・セインツ教会
All Saints Church
トールボット会聖堂
Talbot Tabernacle
Talbot Rd.
ラドブローク・グローヴ
Ladbroke Grove
セルビア正教会
Serbian Orthodox Church
プラネット・オーガニッ
Planet Orgar
ブランド博物館
Brand Museum
ピンポン
Ping Pong
Lancaster Rd.
Cornwall Cres.
バプティスト教会
Baptist Church
Silchester Rd.
ポートベロー・ロード
Portobello Road
ラティマー・ロード
Latimer Road
Blenheim Cres.
Ladbroke Gardens
ノッティング・ヒル
Notting Hill
Pembridge Villas
レインスター
スクエア
プリンス
スクエア
ケンジントン
スポーツ・センター
Kensington Sports Centre
Elgin Cres.
聖ピーター教会
St. Peter's Church
Lonsdowne Rd.
Walmer Rd.
Clarendon Rd.
Ladbroke Grove
Denbigh Rd.
Dawson Place
セント
ルーク病院
ペンブリッジ
スクエア
サークル・ライン
Portobello Rd.
ケンジントン・パーク・ロード
Kensington Park Rd.
Kensington Park Gardens
図書館
ディストリクト・ライン
Pembridge Rd.
Palace Cour
Sirdar Rd.
Mary Place
ラドブローク・スクエア
ガーデンズ
エイヴォンデール・パーク
Avondale Park
セント・ジョン教会
St. John's Church
ケンジントン・テンプル
Kensington Temple
P.87 サマリル&ビショップ
Summerill & Bishop
チャートウェル病院
Chartwell Hospital
ノッティング・ヒル・ゲート
Notting Hill Gate
ベイズウォーター・ロー
1
2
3
4
A
B
C

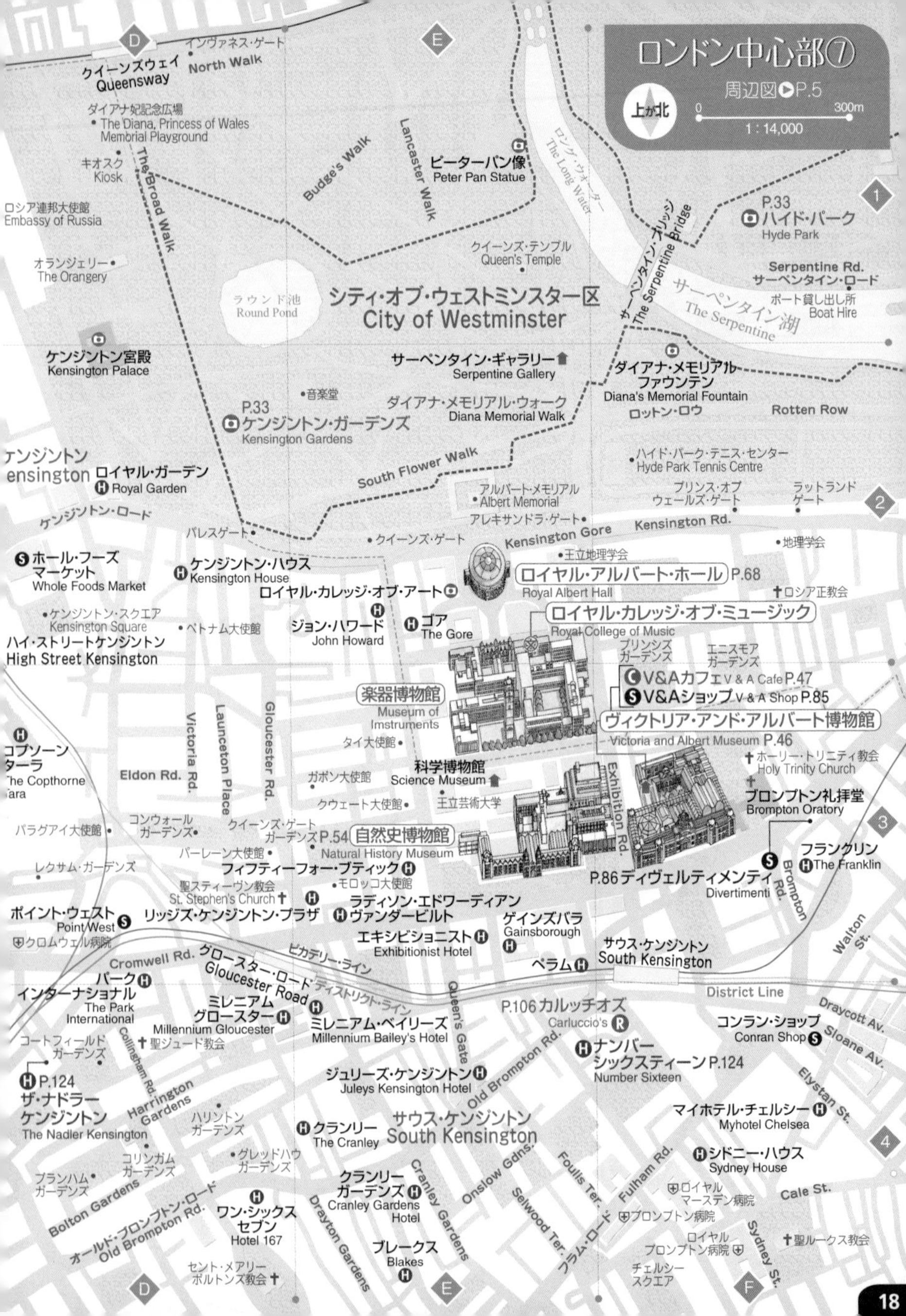

ロンドン中心部⑦
周辺図▶P.5
上が北
0 300m
1：14,000
インヴァネス・ゲート
クイーンズウェイ
Queensway
North Walk
ダイアナ妃記念広場
The Diana, Princess of Wales Memorial Playground
キオスク
Kiosk
The Broad Walk
Budge's Walk
Lancaster Walk
ピーターパン像
Peter Pan Statue
ロング・ウォーター
The Long Water
サーペンタイン・ブリッジ
The Serpentine Bridge
P.33 ハイド・パーク
Hyde Park
ロシア連邦大使館
Embassy of Russia
クイーンズ・テンプル
Queen's Temple
オランジェリー
The Orangery
Serpentine Rd.
サーペンタイン・ロード
ラウンド池
Round Pond
シティ・オブ・ウェストミンスター区
City of Westminster
ボート貸し出し所
Boat Hire
サーペンタイン湖
The Serpentine
ケンジントン宮殿
Kensington Palace
サーペンタイン・ギャラリー
Serpentine Gallery
ダイアナ・メモリアル・ファウンテン
Diana's Memorial Fountain
音楽堂
ダイアナ・メモリアル・ウォーク
Diana Memorial Walk
P.33 ケンジントン・ガーデンズ
Kensington Gardens
ロットン・ロウ
Rotten Row
ハイド・パーク・テニス・センター
Hyde Park Tennis Centre
ケンジントン
Kensington
ロイヤル・ガーデン
Royal Garden
South Flower Walk
アルバート・メモリアル
Albert Memorial
プリンス・オブ・ウェールズ・ゲート
ラットランド・ゲート
ケンジントン・ロード
アレキサンドラ・ゲート
Kensington Rd.
パレスゲート
クイーンズ・ゲート
Kensington Gore
地理学会
王立地理学会
ホール・フーズ・マーケット
Whole Foods Market
ケンジントン・ハウス
Kensington House
ロイヤル・アルバート・ホール P.68
Royal Albert Hall
ロイヤル・カレッジ・オブ・アート
ロシア正教会
ケンジントン・スクエア
Kensington Square
ロイヤル・カレッジ・オブ・ミュージック
Royal College of Music
ベトナム大使館
ジョン・ハワード
John Howard
ゴア
The Gore
ハイ・ストリートケンジントン
High Street Kensington
プリンシズ・ガーデンズ
エニスモア・ガーデンズ
V&Aカフェ V & A Cafe P.47
V&Aショップ V & A Shop P.85
楽器博物館
Museum of Instruments
ヴィクトリア・アンド・アルバート博物館
Victoria and Albert Museum P.46
コプソーン・ターラ
The Copthorne Tara
タイ大使館
ホーリー・トリニティ教会
Holy Trinity Church
Victoria Rd.
Launceton Place
Gloucester Rd.
Exhibition Rd.
科学博物館
Science Museum
Eldon Rd.
ガボン大使館
ブロンプトン礼拝堂
Brompton Oratory
クウェート大使館
王立芸術大学
コンウォール・ガーデンズ
クイーンズ・ゲート・ガーデンズ P.54
自然史博物館
Natural History Museum
パラグアイ大使館
フランクリン
The Franklin
バーレーン大使館
レクサム・ガーデンズ
フィフティーフォー・ブティック
P.86 ディヴェルティメンティ
Divertimenti
Brompton Rd.
聖スティーヴン教会
St. Stephen's Church
モロッコ大使館
ラディソン・エドワーディアン・ヴァンダービルト
ポイント・ウェスト
Point West
リッジズ・ケンジントン・プラザ
ゲインズバラ
Gainsborough
クロムウェル病院
エキシビショニスト
Exhibitionist Hotel
サウス・ケンジントン
South Kensington
Walton St.
Cromwell Rd.
グロースター・ロード
Gloucester Road
ピカデリー・ライン
ペラム
パーク・インターナショナル
The Park International
ディストリクト・ライン
District Line
ミレニアム・グロースター
Millennium Gloucester
P.106 カルッチオズ
Carluccio's
Draycott Av.
ミレニアム・ベイリーズ
Millennium Bailey's Hotel
コンラン・ショップ
Conran Shop
Sloane Av.
コートフィールド・ガーデンズ
聖ジュード教会
Collingham Rd.
Queen's Gate
ナンバー・シックスティーン P.124
Number Sixteen
Old Brompton Rd.
P.124
ザ・ナドラー・ケンジントン
The Nadler Kensington
ジュリーズ・ケンジントン
Juleys Kensington Hotel
Elystan St.
Harrington Gardens
ハリントン・ガーデンズ
マイホテル・チェルシー
Myhotel Chelsea
クランリー
The Cranley
サウス・ケンジントン
South Kensington
コリンガム・ガーデンズ
グレッドハウ・ガーデンズ
シドニー・ハウス
Sydney House
Fulham Rd.
Onslow Gdns.
Foulis Ter.
ブランハム・ガーデンズ
クランリー・ガーデンズ
Cranley Gardens Hotel
Cranley Gardens
ロイヤル・マースデン病院
Cale St.
Bolton Gardens
オールド・ブロンプトン・ロード
Old Brompton Rd.
ワン・シックス・セブン
Hotel 167
Selwood Ter.
フラム・ロード
ブロンプトン病院
Drayton Gardens
ロイヤル・ブロンプトン病院
聖ルークス教会
ブレークス
Blakes
Sydney St.
セント・メアリー・ボルトンズ教会
チェルシー・スクエア

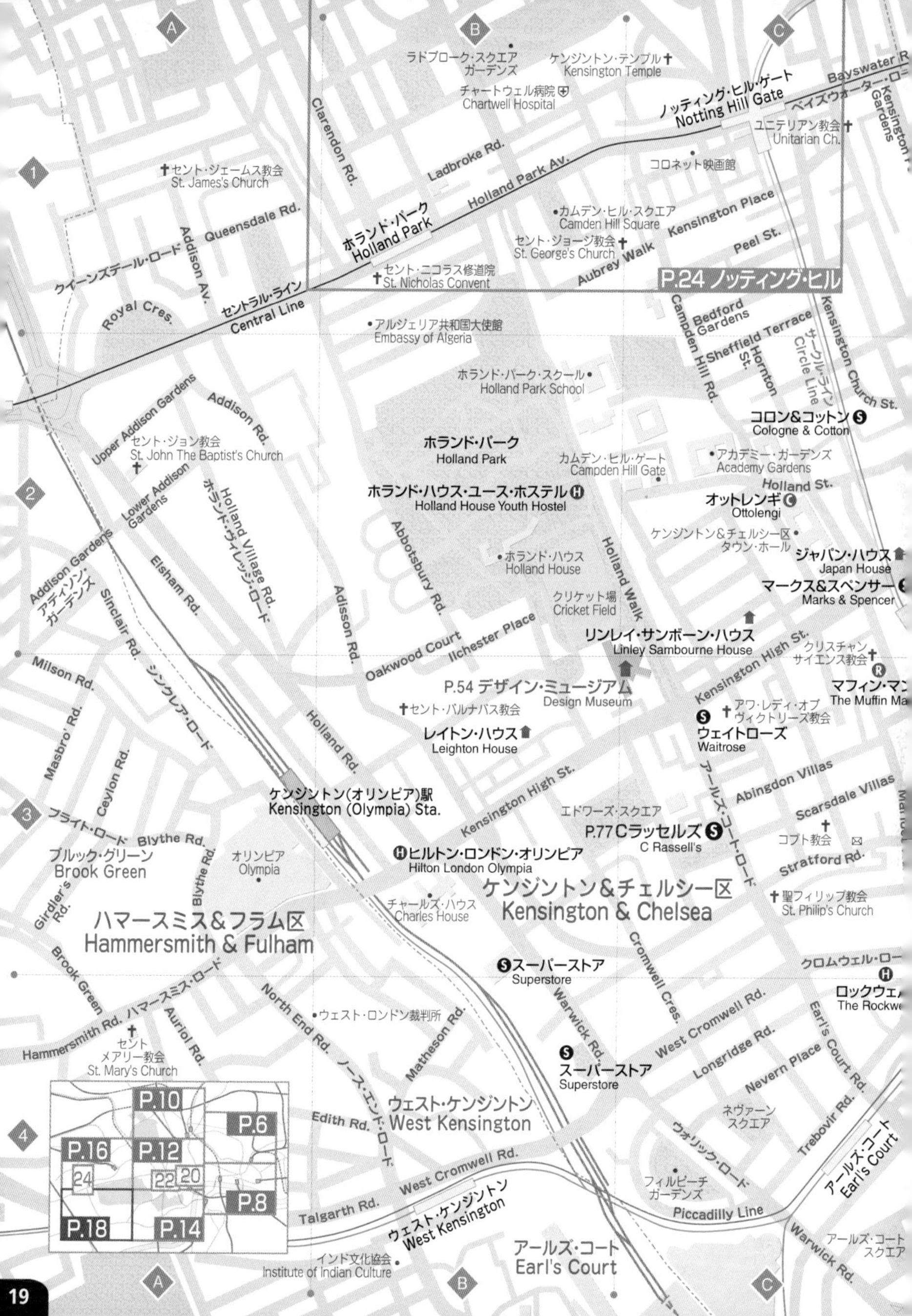
ラドブローク・スクエア・ガーデンズ
ケンジントン・テンプル Kensington Temple
チャートウェル病院 Chartwell Hospital
ノッティング・ヒル・ゲート Notting Hill Gate
ベイズウォーター・ロード Bayswater Rd.
ユニテリアン教会 Unitarian Ch.
コロネット映画館
セント・ジェームス教会 St. James's Church
Clarendon Rd.
Ladbroke Rd.
Holland Park Av.
カムデン・ヒル・スクエア Camden Hill Square
Kensington Place
クイーンズデール・ロード Queensdale Rd.
Addison Av.
ホランド・パーク Holland Park
セント・ジョージ教会 St. George's Church
Peel St.
Aubrey Walk
セント・ニコラス修道院 St. Nicholas Convent
P.24 ノッティング・ヒル
セントラル・ライン Central Line
Royal Cres.
アルジェリア共和国大使館 Embassy of Algeria
Campden Hill Rd.
Bedford Gardens
Sheffield Terrace
Hornton St.
サークル・ライン Circle Line
Kensington Church St.
ホランド・パーク・スクール Holland Park School
コロン&コットン Cologne & Cotton
Upper Addison Gardens
Addison Rd.
セント・ジョン教会 St. John The Baptist's Church
ホランド・パーク Holland Park
カムデン・ヒル・ゲート Campden Hill Gate
アカデミー・ガーデンズ Academy Gardens
Holland St.
ホランド・ハウス・ユース・ホステル Holland House Youth Hostel
オットレンギ Ottolengi
Lower Addison Gardens
Holland Village Rd. ホランド・ヴィレッジ・ロード
ケンジントン&チェルシー区タウン・ホール
ジャパン・ハウス Japan House
Addison Gardens アディソン・ガーデンズ
Elsham Rd.
Abbotsbury Rd.
ホランド・ハウス Holland House
Holland Walk
マークス&スペンサー Marks & Spencer
Sinclair Rd.
Adisson Rd.
クリケット場 Cricket Field
リンレイ・サンボーン・ハウス Linley Sambourne House
Milson Rd.
シンクレア・ロード
Oakwood Court
Ilchester Place
Kensington High St.
クリスチャン・サイエンス教会
P.54 デザイン・ミュージアム Design Museum
マフィン・マン The Muffin Man
Masbro' Rd.
セント・バルナバス教会
アワ・レディ・オブ・ヴィクトリーズ教会
Holland Rd.
レイトン・ハウス Leighton House
ウェイトローズ Waitrose
Ceylon Rd.
アールズ・コート・ロード
Abingdon Villas
Scarsdale Villas
ケンジントン(オリンピア)駅 Kensington (Olympia) Sta.
Kensington High St.
エドワーズ・スクエア
ブライト・ロード Blythe Rd.
P.77 Cラッセルズ C Rassell's
コプト教会
ブルック・グリーン Brook Green
Blythe Rd.
オリンピア Olympia
ヒルトン・ロンドン・オリンピア Hilton London Olympia
Stratford Rd.
Girdler's Rd.
ケンジントン&チェルシー区 Kensington & Chelsea
聖フィリップ教会 St. Philip's Church
チャールズ・ハウス Charles House
ハマースミス&フラム区 Hammersmith & Fulham
Brook Green
Cromwell Cres.
スーパーストア Superstore
クロムウェル・ロード
ハマースミス・ロード Hammersmith Rd.
North End Rd.
Warwick Rd.
ロックウェル The Rockwell
Auriol Rd.
ウェスト・ロンドン裁判所
Matheson Rd.
West Cromwell Rd.
セント・メアリー教会 St. Mary's Church
スーパーストア Superstore
Longridge Rd.
Earl's Court Rd.
Nevern Place
ノース・エンド・ロード
P.10
P.6
P.16
P.12
24
22
20
P.8
P.18
P.14
Edith Rd.
ウェスト・ケンジントン West Kensington
ネヴァーン・スクエア
Trebovir Rd.
ウォリック・ロード
アールズ・コート Earl's Court
West Cromwell Rd.
フィルビーチ・ガーデンズ
Talgarth Rd.
ウェスト・ケンジントン West Kensington
Piccadilly Line
アールズ・コート・スクエア
インド文化協会 Institute of Indian Culture
アールズ・コート Earl's Court
Warwick Rd.
A
B
C
1
2
3
4

コヴェント・ガーデンMAP
COVENT GARDEN MAP
周辺図▶P.12
上が北
0 100m
1:5,500
キューバ大使館
Cuba House
オアシス・スポーツ・センター
The Oasis Sports Centre
キングスウェイ・ホール
Kingsway Hall
ニュー・ロンドン・シアター
New London Theatre
フリーメイソンズ・ホール
Freemason's Hall
王立外科医大
Royal Coll. of Surgeons
外科博物館
Hunterian Museum
ロック&ソール・プレイス P.118
Rock & Sole Plaice
ピーコック・シアター
Peacock Theatre
ロンドン経済大学
London Sch. of Economics
クラウン&アンカー
The Crown & Anchor
ドクター・マーチン
Dr. Martens
ブーツ
Boots
H&M
P.96
コヴェント・ガーデン
Covent Garden
スタンフォーズ
Stanfords
フォーチュン・シアター
Fortune Theatre
P.66
ナグズ・ヘッド
ロイヤル・オペラ・ハウス
Royal Opera House
オルドウィッチ・シアター
Aldwych Theatre
シアター・ロイヤル・ドゥルリー・レーン
Theatre Royal Drury Lane
ウォルドフ・ヒルトン
ブッシュ・ハウス
Bush House
インド大使館
India House
リーバイス
Levi's
ポール・スミス
Paul Smith
PICK UP
コヴェント・ガーデン▶P.82
タンタン・ショップ
The Tintin Shop
ノヴェロ・シアター
Novello Theatre
アップル・ストア
Apple Store
ペンハリゴンズ
Penhaligon's
P.83
ロンドン交通博物館
London Transport Museum
ドゥッチェス・シアター
Duchess Theatre
聖メアリー・ル・ストランド教会
P.82 コヴェント・ガーデン・マーケット
Covent Garden Market
アップル・マーケット
Apple Market
ワン・オルドウィッチ
One Aldwych
ラム&フラッグ
The Lamb & Flag
ジュビリー・マーケット P.82
Jubilee Market
ライシアム・シアター P.63
Lyceum Theatre
ナショナル・ウエストミンスター銀行
聖ポール教会
St. Paul's Church
オリー&スティーン
Ole & Steen
ピーターシャム P.27
The Petersham
ストランド
Strand
ストランド・パレス
The Strand Palace
P.55 サマセット・ハウス
Somerset House
テスコ
Tesco
P.113 ルールズ
Rules
ノース・フェイス
North Face
シンプソンズ
イン・ザ・ストランド
Simpson's in-the-Strand
コートールド美術館
Courtauld Institute Gallery
P.63
ヴォードヴィル・シアター
Vaudeville Theatre
P.114
ワハカ
Wahaca
サーウル・ライン
ディストリクト・ライン
Zホテル
Z Hotels
サヴォイ・シアター
Savoy Theatre
テムズ川
River Thames
サヴォイ
The Savoy
ブーツ
Boots
P.60
ウォータールー・ブリッジ
Waterloo Bridge
William Ⅳ St.
バラッフィーナ
Barrafina
スーパードラッグ
Superdrug
チャリング・クロス地下
ショッピング・センター
丸亀製麺
アデルフィ・テラス
Adelphi Terrace
サヴォイ・ピア
Savoy Pier
ヴィクトリア
エンバンクメント・ガーデンズ
Victoria Embankment Gardens
アンバ・チャリング・クロス
Amba Charing Cross
クレオパトラの尖塔
Cleopatra's Needle
チャリング・クロス駅
Charing Cross Sta.
Stukeley St.
Macklin St.
Parker St.
グレート・クイーン・ストリート
Great Queen St.
Wild Court
キングスウェイ
Kingsway
Sardinia St.
Portugal St.
Shorts Gardens
Betterton St.
Drury Lane
Wild St.
Shelton St.
Arne St.
ピカデリー・ライン
Piccadilly Line
ドルリー・レーン
Broad Court
Kemble St.
Long Acre
Bow St.
Russell St.
オルドウィッチ
Aldwych
Catherine St.
Floral St.
Covent Garden
King St.
Henrietta St.
Tavistock St.
Exeter St.
Maiden Lane
Bedford St.
Strand
ストランド
Savoy St.
Lancaster Pl.
Chandos Place
Agar St.
Adam St.
Savoy Place
Circle Line
District Line
ヴィクトリア・エンバンクメント
Victoria Embankment
John Adam St.
York Bldgs.
P.10
P.6
P.16
P.12
24
22
20
P.8
P.18
P.14
D
E
F
1
2
3
4

A
B
C
1
2
3
4
Oxford St.
セントラル・ライン
Central Line
トッテナム・コート・ロード
Tottenham Court Road
シャフツベリー・シアター
Shaftesbury Theatre
Earnshaw St.
Bucknall St.
Elizabeth Line
エリザベス・ライン
St. Giles High St.
P.83 アヴェダ
Aveda Lifestyle Salon & Spa
Soho St.
ゴーヴィンダズ
Govinda's
プロテスタント教会
Protestant Church
Hollen St.
Sutton Row
ソーホー・スクエア
Soho Square
聖パトリック教会
St. Patric's Church
Denmark St.
聖ジャイルズ教会
St. Giles Church
New Compton St.
Shaftesbury Av.
教会
Church
Dean St.
ピザ・エクスプレス
Pizza Express Jazz Club
Greek St.
ノーブル・ロット
Noble Rot
Wardour St.
ゲイルズ・アルティザン ベーカリー P.102
GAIL's Artisan Bakery
ソーホー・シアター
Soho Theatre
ハズリッツ
Hazlitt's
Mannette St.
P.97 フォイルズ
Foyles
Flitcroft St.
P.83
ニールズヤード レメディーズ
Neal's Yard Remedies
P.101 セント・ジョン・ベーカリー
St John Bakery
P.124 コヴェント・ガーデン
Covent Garden Hotel
バラッフィーナ P.117
Barrafina
Northern Line
ノーザン・ライン
ハミングバード・ベーカリー
The Hummingbird Bakery
P.69
シスター・レイ
Sister Ray
サルサ
Salsa
クラウン
The Cro
Bateman St.
P.121 セブン・ダイヤルズ・マーケット
Seven Dials Market
Seven Dials セブン・ダイアルズ
ソーホー
Soho
P.119
こや・ソーホー
Koya Soho
プリンス エドワード・シアター
Prince Edward Theatre
P.62 ケンブリッジ・シアター
Cambridge Theatre
Broadwick St.
ブサバ・イータイ
Busaba Eathai
P.106 ダックスープ
Ducksoup
ケンブリッジ サーカス
Berwick St.
ワハカ
Wahaca
P.69
ロニー・スコッツ
Ronnie Scott's
パレス・シアター
Palace Theatre
チャリング・クロス・ロード
Charing Cross Rd.
West St.
ロンドン・グラフィック・センター
Hopkins St.
ブレックファスト クラブ P.113
The Breakfast Club
Old Compton St.
Romilly St.
セント・マーティンス シアター
St. Martin's Theatre
ボーン・ダディーズ
Bone Daddies
アンバサダーズ・シアター
Ambassadors Theatre
Lexington St.
聖アン教会
St. Anne
PICK UP
さんぽMAP P.56
スノッグ フローズン・ヨーグルト
Snog Frozen Yogurt
Rupert St.
Shaftesbury Av.
Wardour St.
P.101 ドーナッテリエー
Donutelier
ロング・エーカー
Long Acre
P.63
ソンドハイム・シアター
Sondheim Theatre
Gerrard St.
ベラ・イタリア
Bella Italia
ボッカ・ディ・ルポ
Bocca di Lupo
チャイナタウン P.115
Chinatown
Garrick St.
Brewer St.
Archer St.
アポロ・シアター
Apollo Theatre
レスター・スクエア
Leicester Square
St. Martin's Lane
リリック・シアター
Lyric Theatre
Lisle St.
Cranbourn St.
セント・ジョン
St. John Hotel
ノエル・カワード シアター
Noel Coward Theatre
New Row
ロンドン・ツーリスト・ボード
コーク&ボトル
ピカデリー・シアター
ファンランド
Funland
Denman St.
トロカデロ
Trocadero
セント・マーティンズ・レーン
デューク・オブ ヨーク・シアター
レスター・スクエア
Leicester Square
Coventry St.
P.93
ブーツ
Boots
ロンドン パヴィリオン
エブリー・ピカデリー
Every Piccadilly
tkts P.62
ガリック・シアター
Garrick Theatre
P.67 ロンドン コロシアム
London Coliseum
ピカデリー・サーカス
Piccadilly Circus
Oxendon St.
プリンス・オブ・ウェールズ・シアター
Prince of Wales Theatre
Charing Cross Rd.
ピカデリー・サーカス P.57
Piccadilly Circus
P.53・56
ナショナル・ギャラリー
The National Gallery
チャンドス
The Chandos
P.105
ポートレイト
Portrait Restaurant
Haymarket
Piccadilly
シスル・トラファルガー スクエア
St. Martin's St.
金田家 P.114
Kanada-ya
ナショナル ポートレイト ギャラリー P.53
National Portrait Gallery
プレッ
Pret
ドーヴァー・ストリート・マーケット
Dover Street Market
Whitcomb St.
テスコ
Tesco
Orange St.
聖マーティン教会
St. Martin-in-the-Fields
Jermyn St.
Regent St.
ベイカールー・ライン
Bakerloo Line
セインズベリー・ウイング
Sainsbury Wing
P.97
セント・マーティンズ・ショップ
St Martin's Shop
Charles II St.
ヘイマーケット
Haymarket
Pall Mall E.
Strand
P.63 ヒズ・マジェスティーズ・シアター
His Majesty's Theatre
P.56
トラファルガー広場
Trafalgar Square
チャリング・クロス
Charing Cross

ボンド・ストリートMAP
BOND STREET MAP
周辺図▶P.12
上が北
0 100m
1：5,500
オックスフォード・サーカスP.57
Oxford Circus
Marks & Spencer
マークス&スペンサー
コーチ&ホーシズ
Coach & Horses
フォトグラファーズ・ギャラリー
ロンドン・パラディアム
The London Palladium
Noel St.
Argyll St.
Great Marlborough St.
P.69シスター・レイ
Sister Ray
ハミングバード・ベーカリー
The Hummingbird Bakery
ピンポン
Ping Pong
スターバックス
リバティP.18
Liberty
金田家
Poland St.
ソーホー
Soho
ブサバ・イータイ
Busaba Eathai
Dean St.
Wardour St.
Broadwick St.
コス
Kingly St.
Carnaby St.
アディダス
Madox St.
グレート フロッグ
Marshall St.
マサラ・ゾーン
Masara Zone
Hopkins St.
Berwick St.
ワハカ
Wahaca
コーチ
Coach
ムジ
No.5マドックス ストリート
イソップ
Aesop
ブルー・ポスト
The Blue Post
Beak St.
ギャラリー・バイ スケッチP.27
The Gallery by Sketch
ハムレイズ
Hamleys
PICK UP
さんぽMAP▶P.56
P.116 ポルポ
Polpo
サン
The Sun
聖アン教会
St. Anne
パーラーP.103
The Parlour
MCM
ヨージ・ヤマモト
スノッグ・フローズン ヨーグルト
Snog Frozen Yogurt
Rupert St.
Lexington St.
リージェント・ストリート
Regent Street P.57
カルバン・クライン
Calvin Klein
Bridle Lane
Great Pulteney St.
P.63ソンドハイム・シアター
Sondheim Theatre
ボッカ・ディ・ルポ
Bocca di Lupo
ヴィヴィアン・ウェストウッド
Vivienne Westwood
Warwick St.
サンクタム
Sanctum
Brewer St.
アポロ・シアター
Apollo Theatre
Old Burlington St.
Savile Row
ゴールデン・スクエア
Golden Square
Archer St.
リリック・シアター
Lyric Theatre
ベイカールー・ライン
Bakerloo Line
ホールフーズ・マーケット P.89
Wholefoods Market
ピカデリー シアター
PiccadillyTheatre
ロンドン・ツーリスト・ボード
P.107 ネッサ
Nessa
Denman St.
ファンランド
Funland
トロカデロ
Trocadero
ロンドン・パヴィリオン
バーバリー
スターバックス
パテック フィリップ
ギーヴス&ホークス
Gieves & Hawkes
Vigo St.
P.93 ブーツ
Boots
Coventry St.
ピカデリー・サーカス
Piccadilly Circus
Burlington Gardens
Regent St.
ピカデリー・サーカス
Piccadilly Circus P.57
Haymarket
シャネル
ラルフ・ローレン
ファラデイ博物館
ディリー
ピカデリー・ライン
Piccadilly Line
P.37 シャルボネル・エ・ウォーカー
Charbonnel et Walker
ロイヤル アーケード
ロイヤル・アカデミー オブ・アーツP.54
Royal Academy of Arts
P.97ウォーター ストーンズ
Waterstones
テスコ
Tesco
ポール・スミスP.95
Paul Smith
Jermyn St.
グッチ
バーリントン・アーケード
Burlington Arcade
Old Bond St.
セント・ジェイムズ教会
St. James' Church
Piccadilly
ドルチェ&ガッバーナ
P.36プレスタ
Prestat
P.37 フロリス
Floris
P.36 パクストン&ウィットフィールド
Paxton & Whitfield
Regent St.
Dover St.
ピカデリー
フォートナム&メイソンP.28
Fortnum & Mason
Charles II St.
ホリデイ・イン メイフェア
Holiday Inn Mayfair
キャヴェンディッシュ
Cavendish
P.25 パーム・コート
The Palm Court
ウォルズリー
The Wolseley
ターンブル &アッサー
クアグリーノス
Bury St.
ロンドン図書館
セント・ジェームス・スクエア
St. James's Square
Pall Mall
グリーン・パーク
Green Park
リッツ
The Ritz London

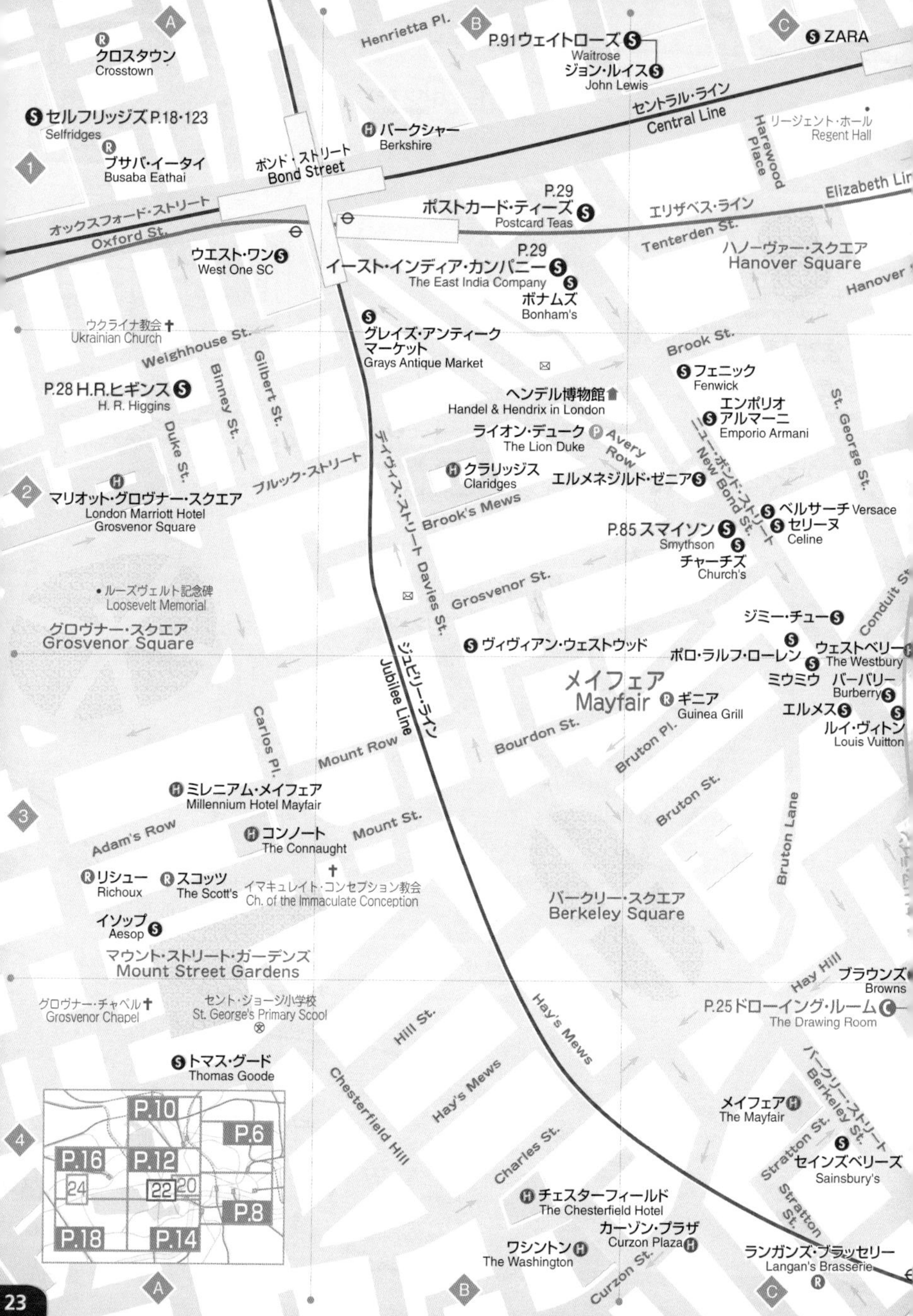
クロスタウン
Crosstown
セルフリッジズ P.18・123
Selfridges
ブサバ・イータイ
Busaba Eathai
ボンド・ストリート
Bond Street
バークシャー
Berkshire
P.91 ウェイトローズ
Waitrose
ジョン・ルイス
John Lewis
セントラル・ライン
Central Line
ZARA
リージェント・ホール
Regent Hall
Harewood Place
Henrietta Pl.
オックスフォード・ストリート
Oxford St.
P.29
ポストカード・ティーズ
Postcard Teas
エリザベス・ライン
Elizabeth Line
Tenterden St.
ハノーヴァー・スクエア
Hanover Square
ウエスト・ワン
West One SC
P.29
イースト・インディア・カンパニー
The East India Company
ボナムズ
Bonham's
ウクライナ教会
Ukrainian Church
Weighhouse St.
グレイズ・アンティーク マーケット
Grays Antique Market
Brook St.
フェニック
Fenwick
P.28 H.R.ヒギンス
H. R. Higgins
Binney St.
Gilbert St.
Duke St.
ヘンデル博物館
Handel & Hendrix in London
エンポリオ アルマーニ
Emporio Armani
ライオン・デューク
The Lion Duke
Avery Row
St. George St.
ブルック・ストリート
デイヴィス・ストリート
Davies St.
クラリッジス
Claridges
エルメネジルド・ゼニア
ニュー・ボンド・ストリート
New Bond St.
マリオット・グロヴナー・スクエア
London Marriott Hotel Grosvenor Square
Brook's Mews
ベルサーチ Versace
セリーヌ
Celine
P.85 スマイソン
Smythson
チャーチズ
Church's
ルーズヴェルト記念碑
Loosevelt Memorial
Grosvenor St.
Conduit St.
ジミー・チュー
グロヴナー・スクエア
Grosvenor Square
ヴィヴィアン・ウェストウッド
ジュビリー・ライン
Jubilee Line
ポロ・ラルフ・ローレン
ウェストベリー
The Westbury
メイフェア
Mayfair
ミウミウ
バーバリー
Burberry
ギニア
Guinea Grill
エルメス
ルイ・ヴィトン
Louis Vuitton
Carlos Pl.
Bourdon St.
Bruton Pl.
Mount Row
ミレニアム・メイフェア
Millennium Hotel Mayfair
Bruton St.
Bruton Lane
Adam's Row
コンノート
The Connaught
Mount St.
リシュー
Richoux
スコッツ
The Scott's
イマキュレイト・コンセプション教会
Ch. of the Immaculate Conception
バークリー・スクエア
Berkeley Square
イソップ
Aesop
マウント・ストリート・ガーデンズ
Mount Street Gardens
Hay Hill
ブラウンズ
Browns
グロヴナー・チャペル
Grosvenor Chapel
セント・ジョージ小学校
St. George's Primary Scool
P.25 ドローイング・ルーム
The Drawing Room
Hill St.
Hay's Mews
トマス・グード
Thomas Goode
Chesterfield Hill
Hay's Mews
バークリー・ストリート
Berkeley St.
メイフェア
The Mayfair
Stratton St.
セインズベリーズ
Sainsbury's
Charles St.
チェスターフィールド
The Chesterfield Hotel
カーゾン・プラザ
Curzon Plaza
ワシントン
The Washington
Stratton St.
ランガンズ・ブラッセリー
Langan's Brasserie
Curzon St.
P.10
P.6
P.16
P.12
24
22
20
P.8
P.18
P.14
A
B
C
1
2
3
4

ノッティング・ヒルMAP
NOTTING HILL
周辺図▶P.17・19
上が北
0
200m
1：8,000
P.10
P.6
P.16
P.12
24
22
20
P.8
P.18
P.14
A
B
C
1
2
3
4
ウエストウェイ
Westway
ハマースミス&シティ・ライン
Hammersmith & City Line
Tavistock Rd.
Lancaster Rd.
St. Luke's Rd.
バンプキン
Bumpkin
Westbourne Park Rd.
チェプストウ・ハウス
スクール
Portobello Rd.
ザ・タバーナクル
The Tabernacle
セルビア正教会
Serbian Orthodox Church
オール・セインツ教会
All Saints Church
Talbot Rd.
Redbury Rd.
ブックス・フォー・クックス
Books for Cooks
セラミカ・ブルー
Ceramica Blue
スパイス・ショップ
The Spice Shop
メディテラーネオ
Mediterraneo
ノッティング・ヒル
ブックショップ
The Notting Hill Bookshop
P.89
デイルズフォード・オーガニック
Daylesford Organic
P.123
オットレンギ
Ottolenghi
ウエストボーン・グローヴ
Westbourne Grove
グランジャー&コー
Granger & Co.
ゲイルズ
Gail's
トースト
Toast
ワイルド・アット・ハート
Wild at Heart
メルト
Melt
ハミングバード・ベーカリー
The Hummingbird Bakery
ポートベロー・マーケットP.20
Portobello Market
Pembridge Villas
ペンブリッジ・ヴィラズ
ポール・スミス
Paul Smith
ハイランド・ストア Highland Store
レッド・ティー・ポット
Red Tea Pot
アリシーズ
Alice's
ノッティング・ヒル
Notting Hill
Ladbroke Gardens
Lonsdowne Rd.
聖ピーター教会
St. Peter's Church
Pembridge Cres.
Dawson Place
ポートベロー
The Portobello Hotel
ラドブローク・グローヴ
ケンジントン・パーク・ロード
Kensington Park Rd.
(アンティーク街)
ポートベロー・ロードP.79
Portobello Rd.
図書館
ペンブリッジ・スクエア
Lansdowne Cres.
Kensington Park Gardens
Ladbroke Grove
Pembridge Rd.
Circle Line
サークル・ライン
ディストリクト・ライン
District Line
ラドブローク・スクエア
ガーデンズ
セント・ジョン教会
St. John's Church
アランチーナ
Arancina
ケンジントン・テンプル
Kensington Temple
ラスレット
The Laslette
ノッティング・ヒル・ゲート
Notting Hill Gate
チャートウェル病院
Chartwell Hospital
オリー&スティーン
Ole & Steen
Notting Hill Gate
ゲート映画館
Clarendon Rd.
Ladbroke Rd.
Holland Park Av.
(アンティーク街)
P.79 ケンジントン・チャーチ・ストリート
Kensington Church St.
セントラル・ライン
Central Line
Kensington Place
カムデン・ヒル・スクエア
Camden Hill Square
クラークス
Clarke's
ホランド・パーク
Holland Park
Campden Hill Rd.
セント・ジョージ教会
St. George's Church
チャーチル・アームズ
The Churchill Arms
Aubrey Walk
Peel St.
Campden St.

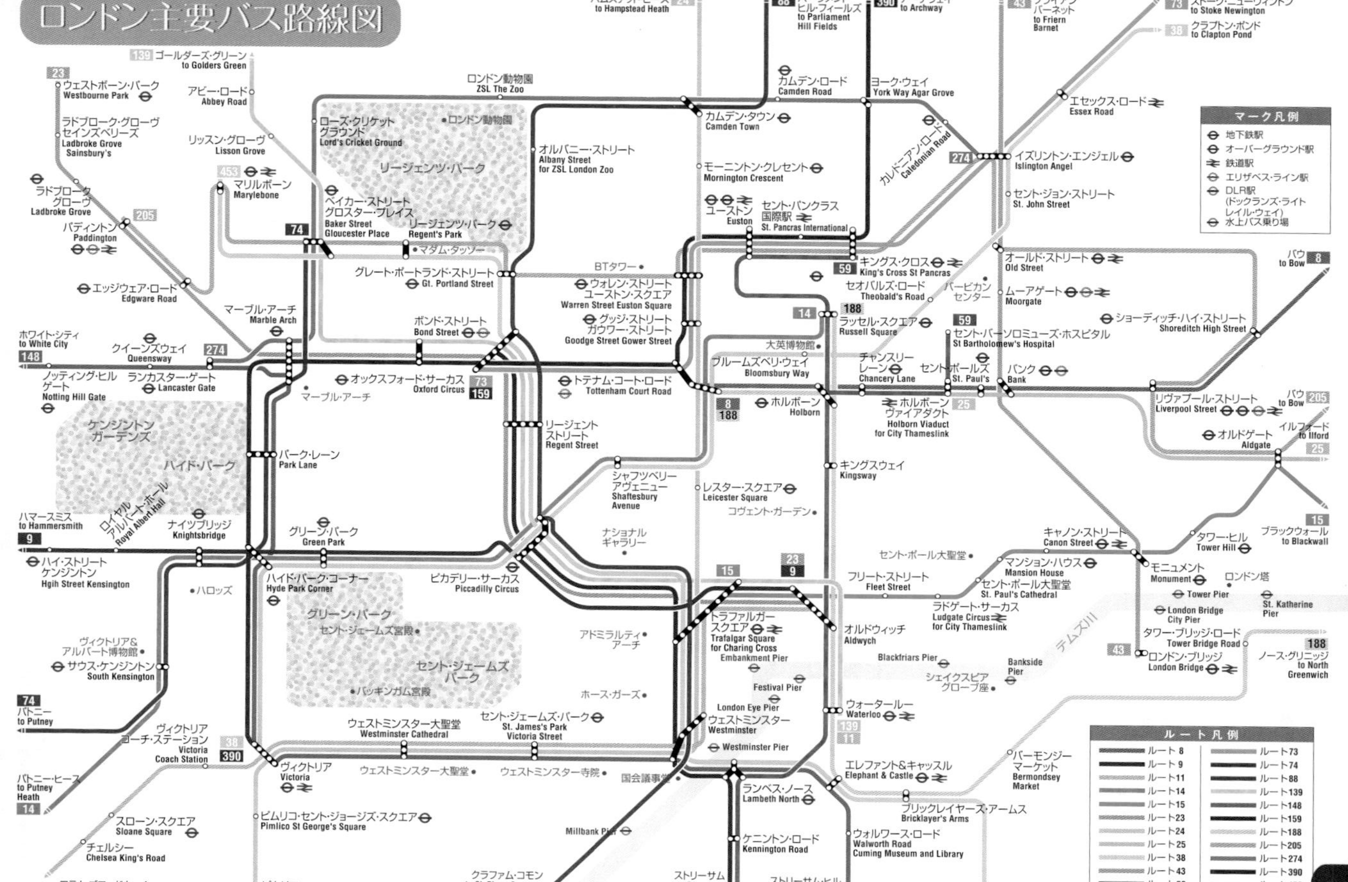

ロンドン主要バス路線図
139 ゴールダーズ・グリーン to Golders Green
23 ウェストボーン・パーク Westbourne Park
ラドブローク・グローヴ セインズベリーズ Ladbroke Grove Sainsbury's
アビー・ロード Abbey Road
リッスン・グローヴ Lisson Grove
453 マリルボーン Marylebone
ラドブローク・グローヴ Ladbroke Grove
205
パディントン Paddington
エッジウェア・ロード Edgware Road
マーブル・アーチ Marble Arch
ホワイト・シティ to White City
148
クイーンズウェイ Queensway
274
ノッティング・ヒル・ゲート Notting Hill Gate
ランカスター・ゲート Lancaster Gate
ケンジントン・ガーデンズ
ハイド・パーク
ロイヤル・アルバート・ホール Royal Albert Hall
ハマースミス to Hammersmith
9
ナイツブリッジ Knightsbridge
ハイ・ストリート・ケンジントン Hgih Street Kensington
ハロッズ
ヴィクトリア&アルバート博物館
サウス・ケンジントン South Kensington
74
パトニー to Putney
ヴィクトリア・コーチ・ステーション Victoria Coach Station
38
390
パトニー・ヒース to Putney Heath
14
スローン・スクエア Sloane Square
チェルシー Chelsea King's Road
11 フラム・ブロードウェイ to Fulham Broadway
24 ピムリコ Pimlico Grosvenor Road
ピムリコ・セント・ジョージズ・スクエア Pimlico St George's Square
ヴィクトリア Victoria
ウェストミンスター大聖堂 Westminster Cathedral
ウェストミンスター大聖堂
ウェストミンスター寺院
バッキンガム宮殿
セント・ジェームズ宮殿
グリーン・パーク
セント・ジェームズ・パーク
ハイド・パーク・コーナー Hyde Park Corner
グリーン・パーク Green Park
パーク・レーン Park Lane
マーブル・アーチ
ローズ・クリケット・グラウンド Lord's Cricket Ground
ロンドン動物園
リージェンツ・パーク
ロンドン動物園 ZSL The Zoo
ベイカー・ストリート グロスター・プレイス Baker Street Gloucester Place
リージェンツ・パーク Regent's Park
マダム・タッソー
グレート・ポートランド・ストリート Gt. Portland Street
ボンド・ストリート Bond Street
オックスフォード・サーカス Oxford Circus
73
159
リージェント・ストリート Regent Street
ピカデリー・サーカス Piccadilly Circus
セント・ジェームズ・パーク St. James's Park Victoria Street
ホース・ガーズ
アドミラルティ・アーチ
ナショナル・ギャラリー
シャフツベリー・アヴェニュー Shaftesbury Avenue
オルバニー・ストリート Albany Street for ZSL London Zoo
BTタワー
ウォレン・ストリート ユーストン・スクエア Warren Street Euston Square
グッジ・ストリート ガウワー・ストリート Goodge Street Gower Street
トテナム・コート・ロード Tottenham Court Road
ハムステッド・ヒース to Hampstead Heath 24
88 パーラメント・ヒル・フィールズ to Parliament Hill Fields
カムデン・ロード Camden Road
カムデン・タウン Camden Town
モーニントン・クレセント Mornington Crescent
ユーストン Euston
セント・パンクラス国際駅 St. Pancras International
390 アーチウェイ to Archway
ヨーク・ウェイ York Way Agar Grove
カレドニアン・ロード Caledonian Road
59 キングス・クロス King's Cross St Pancras
セオバルズ・ロード Theobald's Road
14
188
ラッセル・スクエア Russell Square
大英博物館
ブルームズベリ・ウェイ Bloomsbury Way
8
188
ホルボーン Holborn
キングスウェイ Kingsway
レスター・スクエア Leicester Square
コヴェント・ガーデン
15
23
9
トラファルガー・スクエア Trafalgar Square for Charing Cross
Embankment Pier
Festival Pier
London Eye Pier
ウェストミンスター Westminster
Westminster Pier
国会議事堂
Millbank Pier
クラファム・コモン to ClaPham Common 88
ランベス・ノース Lambeth North
ケニントン・ロード Kennington Road
ストリーサム to Streatham 159
ストリーサム・ヒル to Streatham Hill 59
148 カンバーウェル・グリーン to Camberwell Green
ウォルワース・ロード Walworth Road Cuming Museum and Library
エレファント&キャッスル Elephant & Castle
139
11
ウォータールー Waterloo
ブリックレイヤーズ・アームス Bricklayer's Arms
バーモンジー・マーケット Bermondsey Market
453 デットフォード to Deptford
オルドウィッチ Aldwych
Blackfriars Pier
シェイクスピアグローブ座
Bankside Pier
フリート・ストリート Fleet Street
セント・ポール大聖堂
ラドゲート・サーカス Ludgate Circus for City Thameslink
セント・ポール大聖堂 St. Paul's Cathedral
マンション・ハウス Mansion House
キャノン・ストリート Canon Street
モニュメント Monument
Tower Pier
London Bridge City Pier
ロンドン塔
St. Katherine Pier
タワー・ブリッジ・ロード Tower Bridge Road
43
ロンドン・ブリッジ London Bridge
188
ノース・グリニッジ to North Greenwich
テムズ川
チャンスリー・レーン Chancery Lane
ホルボーン・ヴァイアダクト Holborn Viaduct for City Thameslink
25
セント・ポールズ St. Paul's
59
セント・バーソロミューズ・ホスピタル St Bartholomew's Hospital
バーピカン・センター
バンク Bank
ムーアゲート Moorgate
オールド・ストリート Old Street
セント・ジョン・ストリート St. John Street
274
イズリントン・エンジェル Islington Angel
エセックス・ロード Essex Road
43 フライアン・バーネット to Friern Barnet
73 ストーク・ニューウィントン to Stoke Newington
38 クラプトン・ポンド to Clapton Pond
ショーディッチ・ハイ・ストリート Shoreditch High Street
リヴァプール・ストリート Liverpool Street
オルドゲート Aldgate
バウ to Bow 8
バウ to Bow 205
イルフォード to Ilford
25
タワー・ヒル Tower Hill
ブラックウォール to Blackwall
15
マーク凡例
地下鉄駅
オーバーグラウンド駅
鉄道駅
エリザベス・ライン駅
DLR駅 (ドックランズ・ライト レイル・ウェイ)
水上バス乗り場
ルート凡例
ルート8
ルート9
ルート11
ルート14
ルート15
ルート23
ルート24
ルート25
ルート38
ルート43
ルート59
ルート73
ルート74
ルート88
ルート139
ルート148
ルート159
ルート188
ルート205
ルート274
ルート390
ルート453

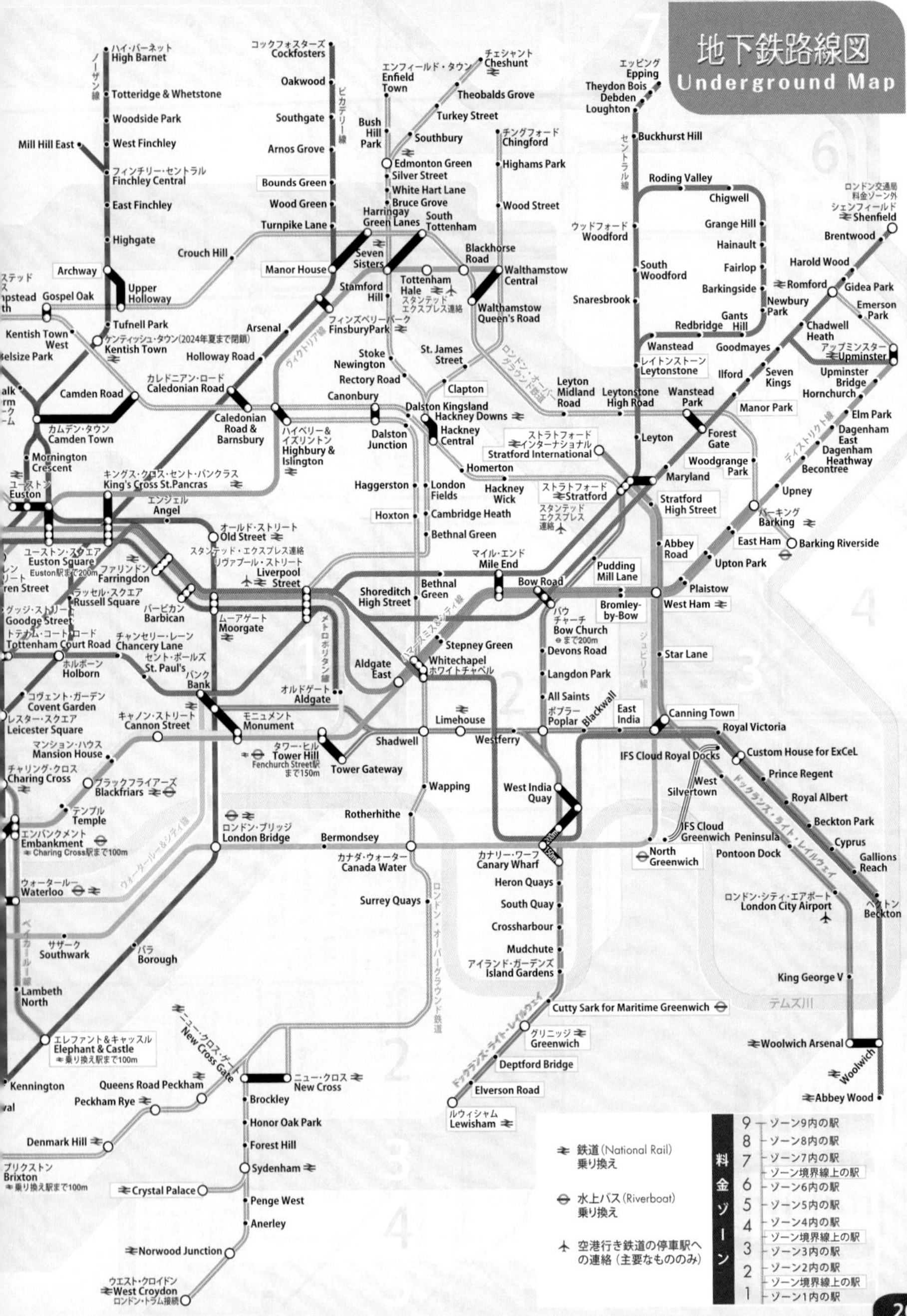
ハイ・バーネット
High Barnet
ノーザン線
Totteridge & Whetstone
Woodside Park
Mill Hill East
West Finchley
フィンチリー・セントラル
Finchley Central
East Finchley
Highgate
Archway
Upper Holloway
Gospel Oak
Tufnell Park
Kentish Town West
ケンティッシュ・タウン(2024年夏まで閉鎖)
Kentish Town
Camden Road
カムデン・タウン
Camden Town
Mornington Crescent
ユーストン
Euston
コックフォスターズ
Cockfosters
Oakwood
ピカデリー線
Southgate
Arnos Grove
Bounds Green
Wood Green
Turnpike Lane
Crouch Hill
Manor House
Arsenal
Holloway Road
カレドニアン・ロード
Caledonian Road
Caledonian Road & Barnsbury
ハイベリー＆イズリントン
Highbury & Islington
キングス・クロス・セント・パンクラス
King's Cross St.Pancras
エンジェル
Angel
ヴィクトリア線
エンフィールド・タウン
Enfield Town
チェシャント
Cheshunt
Theobalds Grove
Turkey Street
Bush Hill Park
Southbury
Edmonton Green
Silver Street
White Hart Lane
Bruce Grove
Harringay Green Lanes
South Tottenham
Seven Sisters
Stamford Hill
Tottenham Hale
スタンテッド エクスプレス連絡
フィンズベリーパーク
Finsbury Park
Stoke Newington
St. James Street
Rectory Road
Clapton
Canonbury
Dalston Kingsland
Hackney Downs
Hackney Central
Dalston Junction
Homerton
Haggerston
London Fields
Hackney Wick
Hoxton
Cambridge Heath
Bethnal Green
チングフォード
Chingford
Highams Park
Wood Street
Blackhorse Road
Walthamstow Central
Walthamstow Queen's Road
ロンドン・オーバーグラウンド鉄道
エッピング
Epping
Theydon Bois
Debden
Loughton
Buckhurst Hill
セントラル線
Roding Valley
Chigwell
Grange Hill
Hainault
Fairlop
Barkingside
ウッドフォード
Woodford
South Woodford
Snaresbrook
Newbury Park
Gants Hill
Redbridge
Wanstead
レイトンストーン
Leytonstone
Leyton Midland Road
Leytonstone High Road
Wanstead Park
Leyton
ロンドン交通局料金ゾーン外
シェンフィールド
Shenfield
Brentwood
Harold Wood
Romford
Gidea Park
Emerson Park
Chadwell Heath
Goodmayes
Seven Kings
Ilford
アップミンスター
Upminster
Upminster Bridge
Hornchurch
Manor Park
Forest Gate
Elm Park
Dagenham East
Dagenham Heathway
Becontree
ディストリクト線
Woodgrange Park
Maryland
Upney
ストラトフォード・インターナショナル
Stratford International
ストラトフォード
Stratford
スタンステッド エクスプレス連絡
Stratford High Street
バーキング
Barking
Barking Riverside
East Ham
Upton Park
Abbey Road
Pudding Mill Lane
Plaistow
West Ham
Bromley-by-Bow
オールド・ストリート
Old Street
スタンテッド・エクスプレス連絡
リヴァプール・ストリート
Liverpool Street
ユーストン・スクエア
Euston Square
Euston駅まで200m
ファリンドン
Farringdon
ラッセル・スクエア
Russell Square
グッジ・ストリート
Goodge Street
バービカン
Barbican
トテナム・コート・ロード
Tottenham Court Road
チャンセリー・レーン
Chancery Lane
ムーアゲート
Moorgate
ホルボーン
Holborn
セント・ポールズ
St. Paul's
バンク
Bank
メトロポリタン線
マイル・エンド
Mile End
Bow Road
Bethnal Green
Shoreditch High Street
ハマースミス＆シティ線
バウ・チャーチ
Bow Church
まで200m
Devons Road
Langdon Park
All Saints
Stepney Green
Whitechapel
ホワイトチャペル
Aldgate East
オルドゲート
Aldgate
Star Lane
ジュビリー線
ポプラー
Poplar
Blackwall
East India
Canning Town
Royal Victoria
Custom House for ExCeL
Prince Regent
Royal Albert
Beckton Park
Cyprus
Gallions Reach
ベクトン
Beckton
コヴェント・ガーデン
Covent Garden
レスター・スクエア
Leicester Square
キャノン・ストリート
Cannon Street
モニュメント
Monument
Limehouse
Westferry
Shadwell
タワー・ヒル
Tower Hill
Fenchurch Street駅まで150m
Tower Gateway
マンション・ハウス
Mansion House
チャリング・クロス
Charing Cross
ブラックフライアーズ
Blackfriars
テンプル
Temple
エンバンクメント
Embankment
Charing Cross駅まで100m
ウォータールー
Waterloo
ウォータールー＆シティ線
ロンドン・ブリッジ
London Bridge
Bermondsey
Wapping
Rotherhithe
カナダ・ウォーター
Canada Water
Surrey Quays
IFS Cloud Royal Docks
West Silvertown
IFS Cloud Greenwich Peninsula
North Greenwich
Pontoon Dock
West India Quay
カナリー・ワーフ
Canary Wharf
200m
150m
Heron Quays
South Quay
Crossharbour
Mudchute
アイランド・ガーデンズ
Island Gardens
ドックランズ・ライト・レイルウェイ
ロンドン・シティ・エアポート
London City Airport
King George V
テムズ川
Cutty Sark for Maritime Greenwich
グリニッジ
Greenwich
Deptford Bridge
Elverson Road
ルウィシャム
Lewisham
Woolwich Arsenal
Woolwich
Abbey Wood
ロンドン・オーバーグラウンド鉄道
ベイカールー線
サザーク
Southwark
バラ
Borough
Lambeth North
エレファント＆キャッスル
Elephant & Castle
乗り換え駅まで100m
Kennington
ニュー・クロス・ゲート
New Cross Gate
ニュー・クロス
New Cross
Queens Road Peckham
Peckham Rye
Brockley
Honor Oak Park
Denmark Hill
Forest Hill
Sydenham
ブリクストン
Brixton
乗り換え駅まで100m
Crystal Palace
Penge West
Anerley
Norwood Junction
ウエスト・クロイドン
West Croydon
ロンドン・トラム接続
鉄道(National Rail)乗り換え
水上バス(Riverboat)乗り換え
空港行き鉄道の停車駅への連絡(主要なもののみ)
料金ゾーン
9 ゾーン9内の駅
8 ゾーン8内の駅
7 ゾーン7内の駅
ゾーン境界線上の駅
6 ゾーン6内の駅
5 ゾーン5内の駅
4 ゾーン4内の駅
ゾーン境界線上の駅
3 ゾーン3内の駅
2 ゾーン2内の駅
ゾーン境界線上の駅
1 ゾーン1内の駅

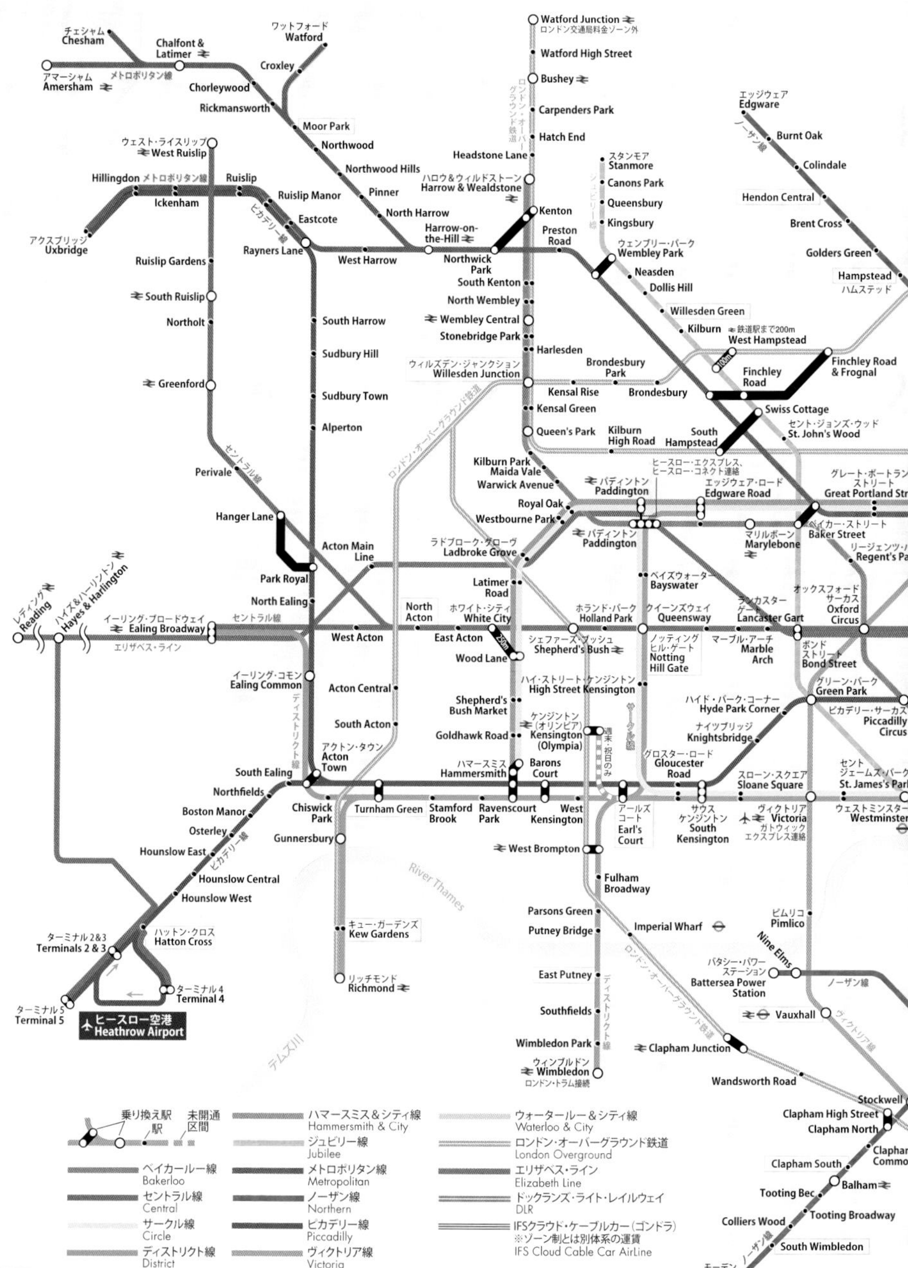

チェシャム
Chesham
Chalfont &
Latimer
アマーシャム
Amersham
メトロポリタン線
ワットフォード
Watford
Croxley
Chorleywood
Rickmansworth
Moor Park
Northwood
Northwood Hills
Pinner
North Harrow
Harrow-on-the-Hill
Watford Junction
ロンドン交通局料金ゾーン外
Watford High Street
Bushey
ロンドン・オーバーグラウンド鉄道
Carpenders Park
Hatch End
Headstone Lane
ハロウ&ウィルドストーン
Harrow & Wealdstone
Kenton
Preston Road
スタンモア
Stanmore
Canons Park
Queensbury
Kingsbury
ジュビリー線
ウェンブリー・パーク
Wembley Park
Neasden
Dollis Hill
Willesden Green
Kilburn
鉄道駅まで200m
West Hampstead
エッジウェア
Edgware
ノーザン線
Burnt Oak
Colindale
Hendon Central
Brent Cross
Golders Green
Hampstead
ハムステッド
ウェスト・ライスリップ
West Ruislip
Hillingdon
メトロポリタン線
Ruislip
Ickenham
Ruislip Manor
Eastcote
ピカデリー線
Rayners Lane
アクスブリッジ
Uxbridge
Ruislip Gardens
South Ruislip
Northolt
Greenford
West Harrow
Northwick Park
South Kenton
North Wembley
Wembley Central
Stonebridge Park
Harlesden
South Harrow
Sudbury Hill
Sudbury Town
Alperton
ウィルズデン・ジャンクション
Willesden Junction
Brondesbury Park
Kensal Rise
Brondesbury
Kensal Green
Queen's Park
Kilburn High Road
South Hampstead
Finchley Road
Finchley Road & Frognal
Swiss Cottage
セント・ジョンズ・ウッド
St. John's Wood
Perivale
セントラル線
Kilburn Park
Maida Vale
Warwick Avenue
ヒースロー・エクスプレス、
ヒースロー・コネクト連絡
パディントン
Paddington
エッジウェア・ロード
Edgware Road
グレート・ポートランド・ストリート
Great Portland Str
Royal Oak
Westbourne Park
Hanger Lane
Acton Main Line
ラドブローク・グローヴ
Ladbroke Grove
パディントン
Paddington
マリルボーン
Marylebone
ベイカー・ストリート
Baker Street
リージェンツ・パーク
Regent's Pa
Park Royal
North Ealing
Latimer Road
ベイズウォーター
Bayswater
レディング
Reading
ハイズ&ハーリントン
Hayes & Harlington
イーリング・ブロードウェイ
Ealing Broadway
セントラル線
エリザベス・ライン
West Acton
North Acton
East Acton
ホワイト・シティ
White City
250m
Wood Lane
ホランド・パーク
Holland Park
クイーンズウェイ
Queensway
ランカスター・ゲート
Lancaster Gart
オックスフォード・サーカス
Oxford Circus
シェファーズ・ブッシュ
Shepherd's Bush
ノッティング・ヒル・ゲート
Notting Hill Gate
マーブル・アーチ
Marble Arch
ボンド・ストリート
Bond Street
イーリング・コモン
Ealing Common
Acton Central
ハイ・ストリート・ケンジントン
High Street Kensington
グリーン・パーク
Green Park
ディストリクト線
Shepherd's Bush Market
ケンジントン(オリンピア)
Kensington (Olympia)
週末・祝日のみ
サークル線
ハイド・パーク・コーナー
Hyde Park Corner
ピカデリー・サーカス
Piccadilly Circus
South Acton
Goldhawk Road
ナイツブリッジ
Knightsbridge
アクトン・タウン
Acton Town
ハマースミス
Hammersmith
Barons Court
グロスター・ロード
Gloucester Road
South Ealing
スローン・スクエア
Sloane Square
セント・ジェームズ・パーク
St. James's Park
Northfields
Chiswick Park
Turnham Green
Stamford Brook
Ravenscourt Park
West Kensington
アールズ・コート
Earl's Court
サウス・ケンジントン
South Kensington
ヴィクトリア
Victoria
ガトウィック・エクスプレス連絡
ウェストミンスター
Westminster
Boston Manor
Osterley
Gunnersbury
Hounslow East
ピカデリー線
West Brompton
Hounslow Central
Hounslow West
River Thames
Fulham Broadway
Parsons Green
Putney Bridge
Imperial Wharf
ピムリコ
Pimlico
ハットン・クロス
Hatton Cross
キュー・ガーデンズ
Kew Gardens
ターミナル2&3
Terminals 2 & 3
Nine Elms
バタシー・パワー・ステーション
Battersea Power Station
ノーザン線
East Putney
リッチモンド
Richmond
ターミナル4
Terminal 4
ターミナル5
Terminal 5
ヒースロー空港
Heathrow Airport
Southfields
ロンドン・オーバーグラウンド鉄道
Vauxhall
ヴィクトリア線
Wimbledon Park
Clapham Junction
テムズ川
ウィンブルドン
Wimbledon
ロンドン・トラム接続
Wandsworth Road
Stockwell
Clapham High Street
Clapham North
Clapham Common
Clapham South
Balham
Tooting Bec
Tooting Broadway
Colliers Wood
South Wimbledon
ノーザン線
モーデン
Morden
乗り換え駅
駅
未開通区間
ハマースミス&シティ線
Hammersmith & City
ジュビリー線
Jubilee
ベイカールー線
Bakerloo
メトロポリタン線
Metropolitan
セントラル線
Central
ノーザン線
Northern
サークル線
Circle
ピカデリー線
Piccadilly
ディストリクト線
District
ヴィクトリア線
Victoria
ウォータールー&シティ線
Waterloo & City
ロンドン・オーバーグラウンド鉄道
London Overground
エリザベス・ライン
Elizabeth Line
ドックランズ・ライト・レイルウェイ
DLR
IFSクラウド・ケーブルカー(ゴンドラ)
※ゾーン制とは別体系の運賃
IFS Cloud Cable Car AirLine

ここに載って
いるのはイギリス
英語です

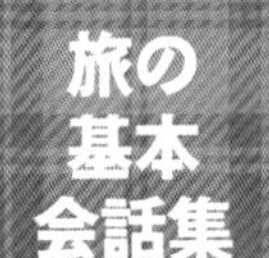
旅の
基本
会話集

旅の基本会話集

【空港で】

入国の目的は何ですか？
What's the purpose of your visit?
ワッツ　ザ　パーパス　オブ　ヨァー　ヴィズィット

観光です。
Sightseeing.
サイトスィーイング

滞在は何日ですか？
How long are you going to stay?
ハウ　ロング　アー　ユー　ゴゥイング　トゥー　ステイ

5日間です。
Five days.
ファイヴ　デイズ

イギリスポンドに両替してください。
Could you change this into British pounds?
クッジュー　チェンジ　ズィス　イントゥー　ブリティッシュ　パウンズ

私の荷物が見つかりません。
I can't find my luggage.
アイ　カーント　ファインド　マイ　ラゲージ

【ショッピング】

いくらですか？
How much is this?
ハウ　マッチ　イズ　ズィス

試着してもいいですか？
Can I try this?
キャナイ　トゥライ　ズィス

もう少し大きな(小さな)サイズはありますか？
Do you have a bigger (smaller) size?
ドゥー　ユー　ハァヴ　ア　ビガー(スモーラー)サイズ

【レストラン】

メニューを見せてください。
Can I see a menu?
キャナイ　スィー　ア　メニュー

注文したものが出てきません。
My order hasn't come yet.
マイ　オーダー　ハァズント　カム　イェット

お勘定をお願いします。
(The) Bill, please.
(ザ)　ビル　プリーズ

【観光】

鉄道の駅はどこですか？
Where is the railway station?
ウェアーリズ　ザ　レイルウエイ　ステイション

写真を撮ってもいいですか？
Can I take pictures?
キャナイ　テイク　ピクチャーズ

【ホテル】

お湯が出ません。
I can't have hot water.
アイ　カーント　ハヴ　ホット　ウォーター

荷物を預かってもらえますか？
Could you keep this luggage?
クッジュー　キープ　ズィス　ラゲージ

【緊急時】

気分が悪いです。
I feel sick.
アイ　フィール　スィック

おなかが痛いです。
I have a stomachache.
アイ　ハァヴァ　スタマックエイク

お医者さんを呼んでください。
Please call a doctor.
プリーズ　コーラ　ドクター

財布(パスポート)をなくしました。
I've lost my wallet (passport).
アイヴ　ロースト　マイ　ウォレット(パァスポート)